高等职业教育"互联网+"新形态教材·财会专业

基 础 会 计

贺胜军　夏俊芳　肖艳红　主　编
李　勇　张　力　覃　勤
　　　　陈祥碧　邹玲莉　副主编
　　　　　　　　李红英　参　编

电子工业出版社
Publishing House of Electronics Industry
北京·BEIJING

内 容 简 介

本书以企业会计核算工作过程为导向,分为两个部分:第一部分为会计基础知识部分,设置了会计的性质与目的,资产负债表和利润表,账户和复式记账 3 章;第二部分为实操部分,设置了原始凭证,记账凭证和会计凭证的传递与保管,企业主要经济业务核算,会计账簿的启用、登记与保管,对账与结账,财务报表的编制,会计账务处理程序,以及会计工作交接与会计档案 8 章。每章包括职业能力目标、情景导入、职业判断与业务操作、本章小结、课后练习,部分内容配有微课,方便学生学习。

本书从结构体系安排到内容的详略取舍均力求体现高职高专教材特色,力图做到理论简明易懂,突出实际操作训练与基本技能的培养。

本书既可作为高等职业院校财务会计类专业的教学用书,也可作为有关财务会计人员及企业管理人员的学习、培训用书。

未经许可,不得以任何方式复制或抄袭本书之部分或全部内容。
版权所有,侵权必究。

图书在版编目(CIP)数据

基础会计 / 贺胜军,夏俊芳,肖艳红主编. —北京:电子工业出版社,2019.4
ISBN 978-7-121-35801-2

Ⅰ. ①基… Ⅱ. ①贺… ②夏… ③肖… Ⅲ. ①会计学-高等职业教育-教材 Ⅳ. ①F230

中国版本图书馆 CIP 数据核字(2018)第 279759 号

责任编辑:贾瑞敏　　　　　　　　特约编辑:许振伍　胡伟卷
印　　刷:北京市大天乐投资管理有限公司
装　　订:北京市大天乐投资管理有限公司
出版发行:电子工业出版社
　　　　　北京市海淀区万寿路 173 信箱　邮编 100036
开　　本:787×1 092　1/16　印张:16.25　字数:406 千字
版　　次:2019 年 4 月第 1 版
印　　次:2021 年 5 月第 5 次印刷
定　　价:49.50 元

凡所购买电子工业出版社图书有缺损问题,请向购买书店调换。若书店售缺,请与本社发行部联系,联系及邮购电话:(010)88254888,88258888。

质量投诉请发邮件至 zlts@phei.com.cn,盗版侵权举报请发邮件至 dbqq@phei.com.cn。
本书咨询联系方式:电话 010-62017651;邮箱 fservice@vip.163.com;QQ 群 427695338;微信 DZFW18310186571。

前言

基础会计是经管类专业的基础课程,更是会计及相关专业的核心基础课和入门的必修课,为后续财务会计、成本会计的学习提供了必要的基础理论知识。因此,学会、学好基础会计对全面掌握会计专业理论知识和理解经济管理知识具有十分重要的意义。

本书力求体现"以学生为主体,以教师为主导""教学做一体化"的高职高专教育教学改革新思路,真正实现高职教育"职业性、实践性、开放性"的特点。本书理论知识以够用为度,重视并讲清概念,讲解遵从学生的认知规律,先讲会计的基础知识、基本概念,再以一个新设立的小型工业企业为例,模拟企业一个会计期间的业务。同时,附上各项经济业务的相关原始凭证,真正融"教、学、做"为一体,使学生能够边学边做,巩固理论知识与操作技能,体会到会计工作的连续性。

本书配有二维码,在难点或重点的地方配有微课,学生学起来非常方便。每章有职业能力目标、情景导入、职业判断与业务操作、本章小结、课后练习等栏目,引导学生完成学习任务,实现学习目标。

本书由广东交通职业技术学院贺胜军、夏俊芳,普宁职业技术学校肖艳红任主编;重庆财经职业学院李勇、张力、覃勤、陈祥碧、邹玲莉任副主编;普宁职业技术学校李红英任参编。贺胜军负责全书的统稿、修改和定稿。具体编写分工为:夏俊芳编写第一、二、三、四章,肖艳红编写第五、九章,贺胜军编写第六、七、八、十、十一章;李勇、张力、覃勤、陈祥碧、邹玲莉负责微课视频的录制。

本书在编写过程中参考了不少图书和文献等资料,得到了有关企业及电子工业出版社的大力支持,在此一并表示感谢。

尽管编者反复斟酌并多次修改,但由于时间仓促和水平所限,不足之处在所难免。恳请使用本书的同人和各位同学,将本书不足之处、所发现的差错和其他的意见与建议,发送电子邮件至 heshengjun@126.com,将不胜感激。

编 者

目 录

第一章 会计的性质与目的 /1

第一节 会计工作组织与会计职业 /1
　一、会计工作组织 /2
　二、会计职业及其道德规范 /2
第二节 会计的概念与学习方法 /5
　一、会计的产生与发展 /5
　二、会计的定义与特点 /6
　三、会计的职能与目标 /8
　四、会计的学习方法 /9
本章小结 /10
课后练习 /11

第二章 资产负债表和利润表 /14

第一节 两大报表编制条件 /15
　一、会计基本假设 /15
　二、会计计量基础 /17
第二节 资产负债表及其要素 /17
　一、资产负债表的概念与作用 /17
　二、资产负债表的内容——资产、负债和所有者权益 /19
　三、资产负债表的结构——会计恒等式 /21
第三节 利润表及其要素 /25
　一、利润表的概念和作用 /25
　二、利润表的内容——收入、费用与利润 /26
　三、利润表的结构——收入、费用与利润的关系 /28
本章小结 /30
课后练习 /31

第三章 账户和复式记账 /35

第一节 会计科目和账户 /36
　一、会计科目 /36
　二、账户 /39
第二节 复式记账法和借贷记账法 /41
　一、复式记账法 /41
　二、借贷记账法 /42
第三节 会计分录和会计循环 /48
　一、会计分录 /48
　二、会计循环 /49
本章小结 /50
课后练习 /51

第四章 原始凭证 /55

第一节 原始凭证及其要素 /55
　一、原始凭证的定义 /55
　二、原始凭证的种类 /56
　三、原始凭证的基本内容 /62
第二节 原始凭证的填制与审核 /63
　一、原始凭证的填制 /63
　二、原始凭证的审核 /64
本章小结 /65
课后练习 /66

第五章 记账凭证和会计凭证的传递与保管 /71

第一节 记账凭证 /71
　一、记账凭证的概念 /71
　二、记账凭证的种类 /72
　三、记账凭证的基本内容 /77

第二节　记账凭证的填制与审核　/78
　　一、记账凭证的填制　/78
　　二、记账凭证的审核　/87
第三节　会计凭证的传递与保管　/88
　　一、会计凭证的传递　/88
　　二、会计凭证的保管　/89
本章小结　/91
课后练习　/91

第六章　企业主要经济业务核算　95

第一节　企业筹集资金业务的核算　/95
　　一、筹集资金业务核算的主要内容　/95
　　二、核算账户的设置　/96
　　三、筹集资金业务核算　/98
第二节　供应过程业务的核算　/100
　　一、供应过程业务核算的主要内容　/100
　　二、核算账户的设置　/101
　　三、供应过程业务核算　/104
第三节　生产过程业务的核算　/111
　　一、生产过程业务核算的主要内容　/111
　　二、核算账户的设置　/113
　　三、生产过程业务核算　/114
第四节　销售过程业务的核算　/122
　　一、销售过程业务核算的主要内容　/122
　　二、核算账户的设置　/122
　　三、销售过程业务核算　/123
第五节　其他经济活动业务的核算　/127
第六节　利润形成及分配业务的核算　/133
　　一、利润形成及分配业务核算的主要内容　/133
　　二、核算账户的设置　/134
　　三、利润形成及分配业务的核算　/135

本章小结　/138
课后练习　/139

第七章　会计账簿的启用、登记与保管　144

第一节　会计账簿概述　/144
　　一、会计账簿的概念和作用　/144
　　二、会计账簿的分类　/145
　　三、会计账簿的基本内容　/148
第二节　会计账簿启用与登记的通用规定　/149
　　一、会计账簿的启用　/149
　　二、会计账簿登记的通用规定　/151
第三节　会计账簿的格式和登记方法　/154
　　一、日记账的格式和登记方法　/154
　　二、总账和明细账的格式、登记方法及平行登记　/156
第四节　账簿的更换与保管　/159
　　一、账簿的更换　/159
　　二、账簿的保管　/159
本章小结　/160
课后练习　/160

第八章　对账与结账　166

第一节　对账　/167
　　一、账证核对　/167
　　二、账账核对　/167
　　三、账实核对　/168
第二节　错账更正法　/168
　　一、错账产生的原因　/168
　　二、错账更正的方法　/168
第三节　财产清查　/172
　　一、财产清查的意义、种类和一般程序　/172
　　二、财产清查的方法　/175
　　三、财产清查结果的处理　/179
第四节　结账　/183
　　一、结账的程序　/183

二、结账的主要方法 /183
本章小结 /184
课后练习 /185

第九章 财务报表的编制 /190

第一节 财务报表的基本编制要求及
　　　 准备工作 /190
　　一、财务报表的基本编制要求 /190
　　二、财务报表编制前的准备
　　　　工作 /191
第二节 资产负债表的编制 /192
　　一、资产负债表的数据来源 /192
　　二、资产负债表的编制方法 /192
　　三、资产负债表编制举例 /203
第三节 利润表的编制 /206
　　一、利润表的编制方法 /206
　　二、利润表编制举例 /210
本章小结 /212
课后练习 /212

第十章 会计账务处理程序 /218

第一节 会计账务处理程序的意义和
　　　 种类 /218
　　一、会计账务处理程序的概念和
　　　　意义 /218
　　二、会计账务处理程序的种类和
　　　　处理程序的基本要求 /219
第二节 记账凭证账务处理程序 /220
　　一、记账凭证账务处理程序的特点
　　　　和核算要求 /220
　　二、记账凭证账务处理程序的核算
　　　　步骤和适用范围 /220

第三节 汇总记账凭证账务处理程序 /235
　　一、汇总记账凭证账务处理程序的
　　　　特点和核算要求 /235
　　二、汇总记账凭证账务处理程序的
　　　　核算步骤和适用范围 /235
第四节 科目汇总表账务处理程序 /236
　　一、科目汇总表账务处理程序的
　　　　特点和核算要求 /236
　　二、科目汇总表账务处理程序的
　　　　核算步骤和适用范围 /237
第五节 多栏式日记账账务处理程序 /238
　　一、多栏式日记账账务处理程序的
　　　　特点和核算要求 /238
　　二、多栏式日记账账务处理程序的
　　　　核算步骤和适用范围 /238
本章小结 /239
课后练习 /239

第十一章 会计工作交接与会计档案 /244

第一节 会计工作交接 /244
　　一、工作交接范围 /244
　　二、工作交接程序 /245
　　三、工作交接责任 /246
第二节 会计档案 /246
　　一、会计档案的归档 /246
　　二、会计档案的保管期限 /247
　　三、会计档案的查阅和复制 /247
　　四、会计档案的移交和销毁 247
本章小结 /248
课后练习 /248

参考文献 /251

第一章
会计的性质与目的

职业能力目标
1. 了解会计职业的概念、种类和发展趋势。
2. 了解会计的定义和两大分支。
3. 掌握会计的职能和目标。

情景导入 2019年1月1日,从广东交通职业学院毕业的胡海和他的同学周达两人合伙成立了大海文具有限公司(以下简称大海公司),主要经营文具的生产和销售。公司的注册资本为100万元,经营期间为2019年1月1日至2029年12月31日。为了公司的成立和顺利开业,胡海和周达去工商管理局、卫生局、质检局、环保局等政府部门办理各种行政申请事项,共花去3 000元,都取得了发票;两人还租了5 000 m² 的厂房(含办公区),预付了一年的租金30万元,取得了对方开具的收款单据,并签订了承租合同。另外,他们为购买设备耗资10万元,为寻找、选择供应商及与供应商谈判等事项花去了1万元。

办完这些事项后,两人把自己收到的发票、单据等汇总在一起,商议在公司的成立和开业上的花销该怎么去做记录,来反映已开展的这些事项。面对这些发票、单据等票据,胡海和周达应该怎么办?怎样做记录来反映他俩为开办公司进行的这些活动呢?

第一节 会计工作组织与会计职业

每个人都生活在一定的组织内,如工厂、商场、酒店、学校、银行、医院、政府机关、证券公司、基金公司、咨询公司、会计师事务所、税务师事务所、律师事务所、慈善机构等,而无论什么样的工作组织,都存在会计工作和从事会计工作的人员。

一、会计工作组织

组织是指为实现一个或多个目标而一起工作的人组成的团体。世界上绝大部分工作都是通过组织来完成的,几乎任何一个组织都需要开展会计工作。

1. 营利性组织和非营利性组织

按组织的目标可将组织划分为营利性组织和非营利性组织。营利性组织以追求利润为目的,包括各种公司、企业等组织;非营利性组织不以营利为目的,而以政府治理,提供社会服务、公共产品等为目的,包括须收取一定费用的各类学校、医院等组织,以及完全不收费用的政府机关、图书馆和慈善机构等组织。一般情况下,把服务于营利性组织的会计称为企业会计,服务于非营利性组织的会计称为政府与非营利组织会计。

2. 个人独资企业、合伙制企业和公司制企业

营利性组织一般是指企业组织。企业组织形式包括个人独资企业、合伙制企业、公司制企业。这 3 种形式的企业组织都有着四大类经济活动,包括筹资活动、投资活动、经营活动和分配活动。筹资活动主要涉及企业采取某种方式和某种渠道来获得经营所需资金;投资活动主要涉及企业基于所面临的内外部环境制定战略,思考并决定企业组织当前和未来应该开展什么样的经济活动;经营活动是指企业运用筹集来的资金开展各种活动,如采购、生产、销售等,以期达到经营目标;分配活动是指企业将一个营业周期运营后的经营成果(利润)分配到不同方面,如弥补以前年度亏损、提取盈余公积和向投资者分配利润等。在企业的四大类经济活动中,都可以看到资金在不断地流入、流出,而对资金的核算与管理正是会计工作的主要内容。

企业组织是运用会计的基本单位,再加上在现代市场经济环境下,企业组织又是市场的主体,故企业组织的会计往往是某一个社会的会计的主体。而在企业组织形式中,公司是最能够体现现代市场经济本质特征的,故公司会计最具备现代企业组织会计的精髓。

二、会计职业及其道德规范

在大部分情况下,会计人员构成了组织中重要的职员部门,成为生产和销售"直线"活动以外的最大部门。

(一)会计职业

一般而言,在会计部门工作的人员都可以称为会计人员。这些人具备会计学相关知识,在组织中从事各种各样的会计工作,形成了多种多样的会计职业。

1. 公共会计师与私业会计师

根据会计工作服务对象的不同,可以将会计职业划分为公共会计师(public accountants)和私业会计师(private accountants)。

(1)公共会计师

公共会计师服务于社会,即其服务对象是社会公众,通过为社会公众提供财务报表审

第一章 会计的性质与目的

p计、税务服务、资产评估及管理咨询服务来获取收入。例如，注册会计师、注册税务师和注册资产评估师在会计师事务所、税务师事务所、资产评估事务所及管理咨询公司工作，开展财务报表审计鉴证服务、税务代理、资产评估和管理咨询等业务。会计师事务所主要提供鉴证和非鉴证两大类服务：鉴证服务即审计报告，提供审计服务的会计人员被称为审计师或注册会计师；非鉴证服务包括管理咨询服务、税务服务、会计和记账服务、其他咨询服务等。审计师一般分为助理审计师、审计师、高级审计师、项目经理、高级经理、合伙人。

如果计划去会计师事务所、税务师事务所或资产评估事务所工作，一般需要通过相应的注册会计师、注册税务师和注册资产评估师执业资格考试并取得合格证书。

（2）私业会计师

私业会计师是服务于特定企业组织、政府及其他非营利性组织并获取报酬的会计从业人员。他们只服务于某个具体组织，从事财务会计（含税务会计）、管理会计（含成本会计）和内部审计工作。要从事这些工作，往往需要通过相应的资格考试。例如，在美国和英国，私业会计师须取得注册管理会计师（Certified Management Accountant，CMA）和特许管理会计师证书（Chartered Management Accountant，CMA）。而在我国，2017 年 11 月 15 日前，私业会计师必须通过全国会计师资格考试并取得会计从业资格证书，才能从事会计工作，此后我国取消了会计从业资格证书。

公共会计师和私业会计师之间的划分并不是绝对的，公共会计师也可去企业组织、政府和非营利性组织工作，私业会计师也可以去会计师事务所、税务师事务所、资产评估师事务所和管理咨询公司工作。

2. 营利性组织会计人员和非营利性组织会计人员

按所在组织的营利性划分，可将会计人员划分为营利性组织会计人员和非营利性组织会计人员。

（1）营利性组织会计人员

在营利性组织从事会计工作的人员基本上有两大类：第 1 类被称为簿记人员和为保持详细经营记录的其他资料登记人员；第 2 类被称为会计人员，他们较少地从事会计确认、记录、计量等簿记工作，而是侧重于会计信息的分析和应用，如决定如何报告经济事项、如何编制并解释报告、如何专门分析、如何设计和运行会计信息系统，以及如何确保信息的准确性等。

在当前"互联网+"时代，智能化的发展将使得第 1 类的会计职业越来越少，甚至消失，因为这些工作都可以由智能机器人完成；第 2 类的会计职业将是未来会计职业发展的方向。

一般情况下，大型公司的企业财务会计工作人员有首席财务官（CFO），首席财务官下设财务主任、主计长、财务计划分析师 3 个职位，分管企业财务管理、财务会计和管理会计工作。

① 财务主任主管财务管理工作，如通过各种渠道，及时、低成本地筹集企业所需资金；进行资金投放与投资分析并确定资金投放的方式和方向；以投资者利益最大化为目标来确定利益的分配方式，等等。

② 主计长又可称为会计科长或会计经理，负责财务会计工作。在主计长的组织下，公司按照会计处理程序和方法对企业经济活动进行确认、计量、记录、报告，最终形成财务

报告。此外，税务会计也是财务会计工作中重要的内容。税务会计按照税法的要求，计算和缴纳企业应缴的各项税收，在不违反税法的前提下，进行税务筹划。一般来说，企业财务会计部门会设置出纳（收支两条线）、各会计核算岗位（如固定资产、材料、往来款、销售等）、税务会计、总账会计、主管会计等。

③ 财务计划分析师负责管理会计工作，包括编制企业短期经营计划和中长期资本投资预算，控制企业生产成本，节约成本；落实、分解、执行企业预算，落实责任，提高计划的执行力；分析企业财务活动，找出问题并解决问题；综合考核评价各部门（个人）的成果，激励员工；与内部审计部门和公司审计委员会建立一套良好的内部控制体系。内部审计岗位受首席执行官和审计委员会的直接领导，其工作主要是同其他部门一起为企业建立一套完善的内部控制体系，审查和评价企业的经济活动及内部控制制度，从而保证企业资产的安全运行，防止出现舞弊和企业资产流失，以及保证企业经济资源的有效利用。

（2）非营利性组织会计人员

政府和非营利性组织会计有财政总预算会计、行政单位会计和非营利性组织会计。

① 财政总预算会计又称总预算会计，是各级政府财政部门核算、反映和控制政府预算执行与财政周转金等各项财政性资金活动的专业会计。目前，我国政府按一级政府建立一级财政的原则，对应中央、省、市、县、乡（镇）5个政府级别设置了五级总预算会计。

② 行政单位会计是对行政单位经济活动进行核算、反映和控制的专业会计。行政单位包括国家各级权力机关，如各级人民代表大会及其所属机构；各级行政机关，如国务院及其所属各部委和各省、市、县、乡的各级人民政府及其所属机构；司法和检察机关，如各级司法部门、法院和检察院。

③ 非营利性组织会计就是对非营利性组织经济活动进行核算、反映和控制的专业会计。非营利性组织包括：医疗和福利组织，如医院、疗养院、福利院、红十字会、儿童保护组织、社会救济机构等；教育、文化、科学研究组织，如幼儿园、中小学、职业技术学校和高等学校、科学研究部门、图书馆、博物馆、艺术表演机构等；慈善机构，如社区筹资机构、基金会等；有关气象和体育等单位。

（二）会计职业道德规范

会计从业人员除了须遵循一般的行规外，还须遵循其特有的职业道德规范。职业道德规范对会计职业而言非常重要，主要原因在于会计职业工作内容主要围绕提高决策相关信息展开，而会计信息的质量是企业组织和金融市场发展与繁荣的重要影响因素，并关系到社会财富的转移和利益的分配。

会计职业道德规范通常由行业协会制定，没有法律强制性，侧重于会计从业人员的自律。在中国，会计职业道德规范主要有《会计基础工作规范》和《中国注册会计师职业道德基本准则》，前者侧重于规范私业会计师的职业道德，后者侧重于规范公共会计师的职业道德。虽然两者侧重点不同，但都要求会计师保持"诚信"和"客观"。诚信是指会计师在工作中须保持诚实和正直；客观主要体现在会计师独立和公平，不受利益冲突的影响。

1. 对企业财务会计工作人员的道德规范

《会计法》（全称《中华人民共和国会计法》）和《会计基础工作规范》规定了企业财务会计工作人员的道德规范。

第一章 会计的性质与目的

《会计法》第三十九条规定:"会计人员应当遵守职业道德,提高业务素质。对会计人员的教育和培训工作应当加强。"

《会计基础工作规范》第二章第二节"会计人员职业道德"中,较详细地规定了会计人员的职业道德,具体包括以下内容。

第十七条 会计人员在会计工作中应当遵守职业道德,树立良好的职业品质、严谨的工作作风,严守工作纪律,努力提高工作效率和工作质量。

第十八条 会计人员应当热爱本职工作,努力钻研业务,使自己的知识和技能适应所从事工作的要求。

第十九条 会计人员应当熟悉财经法律、法规、规章和国家统一会计制度,并结合会计工作进行广泛宣传。

第二十条 会计人员应当按照会计法律、法规和国家统一会计制度规定的程序与要求进行会计工作,保证所提供的会计信息合法、真实、准确、及时、完整。

第二十一条 会计人员办理会计事务应当实事求是、客观公正。

第二十二条 会计人员应当熟悉本单位的生产经营和业务管理情况,运用掌握的会计信息和会计方法,为改善单位内部管理、提高经济效益服务。

第二十三条 会计人员应当保守本单位的商业秘密。除法律规定和单位领导人同意外,不能私自向外界提供或泄露单位的会计信息。

2.对注册会计师的道德规范

《注册会计师法》(全称《中华人民共和国注册会计师法》)和《中国注册会计师职业道德基本准则》对注册会计师的职业道德有专门的规定。

《注册会计师法》第十八条和第十九条做了如下具体的规定。

第十八条 注册会计师与委托人有利害关系的,应当回避;委托人有权要求其回避。

第十九条 注册会计师对在执行业务中知悉的商业秘密,负有保密义务。

《中国注册会计师职业道德基本准则》由中国注册会计师协会制定,全面系统地规范了注册会计师从业的职业道德,包括一般原则、专业胜任能力与技术规范、对客户的责任、对同行的责任、其他责任等方面。一般原则中强调"注册会计师应当恪守独立、客观、公正的原则"和"注册会计师执行审计和其他鉴证业务,应当保持形式上和实质上的独立"等。

第二节 会计的概念与学习方法

一、会计的产生与发展

会计产生于人类的生产经济活动,从最早的古代官厅(政府)会计发展到商品经济下的企业会计。会计的发展同经济发展,尤其是企业组织的发展有着密切的关系。

2000年,石本仁将会计和企业组织的发展划分为相互对应的3个阶段。

① 在企业组织发展的第1个阶段,古代会计形成了——在以自给自足、家庭经济为主的生产组织形式下产生的简单刻记和单式簿记。15世纪前的古中国、古印度、古埃及、古巴比伦出现了与以"自给自足、简单商品交换"为特征的家庭经济相适应的简单刻记和单

式簿记。例如，在古巴比伦出现了记录官将商业契约、商业交易等记录于黏土制成的薄板；在中国周朝，官厅会计已发展到了顶峰；在古希腊，出现了财务公开的概念，并最早利用货币进行记录。严格来说，古代会计并不是真正意义上的会计，因为其并没有完全与统计、算术相独立，仍混合在一起，没有形成自己独立的体系。

② 在企业组织发展的第 2 个阶段，真正意义上的会计诞生了——以复式簿记（主要为借贷记账法）为记录手段，以历史成本为计量属性，以权责发生制为计量基础。15、16 世纪的意大利，资本主义兴起，东西方贸易发展，资本主义生产方式萌芽并迅速发展，独资企业和合伙企业形成，由于企业的经营管理活动需要更科学有效的会计工具，故产生了复式簿记。1494 年，数学家卢卡·帕乔利在《算术大全》中系统阐述了复式簿记，为现代会计的产生奠定了基础。

③ 在企业组织发展的第 3 个阶段，现代会计产生了——在现代股份公司发展成熟后逐步形成。18、19 世纪的英国，工场手工业被机器取代，生产规模扩张，商业资本向工业资本转化，借贷资本逐渐形成，出现了公司制企业，民间审计、折旧会计、成本会计形成了。20 世纪 20 年代后的美国，出现大量大规模现代股份公司，职业经理层形成，科学管理兴起，资本市场建立，现代公司走向成熟，现代财务会计、公认会计准则、内部审计、管理会计都应企业发展要求而形成。1938 年，美国注册会计师协会（AICPA）成立会计程序委员会，对外颁布公认会计准则；以会计准则为指南，定期对外提供通用财务报告的现代财务会计逐步形成。泰罗制在生产中的广泛应用和数学模型、电子计算机等技术在会计领域的引入，促使管理会计从执行会计转入决策会计阶段。

现代会计不仅具有传统会计的一些基本特点，还有自己的一些特征，如形成了以对外提供财务报告为主的现代财务会计和以企业内部经济决策为主的现代管理会计两大分支。现代会计须遵循公认会计准则，对外财务报告须经过严格的独立审计，企业内部要设立严格的内部审计和控制制度，等等。因此，现代股份公司制度的发展推动了现代会计的形成，现代会计成为直接服务于现代股份公司的会计。

二、会计的定义与特点

（一）会计的定义

从会计工作组织、会计历史发展的论述中，我们知道企业（公司）会计是现代会计的核心，企业组织是开展会计工作的主要单位。在企业组织的创立、成长、成熟到终止的生命周期中，都伴随着资金的流入与流出，都需要开展各种各样的经营活动来实现企业目标。为此，企业需要调配各种资源，如劳动力、原材料、房屋、机器设备及各种服务。而使用这些资源是要耗费成本的，即需要资金来购买这些资源。那么，从什么渠道和方式筹集资金呢？为了提高工作效率，企业中的成员需要知道相关资源的数量、筹集资金的方式和资源使用结果等信息，企业以外的利益相关者也需要获得这些信息，从而来判断企业活动情况。而会计就是一个提供这些信息的系统，企业内部管理人员和外部各方利益相关者也需要利用会计信息做出决策。正如美国会计学会（American Accounting Association，AAA）

所认为的，"会计是确认、计量与传达经济信息以使信息使用者能够做出合理判断和决策的过程"。

本书倾向于认为会计是一种信息系统，提供组织内部管理人员和外部各方利益相关者需要的相关信息，以供他们做出有利的决策。

会计作为企业组织决策支持的信息系统，一方面向企业组织的外部利益相关者，包括企业的投资者、债权人、原料供应商、客户、政府、证券分析师、经济学者等，提供有助于其进行投资、贷款、产品买卖、管理与征税等决策和学习研究需要相关的信息——这便是现代财务会计的主要内容；另一方面，还须向企业内部管理者提供信息，以便管理者做出经营管理决策和开展管理控制，这便是现代管理会计的主要内容。

（二）财务会计与管理会计

伴随着金融市场和现代公司制度的产生和发展，企业组织出现了"两权分离"的现象，即企业的所有权和经营权相分离。通俗地说，即企业的所有者和经营者不是同一个主体，所有者并不参与企业的经营，而是聘请职业经理人来管理企业。因此，企业的所有者和经营者对会计信息有不同的需求，从而导致会计逐渐发展出财务会计和管理会计两个相对独立的分支。

1. 财务会计

（1）财务会计的定义

财务会计是指企业组织通过定期提供财务报表和其他财务报告服务于组织利益相关者的活动。这种活动体现了所有者和经营者的"受托责任"的履行，即经营者是否按照所有者利益最大化的目标去开展经营活动。

（2）财务报告的形成步骤

企业经济业务活动非常复杂，如购置设备、采购原材料、设计生产产品、招聘和培训员工、宣传与销售产品、售后服务、解决法律纠纷等，要反映企业所有的这些经济活动，并评价其经济活动的成果，需要借助会计这个信息系统。

作为一种信息系统的会计，需要按照会计处理程序和规则对企业经济活动进行加工，最终形成财务报告。财务报告提供了有关企业的资产规模、结构、资产的来源与构成信息，收入、成本费用结构等经营成果信息，所有者权益变动信息（所有者投入的变化过程和结果），以及现金流量信息（现金流入与流出）等，外部信息使用者可以依据这些信息来评估企业的经营状况、实力和成果，以便做出合理的投资决策。

而形成财务报告的一系列会计处理程序和规则可以被归纳为确认、计量、记录、报告4个步骤。

① 确认是指对反映经济业务的交易或事项进行筛选，并选择适当的时间，以恰当的会计名目进行登记。

② 计量是指对确定要登记的经济业务决定用什么计量属性和计量单位进行登记。属性是指计量对象的某一方面的特征，如一台计算机，是登记其面积、体积，还是质量；计量单位也就是计量标准，如是毫升还是升，是毫米还是米。对于商品交换而言，计量属性是指购买价格还是销售价格等；计量单位是指名义货币或是不变购买力。

③ 记录强调的是以什么方式进行记录。在现代会计中，会计计量以复式簿记方式进行，复式簿记是会计工作的最大特色。

④ 报告是会计信息系统的最后一个环节，是指对已记录的众多经济业务按一定的标准进行分类、汇总，再按照标准的格式加工成财务报表。除了财务报表外，还需要附加其他相关内容（如报表附注、其他报告），最后形成财务报告。

（3）财务会计的特点

① 财务会计是对企业经济业务进行加工的信息处理系统。财务会计的核心工作就是把企业的经济业务转换成信息产品，即编制财务报告，从而向外部信息使用者提供有关企业财务状况、经营成果、权益变动和现金流动的信息，来帮助信息使用者做出正确的投资决策。

② 财务会计对经营业务的处理须遵循会计规范，包括会计准则和会计制度。所有企业在处理经济业务的过程中，须遵循统一的会计规范，以使企业加工出来的信息产品，即编制出来的财务告具有可比性。会计规范以会计准则为核心，还包括相应的会计法律、法规、规章和制度等。

③ 财务会计处理的企业经济业务是已经发生的。财务报告反映的是企业的事实和结果，故进入财务会计信息处理系统进行加工的经济业务必须是企业已经发生的业务。

④ 财务会计向外提供有关企业整体的财务状况、经营业绩、权益变动和现金流量等信息。财务会计提供的信息主要面向企业外部利益相关者，包括所有者、债权人、债务人、企业职工、政府及新闻媒体和社会公众等，并且提供的信息是有关企业经营活动的整体信息，包括财务状况、经营业绩、权益变动和现金流量等方面。

2．管理会计

管理会计的主要任务是向企业组织的经理人（高层管理人员）提供内部管理报表或绩效报告，以帮助经理人进行经营决策和管理控制。这样一种活动将有助于企业组织内部各层次受托责任的履行。管理活动可以分为预测、决策与计划、组织、实施与控制、评价、考核与分析6个阶段，每个阶段都由管理会计为企业6个阶段所做的各种决策提供支持。

与以财务报表为中心的财务会计相比，管理会计是以经营管理为中心的，是个性化的会计，只为特定信息使用者提供相关信息。通过相关信息的提供，会计得以参与企业组织的战略制定和实施，并对组织成员进行激励和管理。

由于基础会计作为会计专业的第1门专业课程，其主要论述的是企业财务会计的基础理论和方法，故有关管理会计的论述可参看管理会计相关教材，此处不进行详细展开。

三、会计的职能与目标

一方面，现代会计为了满足股份公司对外筹资的需要，需要按公认会计准则的要求向外部使用者提供能反映企业经营情况的基本信息，以便外部使用者能够正确评价企业经营情况，从而做出正确的投资决策。同时，也是为了保证企业对外提供的信息的质量，以便独立的第三方机构将对其进行公正的审查与评价，即注册会计师审计。另一方面，为了加强对企业经营活动的监督和控制，如对生产成本的控制、生产经营的全面预算、长期投资的科学决策等，充分提高企业经济活动的效益效率，会计还需要向企业内部管理者提供有助于其监督和控制企业各项活动的信息。

会计作为一个信息控制系统，具备两大基本职能：一是核算职能，也称反映职能，须由财务会计和注册会计师审计来实现；二是监督职能，也称控制职能，须由管理会计和内部审计来实现。

会计核算职能是指会计通过一系列的处理程序和规则（确认、计量、记录和报告），来从数量上反映各组织的经济活动，为组织各利益相关者提供会计信息的功能。会计核算工作是通过价值形式对经济活动过程和结果进行连续、完整、系统、综合的记录及计算、加工整理，并提供和输出会计信息的过程。

会计监督职能是指会计人员在会计核算时，审查组织经济业务的合法性、合理性。合法性审查是指对组织各项经济活动进行控制，以使活动的开展符合国家有关法律法规、遵守财经纪律、执行国家的各项方针政策，防止违法乱纪行为的出现；合理性审查是指对组织各项财务收支进行检查，以确保其符合组织的财务收支计划，能有利于实现组织的预算目标，符合组织内部控制的要求，防止奢侈浪费行为的出现，从而帮助组织增收节支，提高组织的经济效益。

企业会计这两大职能的履行都是为了实现"向企业外部信息使用者和内部信息使用者提供有助于其进行决策的相关信息，即信息有用观，以反映所有者与经营者受托责任的履行和经营者内部各层次受托责任的履行，即受托责任观"这个目标。会计作为决策支持的信息控制系统，体现了信息有用观和受托责任观的统一。

四、会计的学习方法

微课：会计对象

上文中我们讨论的是会计的广义概念和会计的两大分支——财务会计和管理会计，而本书讲述的是基础会计，基础会计是财务会计学科的基础阶段。学好基础会计需要掌握基本的会计核算程序和方法，包括会计的确认、计量、记录和报告。

由前述可知，财务会计是按照会计处理程序和规则对企业经济业务进行加工，形成财务报告并对外提供的信息处理系统。财务会计的处理过程是在会计准则或会计制度的规范下进行的，因此，要学好财务会计，必须熟练掌握会计准则和会计制度等规范。其中，最主要的是掌握我国财政部在2006年2月颁布的《企业会计准则》（包括1项基本准则和38项具体准则，2014年7月23日财政部颁布《财政部关于修改<企业会计准则——基本准则>的决定》），这是我国财务会计的基本规范文件。此外，一个合格的财务会计人员还需要培养自己的动手能力、职业判断能力、终生学习能力和树立基本的职业道德观念。

财务会计的实用性和操作性很强，只有在实际中能够正确运用会计程序、方法和具体处理，才说明我们掌握了会计程序和方法等。在财务会计的学习中，除了要通过老师的授课来理解会计的基本概念、方法和程序等，还需要大量地做练习来检验和巩固自己的学习成果，加强自己的实践应用能力。另外，会计专业学生一般会上会计基础技能实训、会计电算化和会计综合实训等课程，这些实训课程可以让学生进行会计工作的仿真模拟训练，提高实践应用水平和能力。

基础会计

职业判断与业务操作

胡海和周达应当在公司中建立财会部门，聘请会计人员，来对公司已经发生和未来发生的各项活动进行核算和监督。通过会计工作的开展，胡海和周达能够获得与公司运营相关的经营状况和经营成果等信息，并基于这些信息来做出合理的投资和经营决策，以推动公司的持续发展和运营，实现盈利。

本章小结

组织可以分为营利性组织和非营利性组织。营利性组织中的企业组织是基本会计工作组织，公司会计是现代企业会计的核心。企业会计工作的主要内容是对在企业组织的筹资活动、投资活动、经营活动和分配活动中所流入流出资金的核算与管理。

会计人员是在组织中开展会计工作的人员，从事着各种各样的会计职业。按会计工作服务对象的不同，可将会计职业划分为公共会计师和私业会计师。公共会计师以社会公众为服务对象，通过为社会公众提供财务报表审计、税务服务、资产评估及管理咨询服务来获取收入，如注册会计师、注册税务师是和注册资产评估师；私业会计师以特定企业组织、政府及其他非营利性组织为服务对象，从事财务会计（含税务会计）、管理会计（含成本会计）和内部审计工作。按组织的营利性划分，可将会计人员划分为营利性组织会计人员和非营利性组织会计人员。营利性组织会计人员有：簿记人员和为保持详细经营记录的其他资料登记人员、侧重会计信息的分析和应用的会计人员；非营利性组织会计人员一般是指政府和非营利性组织会计，包括财政总预算会计、行政单位会计、非营利性组织会计。

从事任何一种会计职业的会计人员都应当遵守会计职业道德规范。《会计法》和《会计基础工作规范》规定了企业财务会计工作人员的道德规范。《注册会计师法》和《中国注册会计师职业道德基本准则》对注册会计师的职业道德有专门的规定。

会计产生于人类的生产经济活动，从最早的古代官厅（政府）会计发展到了商品经济条件下的企业会计。会计的发展与企业组织的发展有着密切的关系：古代会计形成在以自给自足、家庭经济为主的生产组织形式下；复式簿记应独资企业和合伙企业经营管理活动的需要而产生；现代会计在现代股份公司发展成熟后逐步形成的，现代企业（公司）会计是现代会计的核心。

会计是一种信息系统，提供组织内部管理人员和外部各利益相关者需要的相关信息，以供他们做出有利的决策。企业（公司）会计是现代会计的核心，企业组织是开展会计工作的主要单位。会计向企业内部管理人员和外部各方利益相关者提供有关企业经营活动各项情况，以便利益相关方能做出合理判断和决策。

财务会计是指企业组织通过定期提供财务报表和其他财务报告服务于企业组织的利益相关者的活动。这种活动体现所有者与经营者的"受托责任"的履行。管理会计的主要任务是向企业组织的经理人（高层管理人员）提供内部管理报表或绩效报告，以帮助经理人进行经营决策和管理控制。这样一种活动将有助于企业组织内部各层次受托责任的履行。

会计作为一个信息控制系统，具备两大基本职能——核算和监督职能。这两大职能的

第一章 会计的性质与目的

履行是为了向企业外部内部信息使用者和内部信息使用者提供有助于其进行决策的相关信息,以反映所有者与经营者受托责任的履行和经营者内部各层次受托责任的履行。

基础会计是财务会计学科的基础阶段,要学好基础会计,需要熟练掌握会计准则和会计制度等规范、会计核算程序和方法,还需要培养自己的动手能力、职业判断能力、终生学习能力和树立基本的职业道德观念。

课后练习

试题自测

一、单项选择题

1. 会计学科的两大分支是（   ）。
   A．财务会计和税务会计　　　　B．财务会计和成本会计
   C．审计和管理会计　　　　　　D．财务会计和管理会计

2. 现代会计的核心是（   ）。
   A．企业会计　　　　　　　　　B．政府会计
   C．非营利性组织会计　　　　　D．审计

3. 会计的基本职能是（   ）。
   A．核算和管理　B．控制和监督　C．核算和监督　D．核算和分析

4. 按会计工作服务对象的不同,可将会计职业划分为（   ）。
   A．公共会计师和企业会计师　　B．公共会计师和私业会计师
   C．企业会计师和政府会计师　　D．审计师和企业会计师

5. 目前,我国政府按一级政府建立一级财政的原则,对应中央、省、市、县、乡（镇）5个政府级别设置了（   ）总预算会计。
   A．一级　　　B．二级　　　C．三级　　　D．五级

6. 诚信规范是指会计师在工作中必须保持（   ）。
   A．诚实和公正　　　　　　　　B．诚实和独立
   C．公平和正直　　　　　　　　D．诚实和正直

7. 近代会计形成的标志是（   ）。
   A．单式记账法的产生　　　　　B．账簿的产生
   C．单式记账法过渡到复式记账法　D．成本会计的产生

8. 客观规范是指会计师在工作中必须保持（   ）。
   A．诚实和正直　B．独立和公平　C．诚实和公正　D．独立和正直

9. 注册会计师执行审计和其他鉴证业务,应当保持（   ）的独立。
   A．形式上　　　　　　　　　　B．实质上
   C．形式上和实质上　　　　　　D．形式上和本质上

11

10. 1494年意大利数学家（ ）在《算术大全》中系统阐述了复式簿记。
　　A．卢浮·帕乔利　　　　　　　　B．卢卡·帕乔利
　　C．卢浮·帕梭利　　　　　　　　D．卢卡·帕梭利

二、多项选择题

1. 企业利益相关者包括（　　）。
　　A．债权人　　B．政府　　C．企业管理者　　D．企业员工
2. 会计师事务所主要提供（　　）服务。
　　A．审计服务　　B．管理咨询服务　　C．税务服务　　D．会计和记账服务
3. 审计师一般分为（　　）。
　　A．审计师　　B．项目经理　　C．高级经理　　D．合伙人
4. 在营利性组织从事会计工作的人员有（　　）。
　　A．簿记人员　　B．会计人员　　C．内部审计人员　　D．税务人员
5. 政府和非营利性组织的会计包括（　　）。
　　A．财政总预算会计　　　　　　　B．行政单位会计
　　C．非营利性组织会计　　　　　　D．公司会计
6. 会计各方面的作用综合起来说，包括（　　）。
　　A．为投资者提供财务报告
　　B．保证企业投入资产的安全和完整
　　C．为国家进行宏观调控、制定经济政策提供信息
　　D．加强经济核算，为企业经营管理提供数据
7. 以下有关会计基本职能的关系，正确的说法有（　　）。
　　A．核算职能是监督职能的基础
　　B．监督职能是核算职能的保证
　　C．没有核算职能提供可靠的信息，监督职能就没有客观依据
　　D．没有监督职能进行控制，就不可能提供真实可靠的会计信息
8. 会计人员应当按照会计法律、法规和国家统一会计制度规定的程序与要求进行会计工作，保证所提供的会计信息的（　　）。
　　A．合法　　B．真实　　C．准确完整　　D．及时
9. 形成财务报告的步骤是（　　）。
　　A．确认　　B．计量　　C．记录　　D．报告
10. 财务报告提供了有关企业的（　　）信息。
　　A．资产规模、结构，资产的来源与构成
　　B．收入、成本费用结构等经营成果
　　C．所有者投入的变化过程和结果
　　D．现金流入与流出

三、判断题

1. 任何利益相关者都可以利用会计信息进行决策。　　　　　　　　　　　　（　　）
2. 财务会计的主要任务是向企业组织的经理人（高层管理人员）提供内部管理报表或

绩效报告。（　）

3．公共会计师不可以去企业组织、政府和非营利性组织工作。（　）

4．会计人员应当保守本单位的商业秘密，一定不能私自向外界提供或泄露单位的会计信息。（　）

四、案例分析题

1．在广东交通职业学院会计专业读大一的王小虎非常烦恼。他想通过在学院3年的会计专业学习，将来成为一名出色的会计师，可是他发现《基础会计》教材中充斥着文字、数字和一堆表格，基础会计课堂上的老师也是着重讲授教材上的知识。他觉得枯燥乏味，学着没意思，也不知道该如何学习这门课程，学习这门课程有什么作用。王小虎的问题和烦恼应该如何解决呢？

2．目前，国际四大会计师事务所德勤、普华永道、安永、毕马威已经相继推出财务机器人及财务机器人解决方案，一场对于传统财务行业的变革正在进行中，一个"机器人流程自动化"的时代正悄悄来临！机器人的出现，是为了更加低成本、高效、完善地处理工作，而机器人的工作很多与财务人员的工作一样，这样就淘汰了部分财务人员。

（1）你如何看待人工智能时代机器人淘汰部分财务人员的现象？

（2）你认为在人工智能时代会计职业会如何发展？

（3）你认为在校学习财会专业期间应该如何做，才能更好地应对在未来人工智能时代有可能被机器人所取代的局面？

第二章

资产负债表和利润表

职业能力目标

1. 掌握4个会计基本假设的含义。
2. 理解权责发生制和收付实现制的区别。
3. 掌握资产负债表的结构,即会计恒等式"资产=负债+所有者权益"。
4. 掌握利润表的结构,即会计恒等式"利润=收入-费用"。
5. 理解资产、负债、所有者权益、收入、费用、利润的定义和分类。

情景导入　　胡海和周达为开办大海公司,进行了公司的注册、办理了各种行政申请事项、购买了设备、租赁了厂房,还与供应商进行了商务谈判。这些活动都花费了一定的资金,为了反映公司已经发生的各项活动和未来会发生的各项活动,胡海和周达打算开设财务部,聘请会计人员。但由于公司资金有限,并考虑到财务部门掌管公司的资金,非常重要,所以他俩最终决定:胡海任公司总经理,周达任副总经理并兼任财务部经理,夏芳任会计,张莉任出纳。胡海、周达没有学过会计相关知识,夏芳、张莉则刚经过培训,获得了初级会计师证。

　　经过一个月的经营,胡海、周达、夏芳和张莉四人在财务室开了个会,讨论了公司开业一个月以来的经营状况。

　　周达:各位同事,今天我们召开会议主要是通过分析公司的财务状况来掌握公司经营情况,解决公司经营上存在的问题,以便以后的顺利运转。现在,请夏芳汇报下公司具体的财务状况。

　　夏芳:总经理,根据这个月财务部账目数据和现金盘点数据,可以看到本月我们公司收入了 235 000 元,支出了 158 000 元。月初,银行户头里有 300 000 元存款,公司金库里有 20 000 元现金,经计算银行户头里和公司金库里总共还剩 397 000 元。公司目前资金充足,且本月收入大于支出,本月经营情况不错,没有入不敷出的情况。

　　胡海:夏芳,公司这个月收入的 235 000 元的构成和支出 158 000 的构成是怎样的? 因卖出产品所获得的收入总共是多少? 生产产品的成本是多少? 我们公司刚成立一个月,各项生产和经营才起步,为什么这个月会有高达 158 000 元的支出呢？公司这个月到底赚了多少钱？

夏芳：总经理，这些问题，我现在还不能立刻回答您，还需要去翻阅公司的账目进行计算分析。

胡海：那需要多久时间？

夏芳：大概需要一周才能计算出来。

周达：怎么会需要这么久？我们公司才开始经营一个月，业务量应该不多吧。

夏芳：总经理，虽然公司刚成立，业务不多，但是账目数据比较复杂，算出来还是需要一定时间的。我这里有这个月的账目，各位可以看看。

夏芳于是走到自己的办公桌旁，拿了一摞资料放到会议桌上，并坐好。

夏芳：这是这个月的数据资料，大家可以看看，里面有这个月我接到的各种票据、单据，还有我根据票据和单据做的账目。

大家开始传阅资料。

胡海：嗯嗯，资料翔实，辛苦夏芳了，就是不知道有什么办法既能减轻大家的工作量，提升工作效率，又能让我和周副总经理一目了然地知道公司的经营情况。

第一节　两大报表编制条件

财务会计作为一种信息提供系统，需要通过编制财务报告，来向企业外部信息使用者，如投资者（含潜在的）、债权人、企业、政府、财务分析师等提供有助于其决策的信息。财务报告的核心是财务报表，会计主体按照会计准则将所有已发生的交易或事项，确认为资产、负债、所有者权益、收入、费用等要素，并在可靠计量和正确记录的基础上，再次确认为报表项目，从而形成财务报表，包括资产负债表（balance sheet）、利润表（income statement）、现金流量表和所有者权益变动表。资产负债表反映会计主体某个时点的财务状况；利润表反映会计主体某一期间的经营成果；现金流量表反映会计主体某一期间的现金流入流出状况；所有者权益变动报表反映会计主体所有者投入的变化和结果。在财务报表中，资产负债表和利润表是一个会计主体最基本的报表，所以本节主要介绍资产负债表和利润表的编制条件，后两节分别介绍资产负债表和利润表的概念、结构与主要内容。

一、会计基本假设

会计假设是会计核算的前提条件，是人们在长期的会计和实践中总结出来的，对不确定的经济环境和企业自身的经营活动做出的合理判断，包括会计主体、持续经营、会计分期和货币计量4个假设。

微课：会计基本假设

（一）会计主体

会计主体是指会计服务的特定经济实体，为会计人员对经济活动进行会计确认、计量和记录及编制财务报表等会计工作界定了空间范围。某企业、某行政事业单位、某组织、某企业或某单位的特定组成部分，如分支机构和责任中心等都可以作为会计主体。此外，由多个企业形成的企业集团也可以作为会计主体。会计主体是一个独立的经济实体，独立于它的所有者和其他的会计主体。因此，会计所确认、计量、记录和报告的对象都是会计主体的经济活动，而不针对它的所有者和其他会计主体（单位）。

会计主体与法律主体存在区别：法律主体的法人是指具有民事权利能力和民事行为能力，依法独立享有民事权利和承担民事义务的组织，如有限责任公司，股份有限公司，具有法人条件的事业单位、社会团体等既是法律主体又是会计主体；会计主体包括不具有民事权利能力和民事行为能力，依法独立享有民事权利和承担民事义务的组织，如个人合伙企业、个体工商户、分支机构、企业内独立核算的一个部门等都不是法人，而是会计主体。因此，会计主体不一定是法律主体，但法律主体一定是会计主体。

（二）持续经营

会计制度规定，会计核算应当以企业持续、正常的生产经营活动为前提。通常情况下，会计假定主体是持续经营的，即将在可预见的未来持续经营下去；会计主体在可预见的未来不会破产清算，所持有的资产将正常运营，所负有的债务将正常偿还。持续经营使会计原则建立在非清算基础之上，有助于解决许多常见的资产计价和收益确认问题。

（三）会计分期

会计分期是将企业的经营活动人为划分成若干个相等的时间间隔，以便确认某个会计期间的资产、负债、所有者权益、收入、费用、利润，据以编制财务报告。持续经营概念通常假定企业寿命无限长，企业的生产经营活动将持续不断地进行下去。管理人员和其他利益相关者不可能等到企业结束时才知道企业获得了多少利润，所以每隔一段时间就需要了解企业的经营状况，及时获取相关信息。因此，需要合理地划分会计期间，即进行会计分期。

会计制度规定，会计核算应当划分会计期间，分期结算账目和编制财务会计报告。会计期间按公历进行划分，有年度、半年度、季度和月度，并按公历确定起讫日期。会计分期是权责发生制、划分收益性支出和资本性支出等会计原则的理论基础。

（四）货币计量

财务会计只记录那些可以用货币度量的信息。货币计量是指会计核算中以货币作为统一计量单位。会计制度规定，企业会计核算以人民币为记账本位币，业务收支以外币为主的企业，可以选定其中一种货币作为记账本位币，但编制财务报告时应当将外币折算为人民币。

货币计量前提还假设了币值保持不变，即假定企业在不同时期的每一单位货币或同量货币具有完全相同的价值。这样，在不同时期取得的不同性质、不同价值的资产或负债便可分类相加，不同时期发生的收入和费用也可相抵以确定盈亏。

第二章　资产负债表和利润表

二、会计核算基础

会计核算基础是指会计以什么为标准来确认、计量和报告企业单位的收入和费用，以更加真实、公允地反映企业某一特定日期的财务状况和某一特定期间的经营成果。在实务中，以应收应付作为标准的计量基础为权责发生制；以实收实付作为标准的计量基础为收付实现制。

（一）权责发生制

权责发生制也称应计制或应收应付制。在该原则下，收入和费用的确认以权利或责任的发生与否为标准：凡属本期的收入，不管其款项是否收到，都应作为本期的收入；凡属本期应负担的费用，不管其款项是否付出，都应作为本期的费用；反之，凡不应归属本期的收入或费用，即使款项收到或支出，也不能作为本期的费用。绝大多数企业按权责发生制来记账。

① 权责发生制的优点是：能正确反映各会计期间所实现的收入和为实现收入所应负担的费用，为此各期的收入和费用可以相互配比，来确定各期的财务成果。

② 权责发生制的缺点是：企业业务纷繁复杂，并不是所有的业务都按权责发生制来记录，对未按权责发生制来记录的经济业务在期末要进行账项调整。

（二）收付实现制

收付实现制与权责发生制相对应，又称现金制，是以现金收到或付出为标准，来确认本期实现的收入或发生的费用。凡在本期收到的收入或支出的费用，不管其是否应归属本期，都应确认为本期的收入或费用；凡在本期未收到的收入或支出的费用，即使应归属本期，即收入在本期实现或费用在本期发生，但未出现款项的收入与支出，那么该收入和费用也不能确认为是本期的。

第二节　资产负债表及其要素

一、资产负债表的概念与作用

资产负债表也叫静态报表，反映了会计主体在某一特定时日的财务状况，包括资产、负债和所有者权益状况。资产负债表针对的是某个时点的情况，就像一瞬间的快照，将会计主体不断发生的、变化的、动态的财务状况冻结在某一时日，浓缩在一张静止的报表中。

报表使用者通过阅读资产负债表，可以了解企业拥有或控制的资源及其分布情况；了解企业负债总额及其构成，以判断企业未来需要多少资产或劳务清偿债务以及在什么时间清偿；可以了解企业所有者权益情况，如企业现有投资者在企业资产总额中的份额及其变动情况。

资产负债表能够帮助使用者进行财务分析，判断企业的资产变现能力、偿债能力和资金的周转能力，从而做出正确的经济决策。

表 2-1 显示了一张较完整的企业资产负债表。

表 2-1

资产负债表

会企 01 表

编制单位：　　　　　　　　　　　　　年　月　日　　　　　　　　　　　　　　　元

资　　产	期末余额	年初余额	负债和所有者权益（或股东权益）	期末余额	年初余额
流动资产：			流动负债：		
货币资金			短期借款		
以公允价值计量且其变动计入当期损益的金融资产			以公允价值计量且其变动计入当期损益的金融负债		
衍生金融资产			衍生金融负债		
应收票据及应收账款			应付票据及应付账款		
预付款项			预收款项		
其他应收款			应付职工薪酬		
存货			应交税费		
持有待售资产			其他应付款		
一年内到期的非流动资产			持有待售负债		
其他流动资产			一年内到期的非流动负债		
流动资产合计			其他流动负债		
非流动资产：			流动负债合计		
可供出售金融资产			非流动负债：		
持有至到期投资			长期借款		
长期应收款			应付债券		
长期股权投资			其中：优先股		
投资性房地产			永续债		
固定资产			长期应付款		
在建工程			预计负债		
生产性生物资产			递延收益		
油气资产			递延所得税负债		
无形资产			其他非流动负债		
开发支出			非流动负债合计		
商誉			负债合计		
长期待摊费用			所有者权益（或股东权益）：		
递延所得税资产			实收资本（或股本）		
其他非流动资产			其他权益工具		
非流动资产合计			其中：优先股		
			永续债		
			资本公积		
			减：库存股		
			其他综合收益		
			盈余公积		
			未分配利润		
			所有者权益（或股东权益）合计		
资产总计			负债和所有者权益（或股东权益）总计		

二、资产负债表的内容——资产、负债和所有者权益

资产、负债和所有者权益是反映财务状况的组成要素,构成了资产负债表的主要内容框架。

(一)资产

1. 资产的定义与特征

(1)资产的定义

资产是指企业过去的交易、事项形成的,由企业拥有或控制的,预期会给企业带来经济利益的经济资源,包括各种财产、债权和其他权利。

微课:会计要素——资产

(2)资产的特征

资产具有以下3个特征。

① 资产由过去的交易或事项所形成。形成企业资产的交易或事项必须是已经发生的,由未来不确定事项可能形成的资产在会计核算中不予确认。例如,企业签订合同购买一批商品,由于购买商品的业务还未发生,只是签订了购买合同,所以企业对这批商品没有控制权,因此不能将其确认为企业的资产。

② 资产由企业所拥有或控制。"拥有"是指企业对某项资产具有所有权;"控制"是指企业对某项资产具有长期支配权。资产必须是企业拥有或控制的经济资源,否则不能将该资源视为企业的资产。例如,融资租赁租入的机器设备,虽然企业对其无所有权,但是能长期控制使用,故应将该机器设备确认为企业的资产;而经营租赁租入的机器设备,由于企业既不能拥有也不能长期控制,所以不能将该机器设备确认为企业的资产。

③ 资产预期会给企业带来经济利益。这里的经济利益是指直接或间接流入企业的现金或现金等价物。如果某项资源预期不能给企业带来经济利益,则不能将其确认为企业的资产。例如,企业拥有或控制的一批机器设备,在其使用寿命内可以为企业带来经济利益,所以可将该机器设备确认为企业的资产;而当该机器设备使用寿命结束,处于报废状态时,它不能再为企业带来经济利益,所以尽管其仍以实物形态存在于企业,也不能将其确认为企业的资产。

2. 资产的分类

企业资产按流动性可分为流动资产和非流动资产两大类。资产负债表资产栏目也分流动资产和非流动资产两组列报,流动资产和非流动资产的合计项目也需要列报。

(1)流动资产

流动资产一般是指一年或者超过一年的一个营业周期内可以变现或被耗用的资产。其中,营业周期是指企业投入资金—购买原材料—制成产品—销售产品—再回收资金的过程。大部分行业一年有几个营业周期,对于这些行业,其资产按年划分为流动资产和非流动资产;而有些特殊行业,如造船、重型机械制造企业等,由于其营业周期往往超过一年,所以其资产按营业周期划分为流动资产或非流动资产。

资产负债表中构成流动资产的项目有货币资金、交易性金融资产、应收及预付款项和

存货等。

① 货币资金包括库存现金、银行存款和其他货币资金。

② 交易性金融资产是指能够随时变现并且持有时间不准备超过一年（含一年）的投资，如股票、短期债券、基金等。

③ 应收及预付款项又称结算债权，是指企业日常生产经营过程中发生的各种债权，包括应收账款、应收票据、其他应收款、预付账款等。

④ 存货是指企业日常生产经营过程中持有以备出售，或者仍然处于生产过程，或者在生产或提供劳务过程中所需消耗的材料或者物料等，包括各类材料、商品、在产品、半产品、产成品等。

（2）非流动资产

非流动资产是指流动资产以外的资产，如固定资产、无形资产、长期股权投资、长期待摊费用等。

固定资产是指使用年限在一年以上，单位价值在规定标准以上，并在使用过程中保持其原有实物形态的资产，如房屋及建筑物、机器设备、运输设备等；无形资产是指没有实物形态可供企业长期使用的资产，如专利权、非专利技术、商标权、著作权、土地使用权等。

（二）负债

1. 负债的定义与特征

（1）负债的定义

微课：会计要素——负债

负债是指过去的交易或事项形成的，预期会导致企业经济利益流出企业的现时义务。在资产负债表中，可以看到企业资产的来源有两个渠道，即负债和所有者权益。

为了获得企业生产经营所需资金，除了有投资者投入方式外，企业还会从外部借入资金，如从银行等金融机构借款。此外，购买材料或接受劳务而应付给供货单位的款项、应付职工工资、应交未交的税金等都属于企业的负债。

（2）负债的特征

负债具有以下特征。

① 负债由企业过去的交易或事项形成。只有因过去的交易或事项而形成的负债才能确认有偿还的义务。潜在的义务、预期在将来要发生的交易或事项可能产生的债务不能确认为负债。例如，企业职工4月份的工资在4月30日前支付，在4月份工资已经付出去了，就没有欠职工的工资；如果4月份的工资在下个月支付，那么4月份产生的工资没有在当月支付出去，4月就有一笔欠职工的工资，形成企业的负债。那么，5月份的工资未在当月支付而在下月支付时，这笔未支付的工资会构成企业4月份的负债吗？不会。因为4月份的负债应是4月份已经发生的交易或事项形成的，而不是未来的交易或事项形成的。

② 负债的清偿预期会导致企业经济利益的流出。企业当前所负的债务，未来可以用现金、银行存款等金融资产，或者以提供劳务、转让财产的方式来偿还。可见，无论用什么方式清偿债务，债务的偿还都会导致经济利益流出企业。

2. 负债的分类

企业的负债按其流动性可分为流动负债和长期负债。资产负债表栏目中的所有负债项目都是按其流动性逐项单独列示的,且包括了"流动负债合计"项目、"非流动负债合计"项目、"负债合计"项目。

① 流动负债是指在一年或超过一年的一个营业周期内必须偿还的债务,包括短期借款、应付票据及应付账款、预付款项、应付职工薪酬、应交税费、其他应收款等。

② 长期负债是指偿还期在一年或超过一年的一个营业周期以上的债务,包括长期借款、应付债券和长期应付款等。

(三)所有者权益

1. 所有者权益的定义与特征

(1)所有者权益的定义

微课:会计要素
——所有者权益

所有者权益是指所有者在企业资产扣除负债后由所有者享有的剩余权益,其金额为资产减去负债后的余额,又称为净资产。所有者权益的来源包括所有者直接投入的资本、直接计入所有者权益的利得和损失、留存收益等。

(2)所有者权益的特征

所有者权益具有下列特征。

① 无偿还性。所有者权益不像负债,需要到期偿还,还得按期支付利息。所有者投入企业的资产,一般可为企业长期使用,无须支付使用费(如借款利息这类使用费)。当企业发生减资、清算时,企业才会将所有者投入的资本按比例返回给所有者。

② 当企业破产清算时,负债较所有者权益被优先清偿。企业破产清算时,须先用资产来清偿负债,如果企业全部资产清偿负债后有剩余,才向所有者分配。所有者拥有企业的剩余索取权。

③ 可参与企业利润分配。所有者凭借其所有权益能够参与企业利润的分配,而债权人不能参与利润分配,只能按预先约定的条件取得固定的利息收入。

2. 所有者权益的分类

所有者权益按其来源可分为:实收资本(股本)、资本公积、盈余公积、未分配利润。实收资本(股本)由所有者直接投入,盈余公积和未分配利润是企业内部形成的利润留存。

① 实收资本是指企业所收到的投资者按企业章程或合同、协议的约定,实际投入本企业的资本。如果该企业为股份有限公司,则收到投资者投入的资本形成股本。

② 资本公积是指投资者或其他主体投入到企业,金额超过法定资本部分的资本或资产,包括资本溢价、法定财产重估增值、接受捐赠的资产价值等。

③ 盈余公积是指按国家有关规定从利润中提取的各种公积金。

④ 未分配利润是指企业留于以后年度分配的利润或待分配的利润。

三、资产负债表的结构——会计恒等式

资产负债表是根据"资产=负债+所有者权益"这一会计恒等式编制的。会计恒等式是资产负债表的基本结构,奠定了会计核算中设置账户、进行复式记账和编制财务报表的理论基础。

（一）会计恒等式的含义

企业要进行生产经营活动，就需要拥有一定数量的资金。而资金无非来源于两个方面：一是所有者（股东）的投入；二是债权人的提供。前者就是上述的所有者权益；后者即负债，可以称之为债权人权益。资产和权益（所有者权益和债权人权益）相互依存，不可分割。从数量上来看，企业资产总额必然等于权益总额。

微课：会计恒等式的推导

该数量关系可用公式表示为：

$$资产=权益$$

由于资产反映的是企业拥有什么样的经济资源和拥有多少经济资源，权益则表明这些经济资源的来源渠道，包括所有者的投入和债权人的提供，也就是说企业所拥有的经济资源是所有者投入和债权人提供的，所以企业组织的资产总额等于所有者投入和债权人提供的经济资源总额。因此，上述公式可变换为：

$$资产=债权人权益+所有者权益$$

或

$$资产=负债+所有者权益$$

这就是财务会计的基本恒等式。它反映了某一特定时点资产、负债、所有者权益三者的平衡关系，故该恒等式也可称为静态会计恒等式。

该会计恒等式无论在任何时点都成立，但需要注意这里说的是总资产与总权益金额相等的对应关系永不改变，而不是指某项资产和某项权益之间的对应关系。因为企业开始正常的经营活动后，其资产的形态会不断发生变化，很难区分由所有者投入的资金形成的资产和债权人提供的资金形成的资产。但无论资产以什么样的形态表现，都有其来源，不是向债权人借入的，就是所有者投入的，或者通过经营获取最终会为所有者所享有的权益，所以总体上所有的资产必然来自所有者的投入和债权人的提供，总资产金额必然等于权益总额之和（所有者权益金额和负债金额总和）。

（二）经济业务发生对会计恒等式的影响

经济业务是指在企业经营过程中发生，按会计信息系统的规则和方式进行确认、计量、记录与报告的对象，包括交易、事项或情况。

微课：经济业务对会计恒等式的影响

在我国会计工作中，交易、事项或情况常常被统称为经济业务，如购买材料、支付款项、取得借款等在两个或两个以上的实体之间发生的交易活动，生产车间领用原材料、设备的消耗等在会计主体内部各部门之间发生的各种能以货币计量的事项，债务人破产导致债权人难以收回应收账款、物价变化影响到资产和负债等一般不会发生及无法预料的情况。

经济业务的发生会导致资产、负债、所有者权益要素数量发生增减变化，从而影响到会计恒等式。但无论企业经济业务如何复杂，引起会计要素数额发生何种变化，都不会影响会计恒等式的数量平衡关系，总资产金额必然等于负债和所有者权益金额总和。

经济业务对会计恒等式的影响可归纳为以下4种类型。

第二章 资产负债表和利润表

① 第 1 种影响，引起资产和权益（负债或所有者权益）同时等额增加。
② 第 2 种影响，引起资产和权益（负债或所有者权益）同时等额减少。
③ 第 3 种影响，引起资产内部有关项目之间此增彼减。
④ 第 4 种影响，引起权益内部有关项目之间此增彼减。

根据经济业务对会计恒等式的影响，可以把经济业务分成 9 种，如表 2-2 所示。

表 2-2

经济业务对会计恒等式的影响

经济业务	资产	=	负债	+	所有者权益
1	增加				增加
2	增加		增加		
3	减少				减少
4	减少		减少		
5	增加，减少				
6			增加，减少		
7					增加，减少
8			增加		减少
9			减少		增加

下面举例说明各类经济业务对会计恒等式的影响。

业务 2-1 假设大海公司 2019 年 10 月 1 日的总资产为 2 000 000 元，负债总额为 200 000 元，所有者权益为 1 800 000 元。2019 年 10 月份发生如下经济业务。

业务 1 10 月 1 日，收到投资者投入的生产设备一台，价值 100 000 元。
业务 2 10 月 4 日，取得银行 5 年期借款 500 000 元。
业务 3 10 月 5 日，所有者抽回资本金 100 000 元。用银行存款向所有者支付。
业务 4 10 月 8 日，用银行存款偿还前欠供应商货款 100 000 元。
业务 5 10 月 12 日，购原材料石墨 10 吨，每吨 6 000 元。货款用银行存款支付。
业务 6 10 月 15 日，签发商业票据，清偿到期应付货款 240 000 元。
业务 7 10 月 23 日，将资本公积金 100 000 元转增资本。
业务 8 10 月 26 日，公司决定缩减规模，向投资者退还投资款 200 000 元。款项尚未支付。
业务 9 10 月 28 日，前欠长江公司的货款 120 000 元，经双方同意转作长江公司对本公司的投资款。

9 项经济业务对会计恒等式的影响如表 2-3 所示。

从表中可以看到，以上 9 项经济业务都会引起资产、负债、所有者权益至少两个项目发生增减变动。其中，业务 1 至业务 4 涉及资产和权益的同增同减，会影响会计恒等式两边的总额，但恒等式两边发生的是同等金额的变动，变动后恒等式仍成立；业务 5 至业务 9 只涉及资产或权益的内部增减，不会影响恒等式两边的总额，恒等式仍保持平衡。

表 2-3

各类经济业务对会计恒等式的影响

元

经济业务	影响结果			业务类型
	资　产	负　债	所有者权益	
10月1日	2 000 000 =	200 000 +	1 800 000	
业务1	+100 000 （固定资产）		+100 000 （实收资本）	资产增加，所有者权益增加
新会计恒等式1	2 100 000 =	200 000 +	1 900 000	
业务2	+500 000 （银行存款）	+500 000 （长期借款）		资产增加，负债增加
新会计恒等式2	2 600 000 =	700 000 +	1 900 000	
业务3	−100 000 （银行存款）		−100 000 （实收资本）	资产减少，所有者权益减少
新会计恒等式3	2 500 000 =	700 000 +	1 800 000	
业务4	−100 000 （银行存款）	−100 000 （应付账款）		资产减少，负债减少
新会计恒等式4	2 400 000 =	600 000 +	1 800 000	
业务5	+60 000 （原材料） −60 000 （银行存款）			一项资产增加，一项资产减少
新会计恒等式5	2 400 000 =	600 000 +	1 800 000	
业务6		+240 000 （应付票据） −240 000 （应付账款）		一项负债增加，一项负债减少
新会计恒等式6	2 400 000 =	600 000 +	1 800 000	
业务7			+100 000 （实收资本） −100 000 （资本公积）	一项所有者权益增加，一项所有者权益减少
新会计恒等式7	2 400 000 =	600 000 +	1 800 000	
业务8		+200 000 （应付账款）	−200 000 （实收资本）	一项负债增加，一项所有者权益减少
新会计恒等式8	2 400 000 =	600 000 +	1 800 000	
业务9		−120 000 （应付账款）	+120 000 （实收资本）	一项负债减少，一项所有者权益增加
新会计恒等式9	2 400 000 =	600 000 +	1 800 000	

第三节　利润表及其要素

一、利润表的概念和作用

利润表又称损益表，是总括反映企业在一定会计期间经营成果的报表。

报表使用者通过阅读利润表，既可以了解企业的收入、成本、费用和利润（或亏损）的实现及构成情况，又可以掌握投资者投入资本的保值、增值情况，分析企业的盈利能力和利润的发展趋势。

企业的利润表如表 2-4 所示。

表 2-4

利　润　表

会企 02 表

编制单位：　　　　　　　　　　　年　月　　　　　　　　　　　　　　　　元

项目	本期金额	上期金额
一、营业收入		
减：营业成本		
税金及附加		
销售费用		
管理费用		
研发费用		
财务费用		
其中：利息费用		
利息收入		
资产减值损失		
加：其他收益		
投资收益（损失以"-"号填列）		
其中：对联营企业和合营企业的投资收益		
公允价值变动收益（损失以"-"号填列）		
资产处置收益（损失以"-"号填列）		
二、营业利润（亏损以"-"号填列）		
加：营业外收入		
减：营业外支出		
三、利润总额（亏损总额以"-"号填列）		
减：所得税费用		
四、净利润（净亏损以"-"号填列）		
（一）持续经营净利润（净亏损以"-"号填列）		
（二）终止经营净利润（净亏损以"-"号填列）		

(续表)

项　目	本期金额	上期金额
五、其他综合收益的税后净额		
（一）不能重分类进损益的其他综合收益		
1．重新计量设定收益计划变动额		
2．权益法下不能转损益的其他综合收益		
……		
（二）将重分类进损益的其他综合收益		
1．权益法下可转损益的其他综合收益		
2．可供出售金融资产公允价值变动损益		
3．持有至到期投资重分类为可供出售金融资产损益		
4．现金流量套期损益的有效部分		
5．外币财务报表折算差额		
……		
六、综合收益总额		
七、每股收益		
（一）基本每股收益		
（二）稀释每股收益		

二、利润表的内容——收入、费用与利润

收入、费用与利润是反映经营成果的要素，构成了利润表的主要内容框架。

（一）收入

1．收入的定义与特征

（1）收入的定义

收入是指企业在日常活动中形成的，会导致所有者权益增加的，与所有者投入资本无关的经济利益的总流入。

微课：会计要素
（收入、费用、利润）

（2）收入的特征

① 收入是企业在日常活动中形成的。日常活动是指企业为完成其经营目标所从事的经营性活动及与之相关的活动。例如，工业企业生产销售产品、商业企业销售产品、会计师事务所提供鉴证审计服务等都属于企业的日常活动。日常活动的界定，有助于区分收入和利得。收入是企业日常活动导致的经济利益的流入；利得是企业非日常活动所形成的经济利益的流入。例如，企业以生产和销售文具为其主营业务，如果其有一栋闲置的房屋，将其出租给另一单位使用，企业每个月会因出租该房产而取得租金。这种出租活动属于日常业务活动，故出租房屋取得的租金应确认为企业的收入。而如果该企业考虑出售此房屋，那么由于出售房产活动对于不经营房地产买卖的企业来说是一种偶然性的活动，在其持续存有的期间，不太可能经常性发生，不是企业的日常经营活动，故其出售该房产所获得的净收益不是作为收入确认，而是作为利得确认。

② 收入会导致所有者权益增加。经济利益的流入会导致企业资产增加或负债减少，而

所有者权益是资产减去负债后的余额,所以收入产生会导致所有者权益增加:导致资产增加,如增加银行存款、应收账款等;导致企业负债的减少或两者兼有,如用商品销售货款中一部分来抵偿债务,另一部分则收取现金。

③ 收入是与所有者投入无关的经济利益的总流入。一般来说,经济利益的流入额能够可靠计量时才予以确认。

2. 收入的分类

收入主要包括主营业务收入、其他业务收入和营业外收入。

① 主营业务收入是指企业销售商品、提供劳务等主营业务实现的收入。

② 其他业务收入是指除主营业务活动以外企业日常经营活动实现的收入,如出租固定资产、出租无形资产、出租包装物和商品、销售材料、用材料进行非货币性交换或债务重组等实现的收入。

③ 营业外收入是指非流动资产处置利得、非货币性资产交换利得、债务重组利得、政府补助、盘盈利得和捐赠利得等。

(二) 费用

1. 费用的定义与特征

(1) 费用的定义

费用是指企业日常活动中发生的,会导致企业所有者权益减少的,与向所有者分配利润无关的经济利益的总流出。

(2) 费用的特征

① 费用是企业在日常活动中形成的。将费用界定为日常活动中形成,可以将其与损失相区分。企业在非日常活动中形成的经济利益的流出不能作为费用确认,而应计入当期损失。如果企业为销售商品而从其他单位租用销售场所,该活动与企业本期销售商品这一日常活动密切相关,所以该企业租用销售场所的租赁费应确认为本期费用;当企业对某一固定资产进行处置时,由于处置该固定资产发生的净损失与日常活动无关,所以就不能确认为当期费用,只能作为损失确认。

② 费用会导致所有者权益的减少。与收入增加所有者权益相反,费用的发生会导致资产的减少或负债的增加,故最终减少所有者权益。

③ 费用导致的经济利益的总流出与所有者分配利润无关。

2. 费用的分类

企业为生产产品、提供劳务而发生的各种耗费,如直接原材料、直接人工和制造费用,能够予以对象化的,可以归为产品成本或劳务成本;有些费用,如财务费用、管理费用和销售费用等,由于其不能予以对象化,故归为期间费用,并于发生当期直接计入当期损益。另外,所得税费用也属于期间费用。

(三) 利润

1. 利润的含义与特征

利润是指企业在一定会计期间的经营成果,即收入与费用配比、相抵后的差额,反映企业最终经营成果。它包括收入减去费用后的净额、直接计入当期利润的利得和损失等。直接计入当期利润的利得和损失，是指应当计入当期损益，最终会引起所有者权益发生增减变动的，与所有者投入资本或向所有者分配利润无关的非日常活动的经济利益流入或流出。

利润的确认依赖于收入、费用和本期利得与损失的确认，利润金额的多少也取决于收入、费用、利得、损失金额的计量。一般情况下，企业利润的实现会增加企业所有者权益，而企业的亏损（利润为负）会减少所有者权益。

2．利润的分类和形成

利润按其构成，分为营业利润、利润总额和净利润。

① 营业利润是指企业进行生产经营活动产生的利润，包括主营业务利润（经营主营业务活动获得利润）和其他业务利润（经营主营业务以外的日常经营活动获得的利润）。营业利润为营业收入与营业费用配比、相抵后的差额，其中营业费用包括营业成本、期间费用、税金及附加等。当营业收入大于营业费用时，形成营业利润；营业收入小于营业费用时，营业利润为负，即营业亏损。

② 利润总额是营业利润与营业外收支净额的总和。其中，营业外收支净额是营业外收入与营业外支出相抵形成的净额；营业外收入是与企业正常生产经营活动无关的收入，如除固定资产外的财产物资的盘盈、资产处置收益等营业外支出是与企业正常生产经营活动无关的支出。财产物资的盘亏、毁损、违约罚款等营业外收入和营业外支出之间没有配比关系。

③ 净利润是利润总额减去所得税后的金额，也称为税后利润。所得税是企业按照所得税税法规定必须缴纳的部分，是企业获得净利润的一种支出，具有费用的性质，故所得税作为费用核算。

三、利润表的结构——收入、费用与利润的关系

（一）收入、费用和利润之间的基本关系

任何企业均以营利为目的开展各项经济活动。企业要获取利润，必须通过开展各种生产经营活动来获取收入，而在获得收入的同时，必然伴随着相应的费用发生。那么，将一定期间的收入和费用进行对比，就可得到企业在该期间所实现的利润。如果收入大于费用，则表示企业盈利；如果收入小于费用，则表示企业亏损。收入、费用和利润三者间的关系可用会计恒等式表现为：

$$收入-费用=利润（或亏损）$$

该会计恒等式反映了企业某一时期收入、费用和利润之间的恒等关系，也可称为动态会计恒等式。这是编制利润表的理论基础。

（二）收入、费用对会计恒等式的影响

前面论述了 9 种经济业务对会计恒等式的影响，这些影响资产和权益变化的经济业务都没有涉及收入与费用。但是，企业日常活动中会发生直接与收入和费用相关的经济业务。那么，企业发生的有关收入和费用的业务会对会计恒等式有什么影响呢？

《企业会计准则——基本准则》将反映企业财务状况，构成资产负债表主要内容框架的

资产、负债、所有者权益 3 个要素和反映企业经营成果，构成利润表主要内容框架的收入、费用、利润 3 个要素规定为会计的六大要素。这六大要素之间有密切的联系，收入、费用的发生对资产、负债、所有者权益的影响将在会计的扩展恒等式中体现。

1. 会计扩展恒等式的形成

如前所述，企业收入大于费用的差额形成利润，收入小于费用的差额产生亏损。企业经营活动所获得利润或发生的亏损会通过所有者权益进入会计恒等式。

企业盈利时，由于所获得利润属于企业的所有者，所以利润是企业所有者权益的增加；企业亏损时，由于亏损最终也由所有者承担，所以亏损（负的利润）是所有者权益的减少。

由于利润（或亏损）等于收入和费用之间的差额，所以收入的增加表示利润的增加或亏损的减少，而利润的增加或亏损的减少会导致企业所有者权益增加，故收入的增加最终会导致所有者权益的增加。同理，费用的增加会减少利润（或增加亏损），最终会导致所有者权益的减少。

因此，收入、费用可以通过所有者权益进入"资产=负债+所有者权益"这个会计恒等式中，故会计恒等式可扩展为：

$$资产=负债+所有者权益+收入-费用$$

或

$$资产+费用=负债+所有者权益+收入$$

到会计期末时，企业将收入与费用对比，计算出利润或亏损后，可将会计恒等式变形为：

$$资产=负债+所有者权益+利润（或亏损）$$

期末结账后，企业当期形成的利润一部分分给投资者，一部分形成企业的留存收益，即盈余公积和未分配利润，归入所有者权益项目。因此，扩展的会计恒等式又恢复为期初的形式：

$$资产=负债+所有者权益$$

由上可知，在某一个会计期间，企业所发生的收入与费用经比较后所形成的经营成果（利润或亏损）会通过影响所有者权益，最终影响到企业的财务状况。但变化后的资产、负债和所有者权益之间又会产生新的平衡关系，并在期末结账后又回到期初的形式。

2. 扩展会计恒等式的意义

会计恒等式的扩展把企业一定时期的经营成果考虑进去，体现了资产、负债、所有者权益、收入、费用、利润 6 个会计要素之间的关系。这 6 个要素无论怎么转换，最终都要回到资产、负债和所有者权益之间的平衡关系上来。

扩展后的会计恒等式即"资产=负债+所有者权益+收入-费用"，将静态恒等式"资产=负债+所有者权益"转换成动态，反映某一时点企业经过一定时期经营后的财务状况的构成和分布。

3. 会计扩展恒等式的应用

下面举例说明收入费用如何影响会计恒等式。

业务 2-2 承业务 2-1，大海公司在 2019 年 10 月份还发生了以下业务。

10 月 30 日，公司完成一项维修活动，获得 20 000 元的现金收入，款项存入银行；为完成该活动耗用了 10 000 元的零部件成本。该项经济业务对会计恒等式的影响如表 2-5 所示。

表 2-5

经济业务对会计恒等式的影响   元

经济业务	影响结果			业务类型
	资　产	负　债	所有者权益	
10月28日	2 400 000　=	600 000　+	1 800 000	
业务	+20 000 （银行存款） -10 000 （零部件）		+10 000 （利润） （收入 20 000-成本 10 000）	资产增加，所有者权益增加（利润增加）
新会计恒等式	2 390 000　=	600 000　+	1 790 000	

从表 2-5 中可以得知，大海公司由维修业务所获得的 10 000 元利润会通过增加所有者权益来影响会计恒等式，并且在业务发生后会计恒等式仍然成立。

职业判断与业务操作

胡海和周达作为公司的所有者和管理者，想通过阅读一些材料来一目了然地看出公司的经营情况，知道公司的资金都用到哪些地方了，以及资金的使用效果如何。那么，公司的财务人员就需要编制财务报表。最主要的财务报表有资产负债表和利润表：前者反映公司某一时点的财务状况；后者反映公司某一期间的经营成果。通过阅读资产负债表和利润表，能够清晰、快速地了解一个公司各项活动的开展情况，包括公司目前的资产规模、结构，资产的来源与构成，取得的收入和利润，耗费的成本费用。而除了资产负债表和利润表，公司还可以在期末编制现金流量表和所有者权益变动表。阅读现金流量表可以了解公司现金流入和流出的状况，知道公司目前有多少可以变现的资金；阅读所有者权益变动表，可以了解公司所有者投入的变化和结果、公司的净资本构成和净资本额情况。

本章小结

财务报告的核心是财务报表，最基本的财务报表有资产负债表和利润表：前者反映会计主体某个时点的财务状况；后者反映会计主体某一期间的经营成果。

会计基本假设、会计计量基础、会计恒等式是资产负债表和利润表的编制条件与基础。

会计基本假设包括会计主体、持续经营、会计分期、货币计量。

会计主体是指会计服务的特定经济实体，为会计人员对经济活动进行会计确认、计量和记录及编制财务报表等会计工作界定了空间范围。会计主体不一定是法律主体，但法律主体一定是会计主体。持续经营是指会计假定主体在可预见的未来会持续经营下去。会计分期是将企业的经营活动人为划分成若干个相等的时间间隔，以便确认某个会计期间的资产、负债、所有者权益、收入、费用、利润，据以编制财务会计报告。货币计量是指会计核算中以货币作为统一计量单位。

第二章　资产负债表和利润表

会计核算基础包括权责发生制和收付实现制。在权责发生制原则下，收入和费用的确认以权利或责任的发生与否为标准；在收付实现制原则下，收入和费用的确认以现金收到或付出为标准。绝大多数企业按权责发生制来记账。

构成资产负债表主要内容框架的资产、负债、所有者权益的3个要素和反映企业经营成果、构成利润表主要内容框架的收入、费用、利润的3个要素构成了会计的六大要素。

资产是指企业过去的交易、事项形成的，由企业拥有或控制的，预期会给企业带来经济利益的经济资源，包括各种财产、债权和其他权利；负债是指过去的交易或事项形成的，预期会导致企业经济利益流出企业的现时义务，包括流动负债和非流动负债；所有者权益又称为净资产，是指所有者在企业资产扣除负债后出所有者享有的剩余权益，包括实收资本（股本）、资本公积、盈余公积、未分配利润；收入是指企业在日常活动中形成的，会导致所有者权益增加的，与所有者投入资本无关的经济利益的总流入，主要包括主营业务收入、其他业务收入和营业外收入；费用是指企业日常活动中发生的，会导致企业所有者权益减少的，与向所有者分配利润无关的经济利益的总流出，包括产品成本或劳务成本和各项费用；利润是指企业在一定会计期间的经营成果，即收入与费用配比、相抵后的差额，可分为营业利润、利润总额和净利润。

会计等式包括反映财务状况的等式，即"资产=负债+所有者权益"，以及反映经营成果的等式，即"利润=收入−费用"。"资产=负债+所有者权益"被称为财务会计的基本恒等式，是资产负债表的基本结构。企业不同的经济业务会对会计恒等式产生不同的影响，但不会改变会计恒等式的平衡。

 课后练习

试题自测

一、单项选择题

1. 企业的预收账款属于会计要素中的（　　）。
   A．资产　　　　B．负债　　　　C．所有者权益　　D．权益
2. 企业费用的发生往往会引起（　　）。
   A．负债增加　　B．资产减少　　C．资产增加　　　D．所有者权益减少
3. 收入是由于过去的交易或事项形成的，可以表现为（　　）。
   A．资产的减少或负债的增加　　　B．资产的增加或负债的减少
   C．所有者权益的增加或资产的增加　D．所有者权益的减少或负债的减少
4. 下列经济业务的发生，使资产和权益项目同时减少的是（　　）。
   A．生产产品领用材料　　　　　　B．以现金发放工资
   C．以资本公积转增资本金　　　　D．收到购货单位预付款，并存入银行
5. 一项资产减少、负债减少的经济业务发生后，都会使资产与权益原来的总额（　　）。
   A．发生同减的变动　　　　　　　B．发生同增的变动
   C．不会变动　　　　　　　　　　D．发生不等额的变动

31

6. 某企业本期期初资产总额为 120 000 元，本期期末负债总额比期初增加 30 000 元，所有者权益总额比期初减少 20 000 元，则企业期末资产总额为（　　）。

　　A．170 000 元　　B．130 000 元　　C．150 000 元　　D．120 000 元

7. 下列经济业务的发生，不会导致会计恒等式两边总额发生变化的有（　　）。

　　A．从银行取得借款并存入银行　　B．收回应收账款并存入银行

　　C．以银行存款偿还应付账款　　D．收到投资者以无形资产进行的投资

8. 下列引起资产和负债同时减少的经济业务是（　　）。

　　A．以银行存款偿还银行借款　　B．收回应收账款存入银行

　　C．购进材料一批货款未付　　D．收到供应商预付的货款存入银行

9. 某企业 2019 年 5 月 1 日负债总额 100 万元，5 月份收回应收账款 30 万元，预付购货款 10 万元，用银行存款归还借款 20 万元，则 5 月末负债总额为（　　）。

　　A．60 万元　　B．90 万元　　C．80 万元　　D．100 万元

10. 一般来说，会计主体与法律主体是（　　）。

　　A．有区别的　　B．相互一致的　　C．不相关的　　D．相互可替代的

二、多项选择题

1. 反映企业财务状况的会计要素有（　　）。

　　A．资产　　B．收入　　C．所有者权益　　D．负债

2. 反映企业经营成果的会计要素有（　　）。

　　A．成本　　B．收入　　C．费用　　D．利润

3. 资产的特征有（　　）。

　　A．为企业现在所拥有或控制　　B．能用货币计量其价值

　　C．是有形的财产物资　　D．具有能为企业带来经济利益的潜力

4. 期间费用一般包括（　　）。

　　A．财务费用　　B．管理费用　　C．制造费用　　D．销售费用

5. 下列各项中，应确认为企业资产的有（　　）。

　　A．购入的无形资产　　B．融资租入的固定资产

　　C．经营租入的固定资产　　D．计划下个月购入的材料

6. 下列属于所有者权益的有（　　）。

　　A．投入资本　　B．资本公积金　　C．盈余公积金　　D．未分配利润

7. 下列经济业务中能使资产和权益同时增加的有（　　）。

　　A．以银行存款支付应付利润

　　B．以银行存款支付应付利息

　　C．收到投资者投入货币资金并存入银行

　　D．取得短期借款并存入银行

8. 下列会计恒等式中正确的有（　　）。

　　A．资产=负债+所有者权益　　B．资产=权益

　　C．利润=收入-费用　　D．负债=资产-所有者权益

9．关于"资产=负债+所有者权益"的会计恒等式，下列说法正确的是（　　）。
　　A．它反映了会计静态要素之间的基本数量关系
　　B．它反映了会计静态要素和会计动态要素的相互关系
　　C．资产和权益的对应是逐项一一对应
　　D．资产和权益的对应是综合的对应
10．下列项目中，属于成本类科目的有（　　）。
　　A．生产成本　　B．管理费用　　C．制造费用　　D．长期待摊费用

三、判断题

1．会计主体一定是法律主体，法律主体不一定是会计主体。（　）
2．所有者权益是指企业投资人对企业资产的所有权。（　）
3．应付账款、预付账款、其他应付款均为负债。（　）
4．货币计量假定了企业在不同时期的每一单位货币或同量货币具有完全相同的价值。（　）
5．企业的利润包括基本业务收入、其他业务收入和营业外收支净额。（　）

四、业务题

业务题一

目的：掌握资产、负债、所有者权益的分类和它们之间关系。

资料：大海公司 2019 年 12 月 31 日的资产、负债、所有者权益的资料如表 2-6 所示。

表 2-6

资产、负债、所有者权益资料　　　　　　　　　　　　　　　　元

项　目	资　产	权　益	
		负　债	所有者权益
1．库存现金　　　　　　　　6 000			
2．存放在银行的货币资金　　10 000			
3．生产车间厂房　　　　　　120 000			
4．机器设备　　　　　　　　300 000			
5．运输车辆　　　　　　　　270 000			
6．购买商品　　　　　　　　4 000			
7．正在流水线上生产的产品　250 000			
8．购买材料石墨　　　　　　60 000			
9．投资人投入资本　　　　　1 160 000			
10．应付的购料款　　　　　　72 000			
11．尚未缴纳的税金　　　　　65 700			
12．从银行借入的短期借款　　85 000			
13．应收产品的销货款　　　　480 000			
14．采购员出差预借差旅费　　1 700			
15．商标权　　　　　　　　　310 000			
16．发行的企业债券　　　　　117 000			
17．办公费支出　　　　　　　85 000			
18．赊购商品欠款　　　　　　45 000			
19．资本公积转增资本　　　　120 000			
20．未分配利润　　　　　　　232 000			
合　计			

要求：根据上述资料确定资产、负债及所有者权益项目，并分别计算资产、负债及所有者权益总额，判断其是否符合会计恒等式的平衡关系。

业务题二

目的：分析经济业务对会计恒等式的影响类型。

资料：大海公司2019年5月份发生如下经济业务。

（1）从银行提取现金作为备用金。

（2）收到投资者投入资本。款项存入银行。

（3）用银行存款购入全新机器一台。

（4）以银行存款支付前欠长江公司的购料款。

（5）从银行取得借款归还前欠黄河公司的购料款。

（6）以银行存款上缴所欠税金。

（7）购买材料，货款尚未支付。

（8）采购员王笑出差，预支差旅费。以银行存款支付。

（9）生产领用材料。

（10）从银行借入资金。款项存入银行。

（11）收回华润万家公司前欠的销货款。款项存入银行。

（12）按规定将20 000元资本公积金转为实收资本。

要求：分析以上各项经济业务的类型。

第三章
账户和复式记账

职业能力目标
1. 掌握会计科目的分类。
2. 掌握会计账户的概念和结构。
3. 理解会计科目和会计账户的区别。
4. 掌握借贷记账法下的账户结构和记账规则。
5. 理解借贷记账法下的试算平衡。
6. 掌握会计分录的运用。
7. 理解会计循环。

情景导入　2019年1月31日，大海公司自开办起已经营了一个月。月末，公司总经理胡海、副总经理兼财务部经理周达、会计夏芳、出纳张莉4人在财务室召开会议，讨论公司目前的经营发展情况，以便为未来发展做出判断。而会计夏芳却无法向总经理胡海和副总经理周达提供相关资料，让其一目了然地看出公司的经营情况，尽管夏芳做了很多记账工作。面对这个状况，出纳张莉建议财务部应聘请一名懂会计知识的员工来开展会计工作，运用科学有效的方法来记录公司各项经营活动中的资金活动情况，提升工作效率。胡海和周达表示同意，大海公司最终录用了毕业于广东交通职业技术学院会计专业的周杰来担任公司会计主管。周杰有着3年的企业会计从业经验，并取得了中级会计师资格证书。

周杰来到大海公司后，为了更好地开展工作，首先对会计夏芳和出纳张莉进行了会计知识的培训。

周杰：各位上午好，昨天周经理已经跟我讲了公司的情况和需求，我由此了解了胡总经理和周经理的想法。他们作为公司的所有者和经营者，一方面希望能通过看较少的财务资料来把握公司的整体经营情况，以便更好地做出下一阶段的投资和生产经营决策，另一方面希望能用一些科学的方法提升会计工作的效率，减轻大家的工作量。那么，怎样才能达到这两个目标呢？那就是要编制能反映公司财务情况和经营成果、资金流动等情况的财务会计报告。这套财务报告是需要用一套科学的会计工作方法、程序和工具来编制的。在会计工作中采用科学的记账方法、程序和工具不仅能提升工作效率，还能够科学有效地收集、整理、归纳和反映企业经营方面的财务信息、管理信息和税务信息等。

夏芳：主管，我明白了，我们需要按照科学的记账方法，利用一些记账工具，并遵循合理的记账程序来开展会计工作。那么，科学的记账方法、工具和程序是什么样的呀？

第一节　会计科目和账户

会计作为一种信息提供系统，按照会计处理程序和规则对企业经济活动进行加工，经过确认、计量、记录、报告4个步骤来最终形成财务报告。这一系列会计处理程序和规则都是按照一套科学的记账方法开展的，并运用了科学的记账工具。这套科学的记账方法就是借贷记账法，科学的记账工具就是会计科目和账户。

记账首先要解决的问题是账记在什么地方和用什么名目进行登记，所以本节先讨论会计科目和账户这两个记账工具，第二节再讨论借贷记账法，第三节讨论会计处理程序——会计循环。

一、会计科目

（一）会计科目的定义和作用

会计科目是对会计要素的具体内容进行科学分类后的项目。由于会计对象进行的基本分类，6类会计要素难以反映企业纷繁复杂的经济业务，满足各方对会计信息的需要，所以需要对会计要素进行更具体的分类，即对六大会计要素进行进一步的划分，划分为具体详细的会计科目。会计科目在会计核算中发挥着重要的作用，既是设置账户的依据，也是编制记账凭证和财务报表的基础。

微课：会计科目

（二）会计科目的设置原则

1. 统一性与灵活性相结合的原则

企业设置会计科目既需要按照我国《企业会计准则》中确认和计量的规定进行设置，同时在不违反规定的前提下，也可以根据企业的实际情况自行增设、分拆、合并。例如，可以不设置与企业不存在的交易或事项相关的科目。

2. 内外兼顾的原则

企业在设置会计科目时，既要考虑对外报告信息的要求，又要考虑对内经营管理的需要。按照会计信息详略程度的不同，可将会计科目分为总分类科目和明细分类科目：总分类科目提供总括性信息，满足对外报告的需要；明细分类科目提供详细具体的信息，满足企业内部经营管理的需要。

3. 简明实用的原则

企业所设置的会计科目应该符合单位自身的特点，满足单位的实际需要。企业应根据

第三章 账户和复式记账

自己的组织形式、所处行业、经营内容和业务种类来设置会计科目,并且所设置的会计科目应适应经济环境的变化和企业业务发展的要求。

(三)会计科目的分类

1. 按会计要素的分类

《企业会计准则——应用指南》(2006)的附录中,根据会计要素的基本分类和准则中会计确认与计量的规定制定了会计科目的名称、编号及每一会计科目的主要账务处理。会计科目的编号仅供企业填制凭证、登记会计账簿、查阅会计账目、采用会计软件系统参考,企业可根据自己的实际情况自行确定会计科目。

会计准则中将会计科目分为资产类、负债类、共同类、所有者权益类、成本类和损益类六大类。

① 资产类科目按其流动性划分为流动资产相关科目和非流动资产相关科目。流动资产相关科目包括库存现金、银行存款、银行存款、原材料、应收账款、库存商品、预付账款等;非流动资产相关项目包括固定资产、无形资产、长期股权投资、长期待摊费用等。

微课:主要会计科目——资产类

② 负债类科目也按流动性分为流动负债和长期负债。流动负债包括短期借款、应付账款、应付职工薪酬、应交税费、预收账款、应付股利;长期负债包括长期借款、应付债券、长期应付款等。

微课:主要会计科目——负债类

③ 共同类包括清算资金往来、货币兑换、衍生工具等。

④ 所有者权益类科目包括反映资本的科目,如实收资本、股本、资本公积等,以及反映留存的科目,如盈余公积、本年利润、利润分配等。

微课:主要会计科目——所有者权益类、成本类

⑤ 成本类科目包括生产成本、制造费用、劳务成本等。成本是生产产品、提供劳务所耗费的价值,是为了单独核算产品成本、劳务成本而设置的。

⑥ 损益类科目分为反映收入的科目,如主营业务收入、其他业务收入、营业外收入等,以及反映费用的科目,如主营业务成本、财务费用、销售费用、管理费、所得税费用和营业外支出等。注意,制造费用不是损益类科目,而是成本类科目。

微课:主要会计科目——损益类

我国《企业会计准则——应用指南》(2006)中规定的企业常用的会计科目如表3-1所示。

2. 按提供核算指标详细程度分类

(1)总分类科目

总分类科目又称一级科目或总账科目,是对会计要素具体内容进行的总括分类,提供的是总括信息,是进行总分类核算的依据。应收账款、应付账款、库存商品、原材料、预付账款等都是总分类科目,可按照业务种类、对象和特征,对这些总分类科目进行进一步的划分。

表 3-1

企业常用会计科目

会计科目名称	会计科目名称	会计科目名称	会计科目名称
一、资产类	长期股权投资减值准备	应交税费	五、成本类
库存现金	投资性房地产	应付利息	生产成本
银行存款	长期应收款	应付股利	制造费用
其他货币资金	未实现融资收益	其他应付款	劳务成本
交易性金融资产	固定资产	递延收益	研发支出
应收票据	累计折旧	长期借款	工程施工
应收账款	固定资产减值准备	应付债券	工程结算
预付账款	在建工程	长期应付款	
应收股利	工程物资	未确认融资费用	六、损益类
应收利息	固定资产清理	专项应付款	主营业务收入
其他应收款	未担保余值	预计负债	其他业务收入
坏账准备	无形资产	递延所得税负债	汇兑损益
材料采购	累计摊销		公允价值变动损益
在途物资	无形资产减值准备	三、共同类	投资收益
原材料	商誉	清算资金往来	营业外收入
材料成本差异	长期待摊费用	货币兑换	主营业务成本
库存商品	递延所得税资产	衍生工具	其他业务成本
发出商品	待处理财产损溢	套期工具	营业税金及附加
商品进销差价		被套期项目	销售费用
委托加工物资	二、负债类		管理费用
周转材料	短期借款	四、所有者权益类	财务费用
存货跌价准备	交易性金融负债	实收资本	资产减值损失
持有至到期投资	应付票据	资本公积	营业外支出
持有至到期投资减值准备	应付账款	盈余公积	所得税费用
可供出售金融资产	预收账款	本年利润	以前年度损益调整
长期股权投资	应付职工薪酬	利润分配	

（2）明细分类科目

明细分类科目简称明细科目，是对总分类科目的进一步分类，反映了各种业务的详细情况，提供更详细和更具体的会计信息。如果总分类科目的下属明细科目较多，则可设置二级或多级明细分类科目，如二级明细分类科目、三级明细分类科目等；二级明细分类科目是对总分类科目的进一步分类；三级明细分类科目是对二级明细分类科目的进一步分类。例如，"原材料"总分类科目，可根据材料的具体种类及其规格、型号等设置明细科目，反映各种材料的具体情况。又如，"应收账款"总分类科目，可根据债务人名称或姓名设置明细科目，反映应收各债务人款项的具体情况。

表 3-2 举例说明了大海公司按提供核算指标详细程度来设置会计科目。

表 3-2

会计科目按提供指标详细程度的分类

总分类科目（一级科目）	明细分类科目	
	二级明细科目（子目）	三级明细科目（细目）
原材料	原料及主要材料	石墨
		黏土
		木材
		橡胶
		硫黄
	燃料	植物油
		汽油
		柴油

（3）总分类科目和明细分类科目的关系

相较于明细分类科目，总分类科目起统御和控制作用，明细分类科目补充说明其归属的总分类科目。总分类科目及其所属的明细分类科目，共同反映经济业务总括或详细情况。

二、账户

（一）账户的概念及意义

微课：会计账户

账户是具有一定结构，根据会计科目开设，用以连续、分类、系统记录各种经济业务，反映会计要素增减变动及其结果的工具。会计账户的设置有助于进行会计核算和会计监督，是应用复式记账法的基础。

会计科目的设置虽然可以对企业各种经济业务进行具体详细的分类，但会计科目只是对会计要素进行具体划分的类别的名称，没有具体的结构，无法分类、连续、系统地反映和记录经济业务发生所引起的会计要素的增减变动并提供各种会计信息。因此，需要开设以会计科目为名称、具有一定格式的账户。根据总分类科目可开设总分类账户，根据明细分类科目可开设明细分类账户。总分类账户提供总括核算指标，明细分类账户提供详细、具体的核算指标。

（二）账户的基本结构

账户的基本结构可用来表示所发生的经济业务对会计要素数量的影响。实务中，账户的结构指的是账页的格式。

账户首先有一个名称，该名称即为会计科目，因为会计科目就是账户的名称，规定了账户所要核算的经济业务的内容。虽然会计主体的经济业务种类繁多，但其对会计要素数量的影响主要表现为"增加"和"减少"两个方面。因此，账户也相应分成两个部分——左方和右方，一方登记增加额，另一方登记减少额。账户还须设置反映余额的部分，以反映会计要素增减变化的结果。此外，还须简单记录登记账户的时间、依据等。

账户的基本结构应包括以下内容：账户名称——会计科目；日期——经济业务的具体发

生时间；凭证号数——账户记录的来源和依据；摘要——经济业务的简要说明；金额——增加数、减少额和余额。

账户的一般格式如表3-3所示。

表3-3

账户名称（会计科目）

年		凭证号数	摘　要	借　方	贷　方	余　额
月	日					

账户的借贷栏和余额栏记录期初余额、本期增加额、本期减少额和期末余额。一定会计时期的本期增加额合计为本期增加发生额；一定会计时期的本期减少额合计为本期减少发生额；本期增加发生额与本期减少发生额相抵后的差额加上期初余额，形成期末余额，用公式表示为：

期末余额＝期初余额＋本期增加发生额－本期减少发生额

计算期末余额后，再结转入下期，称为下期的期初余额。

在教学过程中，经常采用简化的账户结构来记录有关增加额、减少额和余额。账户的简化结构如图3-1所示。

左方（借方）　　　　账户名称（会计科目）　　　　右方（借方）

图3-1　T形账户结构

从图中可以看到，该简化结构由于与英文字母T和汉字中"丁"字非常相似，故又称为T形账户或"丁"字形账户。

账户左右两方按相反方向记录增加额和减少额。如果账户左方记录了增加额，则右方记录减少额；如果账户左方记录减少额，则右方记录增加额。至于哪一方登记增加，哪一方登记减少，取决于所采用的记账方法和所记录的经济业务内容。账户余额一般与增加额记录在同一方向。

（三）账户与会计科目的联系和区别

会计科目和账户是会计学中两个不同的概念，既有联系又有区别。

1. 账户和会计科目的联系

账户按会计科目设置，账户的名称就是会计科目，故会计科目的内容、分类方法决定了账户的内容、分类的方法。两者都是对会计对象具体内容的科学分类，口径一致。在实际工作中，由于会计科目和账户反映的经济内容是相同的，所以常把会计科目和账户作为同义语使用。

2．账户和会计科目的区别

会计科目只是名称，没有具体的格式和记账方向等，只是表明某项经济业务的内容。而账户既有名称，又有一定的格式，可用来核算某项经济业务的增减变动及其结果。

第二节　复式记账法和借贷记账法

账户是专门用来记录经济业务的工具，但是账户应如何记录经济业务呢？也就是说，采用什么样的记账方法呢？记账方法就是在账户中记录经济业务的方式、方法。目前，世界各国普遍采用的是借贷记账法。它是复式记账法的一种。

一、复式记账法

在会计发展历史上，记账方法由单式记账发展到复式记账，经历了从简单到复杂，从单式到复式，从不完善到完善的发展过程。

（一）单式记账法

单式记账法是指对发生的经济业务一般只在一个账户中进行单方面记录的一种记账方法。在单式记账法下，账簿记录主要考虑货币资金、债权、债务的发生情况，一般只设置"库存现金""银行存款""应收账款""应付账款"等账户，其余事项则不设置账户进行记录。

例如，用现金 3 000 元购买材料。在记账时，只登记现金少了 3 000 元，至于材料增加 3 000 元则不进行记录。可见，单式记账法较简单，账户之间不能形成相互对应的关系，难以保证账户记录的正确性，难以形成一套完整的账户体系。

（二）复式记账法

复式记账法是以资产与权益平衡关系作为记账基础，对于每一笔经济业务，都要在两个或两个以上相互联系的账户中进行登记，系统地反映资金运动变化结果的一种记账方法。

在单式记账法基础上发展起来的复式记账法，对每一项经济业务都以相等的金额同时在相互对应的两个或两个以上的账户中进行记录。

例如，用现金 3 000 元购买材料。在记账时，不仅在现金账户中登记减少 3 000 元，以反映减少的 3 000 元现金，还在原材料账户登记增加 3 000 元，以反映增加的 3 000 元原材料。通过账户之间的对应关系，可以全面、清晰地反映经济业务的来龙去脉，使人了解经济业务的具体内容。而且，由于复式记账法在有关账户中以相等的金额进行记录，所以有助于用试算平衡原理来检查账户记录的正确性。

复式记账法中应用最广的是借贷记账法，企业应当采用借贷记账法记账。

二、借贷记账法

(一) 借贷记账法的概念

微课：借贷记账法

借贷记账法是指以"借""贷"为记账符号的一种复式记账法。借贷记账法是目前世界各国通用的一种记账方法，产生于12、13世纪资本主义开始萌芽的意大利。1494年，意大利人帕乔利在其著作《算术大全》中第1次系统阐述了借贷记账法。1992年我国颁布的《企业会计准则》规定统一采用借贷记账法进行会计记账。

1. 借贷记账法的记账符号

借贷记账法以"借"（debit，简写为Dr）、"贷"（credit，简写为Cr）为记账符号，分别作为账户的左方和右方。"借""贷"两字最初是从资本家的角度来分别表示债权（应收款）和债务（应付款）的增减变动：借贷资本家把收进的存款记在贷主的名下，表示"欠人"；把放出的款项记在借主的名下，表示"人欠"。随着社会经济的发展，经济业务的内容日趋复杂，借贷记账法在非借贷领域也得到了广泛应用，"借""贷"二字已经失去了其原有的含义，而演变成纯粹的记账符号，其意义随账户的性质而异。账户的性质及结构决定了是"借"表示增加，还是"贷"表示增加。

2. 借贷记账法的账户结构

在借贷记账法下，账户的基本结构为：左方为借方，右方为贷方。根据账户所反映经济业务的内容和性质可以确定在账户的哪一方登记金额的增加，哪一方登记金额的减少，以及在哪一方登记期初或期末余额。

根据资产、负债、所有者权益、成本、收入、费用6个基本会计要素，可以将账户分成资产、负债、所有者权益、收入、费用、利润六大类账户。这六大类账户的结构具体如下。

（1）资产类、负债类和所有者权益类账户的结构

资产类账户反映企业拥有的各项资产；负债类账户和所有者权益类账户反映企业的负债与所有者权益。

由于资产项目一般在资产负债表的左方反映，所以资产类账户的借方（左方）登记其增加额，账户的贷方（右方）登记其减少额，余额在借方；而负债和所有者权益在资产负债表的右方列示，故在负债类账户和所有者权益类账户的贷方登记其增加额，借方登记减少额，余额在贷方。

资产、负债和所有者权益类账户的结构分别如图3-2和图3-3所示。其期末余额为：

```
借方            资产类账户（会计科目）            贷方
期初余额                          本期减少额
本期增加额
期末余额
```

图 3-2 资产类账户（会计科目）的结构

```
借方        负债、所有者权益类账户（会计科目）        贷方
                                期初余额
                                本期增加额
本期减少额
                                期末余额
```

图 3-3 负债、所有者权益类账户（会计科目）的结构

资产类账户的期末余额（借方）=期初余额（借方）+本期增加额或本期借方发生额-本期减少额或本期贷方发生额

负债、所有者权益类账户期末余额（贷方）=期初余额（贷方）+本期增加发生额或本期贷方发生额-本期减少额或本期借方发生额

（2）收入、费用、利润类账户的结构

由扩展的会计恒等式"资产=负债+所有者权益+利润"可知，企业实现的利润最终归所有者拥有，会增加所有者权益。因此，利润类账户的结构与所有者权益账户的结构相同，即在贷方登记增加额，在借方登记减少额，而余额可能出现在贷方，也可能出现在借方。如果余额出现在贷方，表示企业实现的利润；如果余额出现在借方，表示企业发生的亏损（负的利润）。又由于利润类账户在年末时，其期末余额需要转入所有者权益类账户（"未分配利润"账户），所以结转后的利润类账户无期末余额。

由扩展的会计恒等式"资产+费用=负债+所有者权益+收入"可知，收入使企业利润增加，也就是增加所有者权益，因此收入类账户的结构与所有者权益类账户的结构相同。收入类账户的贷方登记金额的增加，借方登记金额的减少，期末将净收入（收入类账户贷方发生额减去借方发生额的差额）转入利润类账户。结转后，收入类账户一般无期末余额。而费用使企业利润减少，故费用类账户的结构应与利润类账户结构相反。费用类账户的借方登记增加额，贷方登记减少额，期末将费用类账户的借方发生额减去贷方发生额的差额转入利润类账户，故费用类账户一般也没有期末余额。

收入类、费用类、利润类账户的结构分别如图 3-4、图 3-5 和图 3-6 所示。

总的来说，资产、费用（成本）的增加和负债、所有者权益、收入的减少在相应账户的借方登记，负债、所有者权益、收入的增加和资产、费用（成本）的减少在相应账户的贷方登记；资产的期末余额一般在借方，负债和所有者权益的期末余额在一般在贷方。上述各类账户的结构概况如表 3-4 所示。

借方	收入类账户（会计科目）	贷方
本期减少额或转销额		本期增加额

图 3-4　收入类账户（会计科目）的结构

借方	费用类账户（会计科目）	贷方
本期增加额		本期减少额或转销额

图 3-5　费用类账户（会计科目）的结构

借方	利润类账户（会计科目）	贷方
费用转入额 （本期减少额）		收入转入额 （本期增加额） 期末余额 （转入未分配利润）

图 3-6　利润类账户（会计科目）的结构

表 3-4

六大类账户的结构概况

账户类型	借方	贷方	期末余额
资产类账户	增加	减少	一般在借方
负债、所有者权益类账户	减少	增加	一般在贷方
收入类账户	减少	增加	期末一般无余额
费用类账户	增加	减少	期末一般无余额
利润类账户	减少	增加	实现利润，余额在贷方；发生亏损，余额在借方；年末转入所有者权益，无余额

（二）借贷记账法的记账规则

在借贷记账法下，按照经济业务的内容，根据复式记账原理，对发生的每一笔经济业务都以相等的金额、相反的方向，同时在两个或两个以上相互联系的账户中进行记录，一方面记入一个或几个有关账户的借方，另一方面相应地往一个或几个有关账户的贷方登记相等的金额。

下面以 4 种类型的业务举例，讲解借贷记账法的记账规则。

1．第 1 种类型

这种类型是资产（包括成本、费用支出）和负债、所有者权益（包括收入、收益）会计要素中有关项目的同时增加。企业取得借款、因购买材料而未支付的货款和收到投资者投入的资本等都属于这种类型。

第三章 账户和复式记账

业务 3-1 大海公司取得银行短期借款 80 000 元。存入银行。

该笔业务的发生,一方面使得资产要素中的银行存款增加了 80 000 元,应记入"银行存款"账户的借方;另一方面使得负债要素中的应付账款增加了 80 000 元,应记入"应付账款"账户的贷方。这笔经济业务的记录如下。

借方	应付账款	贷方		借方	银行存款	贷方
		80 000			80 000	

2. 第 2 种类型

这种类型是资产(包括成本、费用支出)和负债及所有者权益(包括收入、收益)会计要素中有关项目同时减少。企业股东的减资行为、用银行存款偿还前欠货款和借款等,都属于这种类型。

业务 3-2 大海公司的股东抽回资本金 150 000 元。已用银行存款支付。

该笔业务的发生,一方面使得资产要素中的银行存款减少 150 000 元,应记入"银行存款"账户的贷方;另一方面使得所有者权益要素中的实收资本减少 150 000 元,应记入"实收资本"账户的借方。这笔经济业务的记录如下。

借方	银行存款	贷方		借方	实收资本	贷方
		150 000		150 000		

3. 第 3 种类型

这种类型是资产(包括成本、费用支出)会计要素中项目的增减。企业从银行提取现金,用银行存款购买生产设备、材料、商品等物资,生产过程中领用材料,产品生产完工后入库等都属于这种类型。

业务 3-3 大海公司购入生产设备一台,价值 300 000 元。货款已用银行存款支付。

该笔业务的发生,一方面使得资产要素中银行存款减少 300 000 元,应记入"银行存款"账户的贷方;另一方面使得资产要素中固定资产增加 300 000 元,应记入"固定资产"账户的借方。该笔经济业务的记录如下。

借方	银行存款	贷方		借方	固定资产	贷方
	300 000			300 000		

4. 第4种类型

这种类型是负债或所有者权益（包括收入、收益）会计要素中项目的增减。企业用银行借款偿还前欠货款、资本公积金转增资本金等都属于这种类型。

业务3-4 大海公司签发商业汇票200 000元，直接偿还前欠货款。

该笔业务的发生，一方面使得负债要素中应付票据增加200 000元，应记入"应付票据"账户的贷方；另一方面使得负债要素中应付账款减少200 000元，应记入"应付账款"账户的借方。该笔经济业务的记录如下。

借方	应付票据	贷方		借方	应付账款	贷方
	200 000			200 000		

由以上4种类型的经济业务举例可以看出，在借贷记账法下，每一项业务发生后，都要以相等的金额同时记入两个或两个以上的有关账户——一个或几个账户记入借方，另一个或几个账户记入贷方，也就是"有借必有贷，借贷必相等"。

（三）借贷记账法的试算平衡

试算平衡是根据会计恒等式"资产=负债+所有者权益"的平衡关系和记账规则来检验日常账户的记录是否正确、完整的一种验证方法。为检验一定时期内所发生的经济业务在账户中的记录是否正确，应在会计期末对账户的记录结果进行试算平衡，包括发生额试算平衡和余额试算平衡。

微课：借贷记账法的试算平衡

1. 发生额试算平衡

由于在借贷记账法下，需要对每一笔经济业务按照相等的金额同时记入一个（或几个）账户的借方和另一个（或几个）账户的贷方，所以按照这种方法对某时期的全部经济业务登记入账后，全部账户的借方发生额合计必然等于全部账户的贷方发生额。

发生额试算平衡是根据全部账户借贷两方发生额合计之间的等量关系，来检验各账户的发生额记录是否正确。其试算平衡公式为：

全部账户借方发生额合计=全部账户贷方发生额合计

第三章 账户和复式记账

在实务中,根据上述公式,用本期发生额试算平衡表对账户本期发生额进行试算平衡。

现根据业务 3-1 至业务 3-4 各项经济业务的记账结果,编制本期发生额试算平衡表,如表 3-5 所示。

表 3-5

本期发生额试算平衡表

年　月　　　　　　　　　　　　　　　　　　　　　　　　　元

会计科目（账户名称）	借方发生额	贷方发生额
银行存款	80 000	450 000
应付账款	200 000	80 000
实收资本	150 000	
固定资产	300 000	
应付票据		200 000
合　计	730 000	730 000

2．余额试算平衡

余额试算平衡是在当期发生的经济业务全部登记入账后,对各账户的期末余额是否正确进行检验。

期末余额试算平衡的公式为:

$$全部账户期末借方余额合计=全部账户期末贷方余额合计$$

对于期末余额试算平衡工作,既可单独编制期末余额试算平衡表进行试算平衡,也可与本期发生额同时进行试算平衡。编制本期发生额及期末余额试算平衡表,如表 3-6 所示。

表 3-6

本期发生额及期末余额试算平衡表

2019 年 1 月 31 日　　　　　　　　　　　　　　　　　　元

会计科目	期初余额		本期发生额		期末余额	
	借　方	贷　方	借　方	贷　方	借　方	贷　方
银行存款	300 000		519 800	198 900	620 900	
库存现金	20 000		0	1 000	19 000	
库存商品	100 000		170 000	170 000	100 000	
原材料	6 000		60 000	0	66 000	
固定资产	270 000		0	0	270 000	
短期借款		80 000	0	65 000		145 000
应付账款		100 000	0	70 200		170 200
应交税费		16 000	39 100	57 800		34 700
实收资本		500 000	0	57 000		557 000
本年利润			0	169 000		169 000
主营业务收入			340 000	340 000		
主营业务成本			170 000	170 000		
管理费用			1 000	1 000		
合　计	696 000	696 000	1 299 900	1 299 900	1 075 900	1 075 900

通过本期发生额试算平衡和期末余额试算平衡，如果发现本期发生额及期末余额不符合平衡公式，即肯定存在对经济业务记录的借贷不相等，就说明账户的记录或计算肯定有误。但是，如果借贷相等，也不能说明记账肯定没有问题，记录结果没有错误。因为有些记账错误并不会影响借贷双方的试算平衡，如试算平衡不能检查出在有关账户中重记或漏记的某项经济业务，或者将借贷记账方向记反等错误，所以当试算平衡检验发现借贷方平衡后，还不能说明记账就一定准确无误，还需要用其他方法发现记账错误。

第三节　会计分录和会计循环

第二节讲述了如何运用复式记账原理将经济业务记入账户（分类账）。而在会计工作中，并不是一开始就将经济业务直接登记在账户中，而是要先经过编制会计分录（会计凭证），再进入登记账户这个环节。

一、会计分录

（一）会计分录的产生与定义

会计分录简称分录，就是在记账凭证中指明某项经济业务应登记的账户名称、记账的借贷方向和金额的一种记录。

在复式记账法下，对企业发生的每一笔经济业务都需要按照相等的金额在两个或两个以上的相关账户中进行登记。如此操作，这样的两个或两个以上账户之间就存在某种关联，账户之间的这种关联就是账户的对应关系。账户之间的对应关系反映了每项经济业务的内容和经济业务背后的资金运动的来龙去脉。存在对应关系的账户便称为对应账户。

例如，用现金5 000元购买办公用品，对该笔经济业务就应以相等的金额5 000元分别记入"管理费用"账户的借方和"库存现金"账户的贷方。这两个账户之间就发生了应借应贷的关系，这两个账户就叫作对应账户。

为了确保账户对应关系和账户记录的正确性，并不是用借贷记账法把发生的经济业务直接记入有关账户中，而是先对经济业务进行分析，再根据分析的结果来确定经济业务所涉及的账户和借贷方向的金额，从而编制会计分录。编制完会计分录后，再根据会计分录记入有关账户。在实务中，会计分录的编制是通过记账凭证的编制来完成的，即实务中记账凭证的编制就是会计分录的编制。

（二）会计分录的分类

会计分录按其涉及账户的多少分为简单会计分录和复合会计分录。

① 简单会计分录是指只有两个账户发生对应关系——一个借方账户同另一个贷方账户发生对应关系。

② 复合会计分录是指在多个账户之间发生对应关系——一个（或多个）借方账户同另

外几个账户发生对应关系,或者一个(多个)贷方账户同另外几个借方账户发生对应关系,也就是表现为"一借多贷"或"一贷多借"等形式。在特殊情形下,也存在"多借多贷"的形式。但是在实务中,为了保证账户对应关系清晰和核算正确,不同类型(不同内容)的经济业务不能合并在一起编制多借多贷的会计分录。

(三)会计分录的编制

会计分录的编制一般遵循以下 4 个步骤。

步骤 1　分析经济业务事项涉及的是资产(费用、成本),还是权益(收入)。
步骤 2　确定涉及哪些账户,是增加,还是减少。
步骤 3　确定记入哪个(或哪些)账户的借方,哪个(或哪些)账户的贷方。
步骤 4　确定应借、应贷账户是否正确,借贷方金额是否相等。

现以大海公司 2019 年 3 月发生的经济业务为例,说明会计分录的编制方法。

业务3-5　3 月 1 日,收到李某投入的货币资金 57 000 元。已存入银行。

借:银行存款　　　　　　　　　　　　　　　　　　　57 000
　　贷:实收资本　　　　　　　　　　　　　　　　　　57 000

业务3-6　3 月 3 日,购进 2B 铅笔一批,价值 50 000 元,增值税税率为 13%,货款加增值税税额共计 58 000 元。款项用支票支付。

借:库存商品——2B 铅笔　　　　　　　　　　　　　50 000
　　应交税费——应交增值税(进项税额)　　　　　　6 500
　　贷:银行存款　　　　　　　　　　　　　　　　　56 500

业务3-7　3 月 5 日,从银行取得期限为 6 个月的借款 65 000 元。

借:银行存款　　　　　　　　　　　　　　　　　　　65 000
　　贷:短期借款　　　　　　　　　　　　　　　　　　65 000

二、会计循环

(一)会计循环的定义

会计在经济发展过程中,逐渐形成了其独特的会计信息加工与处理程序和方法。这套处理程序和方法在每一会计期间循环往复、周而复始,故被称为会计循环。

(二)会计循环的内容

会计循环一般包括编审原始凭证、编制记账凭证(编制会计分录)、登记账簿、进行试算平衡、调整账项并过账、结账和编制财务报表等步骤。

步骤 1　编审原始凭证。经济业务发生后,会计人员首先取得、编制并审核反映经济业务的原始凭证。

步骤2　编制记账凭证。需要分析审核后的原始凭证所反映的经济业务，而之所以要分析审核后的原始凭证，不是审核前的原始凭证，是因为审核后的原始凭证能确保其所反映的经济业务是真实的。分析是为了按照复式记账的原理确定哪些账户应借记多少金额，哪些账户应贷记多少金额，然后将分析结果填入记账凭证（编制分录）。这一步需要运用会计概念和专业判断。

步骤3　登记账簿。登记账簿又称为过账，是指将根据记账凭证填制的会计分录登记到各分类账。这是纯机械的一步，只要原始凭证和记账凭证无误，那么这一步就只是登记而已。

步骤4　进行试算平衡。对各分类账户借方、贷方余额或发生额汇总列表，以验证记账凭证的填制或过账是否准确。

步骤5　调整账项并过账。在会计期末，需要根据权责发生制和配比原则，调整那些需要调整的事项。这些需要调整的事项也要同其他事项一样，要编制会计分录并过账。

步骤6　结账。在会计期末，需要结转资产、负债、所有者权益类实账户，结清收入、费用类虚账户，并将本期利润结转至所有者权益。

步骤7　编制财务报表。对结账结果进行分类汇总，并按一定的格式要求编制资产负债表、利润表、现金流量表等，以反映企业的财务状况、经营成果和现金流量等。

职业判断与业务操作

会计工作的开展，需要运用科学的记账方法，即借贷记账法。借贷记账法是指以"借""贷"为记账符号的一种复式记账法。应使用借贷记账法，对于公司的每一笔经济业务都在两个或两个以上相互联系的账户中进行登记，以系统地反映资金运动变化的结果。而借贷记账法的应用必须借助两个工具，即会计科目和会计账户，并遵循一套程序和规则。大海公司应当根据国家的规定和自身的情况，设置总分类会计科目和明细分类会计科目，以及开设各类账户，运用借贷记账法，按照编审原始凭证—编制记账凭证—登记账簿—进行试算平衡—调整账项并过账—结账—编制财务报表这套程序来反映和监督公司开展的各项活动，以获得有关企业财务状况、经营成果、现金流量等信息。

本章小结

会计科目是对会计要素的具体内容进行科学分类后的项目。《企业会计准则——应用指南》（2006）的附录中，将会计科目分为资产类、负债类、共同类、所有者权益类、成本类和损益类六大类。这实质上是基于会计要素的分类。除了基于会计要素的分类，还可按提供核算指标详细程度分类，分为总分类科目和明细分类科目。

账户是具有一定结构，根据会计科目开设，用以连续、分类、系统记录各种经济业务，反映会计要素增减变动及其结果的工具。账户的基本结构包括：账户名称——会计科目；日期——经济业务的具体发生时间；凭证号数——账户记录的来源和依据；摘要——经济

第三章 账户和复式记账

业务的简要说明；金额——增加数、减少额和余额。在教学过程中，经常采用简化的账户结构，即 T 形账户来记录有关增加额、减少额和余额。会计科目和账户是会计学中两个不同的概念，既有联系又有区别。

借贷记账法是应用最广的复式记账法，是以"借""贷"为记账符号的一种复式记账法。复式记账法是以资产和权益平衡关系作为记账基础，对于每一笔经济业务，都要在两个或两个以上相互联系的账户中进行登记，系统地反映资金运动变化结果的一种记账方法。在借贷记账法下，账户的基本结构为：左方为借方，右方为贷方。

资产类账户和费用类账户的借方（左方）登记其增加额，账户的贷方（右方）登记其减少额，资产类账户余额在借方，负债类账户一般期末无余额；负债类账户和所有者权益类账户的贷方登记其增加额，借方登记减少额，余额在贷方；收入类账户和利润类账户的贷方登记其增加额，借方登记减少额，一般期末无余额。

试算平衡是根据会计恒等式"资产=负债+所有者权益"的平衡关系和记账规则来检验日常账户记录是否正确、完整的一种验证方法，包括发生额试算平衡和余额试算平衡。发生额试算平衡是根据全部账户借贷两方发生额合计之间的等量关系，来检验各账户的发生额记录是否正确，发生额试算平衡公式为"全部账户借方发生额合计=全部账户贷方发生额合计"；余额试算平衡是在当期发生的经济业务全部登记入账后，对各账户的期末余额是否正确进行检验，期末余额试算平衡公式为"全部账户期末借方余额合计=全部账户期末贷方余额合计"。

如果通过本期发生额试算平衡和期末余额试算平衡，发现本期发生额及期末余额不符合平衡公式，则说明账户的记录或计算肯定有误。在试算平衡检验发现借贷方平衡后，还不能说明记账一定准确无误，还需要用其他方法发现记账错误。

会计分录简称分录，就是在记账凭证中指明某项经济业务应登记的账户名称、记账的借贷方向和金额的一种记录。会计分录按其涉及账户的多少分为简单会计分录，如一借一贷，以及复合会计分录，如一借多贷、一贷多借或多借多贷。

会计循环一般包括编审原始凭证、编制记账凭证（编制会计分录）、登记账簿、进行试算平衡、调整账项并过账、结账和编制财务报表等步骤。

课后练习

试题自测

一、单项选择题

1. 下列会计分录中，属于简单会计分录的是（   ）的会计分录。
   A．一借多贷   B．一贷多借   C．一借一贷   D．多借多贷
2. 会计科目是指对（   ）的具体内容进行分类核算的项目。
   A．会计主体   B．会计要素   C．会计科目   D．会计信息
3. 账户余额一般与（   ）在同一方向。
   A．减少额   B．增加额   C．借方发生额   D．贷方发生额

4．复式记账法是指任何一笔经济业务都必须用相等的金额在两个或两个以上的有关账户中（　　）。

　　A．一个记增加，另一个记减少　　　B．两个都记增加

　　C．两个都记减少　　　　　　　　　D．全面、相互联系地进行登记

5．"应收账款"账户的期初余额为借方 2 000 元，本期借方发生额 1 000 元，贷方发生额 500 元，则该账户的期末余额为（　　）元。

　　A．借方 1 500　　B．贷方 1 500　　C．贷方 2 500　　D．借方 2 500

6．"管理费用"科目属于（　　）。

　　A．资产类科目　　B．成本类科目　　C．负债类科目　　D．损益类科目

7．在账户中，用"借方"和"贷方"登记资产和负债、所有者权益的增减数额。按照账户结构，概括地说是（　　）。

　　A．"借方"登记资产的增加和负债、所有者权益的减少；"贷方"反之

　　B．"借方"登记资产和负债、所有者权益的增加；"贷方"反之

　　C．"借方"登记资产和负债、所有者权益的减少；"贷方"反之

　　D．"借方"登记资产的减少和负债、所有者权益的增加；"贷方"反之

8．某企业本月发生销售费用开支计 60 万元，月末应结平"销售费用"账户，则"销售费用"账户（　　）。

　　A．月末借方余额 60 万元　　　　　B．本月贷方发生额 60 万元

　　C．月末贷方余额 60 万元　　　　　D．以上都不对

9．下列各账户中，期末可能有余额在借方的是（　　）。

　　A．"制造费用"　　B．"生产成本"　　C．"销售费用"　　D．"资本公积"

10．在借贷记账法下，余额试算平衡法的平衡公式是（　　）。

　　A．全部总分类账户借方发生额合计=全部总分类账户贷方发生额合计

　　B．全部总分类账户借方期初余额合计=合部总分类账户借方期末余额合计

　　C．全部总分类账户贷方期初余额合计=全部总分类账户贷方期末余额合计

　　D．全部总分类账户借方期末余额合计=全部总分类账户贷方期末余额合计

二、多项选择题

1．下列错误中，不能通过试算平衡发现的有（　　）。

　　A．某项经济业务未登记入账

　　B．借贷双方同时多记了相等的金额

　　C．只登记了借方金额，未登记贷方金额

　　D．应借、应贷的账户中错记了借贷方向

2．账户中的各项金额包括（　　）。

　　A．期初余额　　B．期末余额　　C．本期增加额　　D．本期减少额

3．每一笔会计分录都包括（　　）。

　　A．会计科目　　B．记账方向　　C．记账金额　　D．记账规则

4．下列属于成本类科目的是（　　）。
　A．"生产成本"　　　　　　　　B．"管理费用"
　C．"制造费用"　　　　　　　　D．"长期待摊费用"
5．下列不属于损益类账户的是（　　）。
　A．"实收资本"　　　　　　　　B．"利润分配"
　C．"制造费用"　　　　　　　　D．"主营业务收入"
6．总分类账户和明细分类账户的关系是（　　）。
　A．总分类账户提供总括核算资料，明细分类账户提供详细核算资料
　B．总分类账户统御、控制明细分类账户
　C．总分类账户和明细分类账户平行登记
　D．明细分类账户补充说明与其相关的总分类账户
7．下列属于借贷记账法试算平衡内容的是（　　）。
　A．全部资产借方余额之和=全部资产贷方余额之和
　B．所有账户借方本期发生额合计=所有账户贷方本期发生额合计
　C．所有账户借方期末余额合计=所有账户贷方期末余额合计
　D．所有账户借方期初余额合计=所有账户贷方期初余额合计
8．账户的主要内容具体包括（　　）。
　A．账户名称和经济业务发生的日期
　B．所依据记账凭证的编号
　C．交易或事项内容摘要
　D．增加金额、减少金额和余额
9．会计科目按其核算详细程度的不同，可以分为（　　）。
　A．总分类科目　　B．子目　　　C．大类科目　　　D．明细科目
10．下列有关会计科目和账户的说法中，正确的有（　　）。
　A．会计科目和账户所反映的会计对象的具体内容是相同的
　B．会计科目是账户的名称，也是设置账户的依据
　C．账户具有一定的格式和结构，而会计科目没有
　D．会计科目和账户的作用是完全相同的

三、判断题

1．借贷记账法的记账规则是"有借必有贷，借贷必相等"。　　　　　　（　　）
2．总分类账户和明细分类账户平行登记的要点可概括为：登账依据相同、方向一致、金额相等。　　　　　　　　　　　　　　　　　　　　　　　　　　　　（　　）
3．凡是余额在借方的账户都是资产类账户。　　　　　　　　　　　　（　　）
4．账户的基本结构分为左、右两个方向，左方登记增加，右方登记减少。（　　）
5．全部账户借方发生额合计数与全部账户贷方发生额合计数必须相等。（　　）

四、业务题

业务题一

（1）用直线连接，说明下列各项目的归属。

固定资产	
原材料	A．期末余额在借方
应付账款	
制造费用	B．期末余额在贷方
财务费用	
主营业务收入	C．期末一般无余额

（2）用直线连接，说明下列各项目的归属。

从银行取得的借款	
增加生产设备一台	A．记入账户的借方
本月发生的水电费	
偿还前欠的购货款	
取得的产品销售收入	B．记入账户的贷方
支付所欠职工的工资	
购入材料验收入库	

业务题二

练习借贷记账法下会计分录的编制，并指出每笔会计分录反映的经济业务内容。以下业务皆不考虑增值税。

（1）以银行存款 6 000 元偿还银行借款。

（2）收到外商投资 100 000 元存入银行。

（3）以银行存款 2 500 元偿还前欠某工厂购货款。

（4）收到购货单位前欠的货款 3 000 元，包括存入银行的支票 2 700 元和现金 300 元。

（5）以银行短期借款 20 000 元购买原材料。

（6）从银行提取现金 500 元，以备零星开支。

（7）购进材料一批，计价 15 000 元。以银行存款支付，材料验收入库。

（8）采购员预借差旅费 800 元，以现金付讫。

（9）生产车间领用材料 10 000 元。

（10）收到某单位投入的设备一台，价值 6 000 元。

第四章
原始凭证

职业能力目标

1. 了解原始凭证的定义和种类。
2. 掌握外来原始凭证和自制原始凭证的区别。
3. 掌握一次原始凭证、累计原始凭证和汇总原始凭证的区别。
4. 掌握原始凭证的填制要求。
5. 掌握原始凭证的审核内容。

情景导入　　大海公司的会计主管周杰对会计夏芳和出纳张莉进行会计知识的培训后,夏芳和张莉知道了大海公司应当根据国家的规定和自身的情况设置总分类会计科目与明细分类会计科目,以及开设各类账户,并运用借贷记账法,按照编审原始凭证—编制记账凭证—登记账簿—进行试算平衡—调整账项—结账—编制财务报表这套程序来开展会计工作。她们设置了总分类会计科目和明细分类会计科目,开始了编审原始凭证的工作。那么,什么是原始凭证呢?从哪里获取原始凭证呢?如何编制原始凭证呢?如何判断原始凭证正确与否呢?

第一节　原始凭证及其要素

一、原始凭证的定义

原始凭证是在经济业务发生或完成时取得或填制的,用以证明经济业务的发生,明确经济责任,并作为记账依据的原始书面证明文件。例如,购买商品时由供货方开具的发票、银行支票、汇票、收款单、材料验收入库单、材料领用单、商品收货单、发货单等。

会计人员在经济业务发生时填制或取得原始凭证是真正开始做会计记录之前的准备工作。

二、原始凭证的种类

原始凭证必须真实、完整、清楚、正确，并有经办人员的签字。它在法律上具有证明效力，是会计人员编制记账凭证的直接依据。原始凭证按不同的划分标准可有不同的分类。

（一）按照来源不同分类

原始凭证按取得来源的不同，可分为外来原始凭证和自制原始凭证。

1. 外来原始凭证

外来原始凭证是指经济业务发生时，从其他单位或个人取得的原始凭证，如银行开出的转账支票，以及办理结算业务时，从银行取得的收账通知（进账单）。表4-1至表4-3所示是几种外来原始凭证。

表 4-1

表 4-2

表 4-3

广东增值税专用发票

购买方	名　　　称：					开票日期：			
	纳税人识别号：				密码区	（略）			
	地　址、电　话：								
	开户行及账号：								
货物或应税劳务、服务名称	规格型号	单位	数量	单价	金额	税率	税额
---	---	---	---	---	---	---	---
合　计							
价税合计（大写）				（小写）			
销售方	名　　　称：	备注
---	---	---
	纳税人识别号：	
	地　址、电　话：	
	开户行及账号：	

收款人：　　　　　　　　复核：　　　　　　　开票人：　　　　　　销售方：（章）

第一联：记账联　销售方记账凭证

2．自制原始凭证

自制原始凭证是由本单位内部经办业务的部门或个人，在执行或完成某项经济业务时所填制的原始凭证，如产品验收入库时填制的入库单（见表 4-4）和领用材料时填制的领料单（见表 4-5）等。表 4-4 至表 4-9 是几种常用的自制原始凭证。

表 4-4

入 库 单

交库单位：　　　　　　　　　　　　　年　月　日　　　　　　　　　编号：

材料编号	材料类别	材料名称及规格	计量单位	数量		金额/元				
				应收	实收	单价	买价	运杂费	其他	合计

仓库负责人：　　　　　　　　　校验人：　　　　　　　　　经办人：

表 4-5

领 料 单

领料部门：
发料仓库：　　　　　　　　　　　年　月　日　　　　　　　　编号：

品　名	规格型号	单　位	数　量		单价/元	金额/元
			请领	实领		
物品号码	备注					

领料单位负责人：　　　　领料人：　　　　会计：　　　　发料人：

表 4-6

材料采购成本计算表

年　月　日　　　　　　　　　　　　　　　　　　　　　　元

材料名称	计量单位	数　量	单　价	买　价	运 杂 费		实际采购成本	单位成本
					分配率	金　额		
合　计	—							

会计主管：　　　　　　　　　　　复核：　　　　　　　　　　制表：

表 4-7

统一收款收据

年　月　日

交款单位或交款人		收款方式	备注：
事由_____ 金额（人民币大写）：_____　　¥			

收款人：　　　　　　　　　　　收款单位（盖章）

表 4-8

差旅费报销单

部门：　　　　　　　　　　　年　月　日　　　　　　　　　　　　　　　元

姓　名					出差事由			出差自　年月日				共　天	
								至　　年月日					
起讫时间及地点					车船票			出差乘补费				其　他	
月	日	起	月	日	讫	类别	金额	时间	标准	金额	日数	标准	金额	摘要	金额
小　计															

合计金额（大写）：

备注：预借　　　核销　　　退补

附单据　共　张

表 4-9

限额领料单

年　月　日　　　　　　　　　　　　　　凭证编号：

领料单位：			用途：			计划产量：			
材料编号：			单价：			计量单位：			
名称规格：			消耗定额：			领用限额：			
年		请　领		实　发					
月	日	数量	单位负责人	数量	累计	发料人	领料人	限额结余	

供应商部门负责人：　　　　生产计划部门负责人：　　　　仓库负责人：

（二）按照填制手续及内容不同分类

自制原始凭证按其填制手续和方法的不同分为一次原始凭证、累计原始凭证和原始凭证汇总表。

1. 一次原始凭证

顾名思义，一次原始凭证又称一次凭证或一次性凭证，是指一次性填制完成的原始凭证，每一张凭证只反映一项经济业务或若干项同类经济业务。大多数原始凭证都是一次凭证，如发票（见表4-3）、入库单（见表4-4）、收据（见表4-7）。

2. 累计原始凭证

累计原始凭证是指在一定时期内，需要多次填制才完成的，以期末累计发生数作为记账依据，用以反映一定期间内重复发生的同类经济业务的原始凭证，如限额领料单（见表4-9）。累计原始凭证的运用简化了核算手续，减少了原始凭证数量，有利于企业加强成本控制与管理。

3. 原始凭证汇总表

原始凭证汇总表是根据许多同类交易或者事项的一次性凭证或累计凭证定期编制的汇总表。原始凭证汇总表的编制方式有两种：一是会计人员根据一定时期内有关账户的记录结果，对某一特定事项进行归类、计算整理而编制的原始凭证汇总表，如完工产品成本汇总表（见表4-10）、工资结算汇总表（见表4-11）等；二是一定时期记载同类经济业务的若干张原始凭证，对若干张原始凭证按照一定的管理要求汇总编制而成的原始凭证汇总表，如领料凭证材料汇总表（见表4-12）。原始凭证汇总表简化了编制记账凭证和登记账簿的工作，提高了核算工作的效率。

表 4-10

完工产品成本汇总表

年 月　　　　　　　　　　　　　　　　　　　　　　　　　元

产品名称 成本项目	总成本	单位成本	总成本	单位成本	总成本	单位成本	总成本	单位成本	总成本	单位成本	总成本合计
直接材料											
直接人工											
制造费用											
合　计											

制表：　　　　　　　　　　　　　　　　审核：

表 4-11

工资结算汇总表

年 月 日　　　　　　　　　　　　　　　　　　　　　　　　元

部门	应付工资			津贴		工资	应付工资合计	代扣款项		实发工资
	计时工资	计件工资	奖金	夜班	副食			房租	水电	

表 4-12

领料凭证汇总表

年 月 日

领料部门	领取材料名称	用途	数量	单价/元	金额/元	备注
基本生产车间						
小　计						
基本生产车间						
小　计						
辅助生产车间						
行政管理部门						
小　计						
合　计						

制表：　　　　　　　　　　　　　　　　审核：

（三）按照格式不同分类

1．通用凭证

通用凭证是指在一定范围内使用的，由有关部门统一印制、具有统一格式和使用方法的原始凭证。不同部门印制的通用凭证有着不同的使用范围，如某省（市）印制的发货票、收据等，在该省（市）通用；由人民银行制作的银行转账结算凭证，在全国通用。

第四章 原始凭证

2．专用凭证

专用凭证是指由单位自行印制，仅在本单位内部使用的原始凭证，如领料单（见表4-5）、差旅费报销单（见表4-8）、固定资产报废单（见表4-13）、固定资产折旧计算表（见表4-14）、固定资产折旧计算汇总表（见表4-15）、工资费用分配汇总表（见表4-16）等。

表 4-13

固定资产报废单

填报企业：　　　　　　　　　　　　　年　月　日　　　　　　　　　　　　固废字（1）

部门	项目					
使用部门	设备编号	统一		本厂	复杂系数	
	设备名称				起始日期	
	型号规格				原值	
	设备类别				全部使用年限	
	设备类级	类		级	已使用年限	
	制造厂（国别）				使用部门	
主管部门	设备现状及报废原因	主管：　　　　　　设备员：				
	设备管理员意见	设备管理员：				
	负责人意见	主管：				
	报废后处理意见					
财务部	折旧				净值	
	财务部意见	主管：　　　　　　经办人：				
	企业负责人	主管：				
	上级机关审核					

第二联：财务部门

　　　　　　　　　　　　　　　　　　　　　　　　　　　报废日期：

表 4-14

固定资产折旧计算表

年　月　日　　　　　　　　　　　　　　　　　　　　　　　　　　元

代码	名称	类别	使用部门	使用情况	入账日期	增加方式	折旧方法	预计使用期间（工作总量）	原值	累计折旧	预计净残值4%	用于折旧计算的预计使用期间（工作总量）	月折旧额

表 4-15

固定资产折旧计算汇总表

年　月　日　　　　　　　　　　　　　　　　　　　　　　元

固定资产使用部门	月初应计折旧的固定资产原值	月综合折旧率/‰	月折旧额
基本生产车间			
辅助生产车间			
行政管理部门			
销售部门			
合　计			

制表：　　　　　　　　　　　　　　　　　　　　　　　审核：

表 4-16

工资费用分配汇总表

年　月　　　　　　　　　　　　　　　　　　　　　　元

应借科目		成本或费用项目	分配标准	分配率	工资费用合计
生产成本（基本生产成本）					
	小　计				
生产成本	辅助生产成本				
制造费用					
管理费用					
营业费用					
合　计					

制表：　　　　　　　　　　　　　　　　　　　　　　　审核：

三、原始凭证的基本内容

任何一种原始凭证都必须能够正确、及时和清晰地反映经济业务，并真正具有法律效力，能够明确经济责任。因此，无论是自制原始凭证还是外来原始凭证，都应具备以下基本内容。

第四章 原始凭证

① 原始凭证的名称。
② 填制原始凭证的日期和编号。
③ 凭证的编号。
④ 接受原始凭证的单位的名称（抬头人）。
⑤ 经济业务内容（含数量、单价、金额等）。
⑥ 填制凭证单位名称或填制人姓名。
⑦ 填制单位签章、有关人员（部门负责人、经办人员）签章。
⑧ 凭证附件。

在实际工作中，除了以上基本内容之外，还可增加其他必要的内容，以满足经营管理和特殊业务的需要。例如，有关部门可以对不同单位经常发生的共同性经济业务制定统一的凭证格式。又如，人民银行统一制定的银行转账结算凭证，其上有表明结算双方的单位名称、账号等。

第二节 原始凭证的填制与审核

微课：原始凭证

一、原始凭证的填制

原始凭证填制正确与否关系到能否如实反映经济业务，所以有必要根据经济业务的实际情况，按照原始凭证的填制要求逐项正确填写凭证中的各项内容。

原始凭证的填制要求如下。

① 记录真实。填列在原始凭证上的经济业务内容和数字必须符合实际情况，真实可靠。

② 内容完整。原始凭证上的各项目必须逐项填列齐全，不得省略和遗漏。要根据填制原始凭证的实际日期来填写年、月、日；名称填写齐全，不可简化；品名或用途要填写得清楚明白，不可含糊不清；该签章的地方必须有签章。

③ 手续完备。手续完备的原始凭证可以明确经济责任，是凭证合法性和真实性的保障，通常用签章来体现。单位自制的原始凭证必须有经办单位领导或其他指定的人员签名盖章；对外开出的原始凭证必须加盖本单位公章；从外部取得的原始凭证，必须盖有填制单位的公章；从个人处取得的原始凭证，必须有填制人员的签名盖章。

④ 书写清楚、规范。填制原始凭证时，文字应简要，字迹须清晰，易于辨认，不能使用未经国务院公布的简化汉字。大小金额必须相符且填写规范：小写金额用阿拉伯数字逐个书写，不得写连笔字，在金额前要填写人民币符号"¥"，且该符号和阿拉伯数字之间不得留有空白；金额数字一律填写到角分，无角分的，写"00"或符号"—"；金额数字有角无分的，分为写"0"，不得用符号"—"；大写金额用汉字壹、贰、叁、肆、伍、陆、柒、捌、玖、拾、佰、仟、万、元、角、分、零、整等，一律用正楷或行书字体书写；大写金额前未印有"人民币"字样的，应加写"人民币"3个字；"人民币"字样和大写金额之间不得留有空白；大写金额到元或角为止的，后面要写"整"或"正"字；大写金额有分的，不写"整"或"正"字。例如，小写金额为"¥1 006.00"，大写金额应写成"人民币壹仟零陆元整"。

⑤ 编号连续。各种凭证须连续编号,以便查考。如果凭证上已经预先印定编号,如发票、支票等重要凭证,如果写坏作废,应加盖"作废"戳记,妥善保管,不得撕毁。

⑥ 填制及时。各种原始凭证需要及时填写,按规定的程序及时送交会计机构、会计人员进行审核。

原始凭证的填制除了需要满足以上6个要求之外,还要注意以下5点。

① 原始凭证不得涂改、挖补。发现原始凭证有误的,应当由开出单位重新开具或更正,更正处应当加盖开出单位公章;原始凭证金额有错误的,应当由开出单位重开,不得在原始凭证上更改。

② 购买实物的原始凭证必须有验收证明;支付款项的原始凭证,必须有收款单位和收款人的证明;一式几联的原始凭证,应当注明各联的用途,只能以其中的一联作为报销凭证;一式几联的发票和收据,必须用双面复写纸(发票和收据本身具有复写功能的除外)套写,并连续编号;作废时应加盖"作废"戳记,连同存根一起保存,不得撕毁。

③ 发生销货退回的,除填制退货发票外,还需有退货验收证明;退款时,需要取得对方的收款收据或汇款银行的凭证,不得以退货发票代替收据。

④ 职工因公出差的借款凭据,必须附在记账凭证之后。收回款项时,应当另开收据或退还借据副本,不得退还原借款收据。

⑤ 经上级有关部门批准的经济业务,应当将批准文件作为原始凭证附件。如果批准文件需要单独存档,应当在凭证上注明批准机关名称、日期和文件证号。

二、原始凭证的审核

对原始凭证进行审核,有利于从源头上加强会计信息质量控制,只有经过审核的原始凭证才允许进入会计信息系统。为了明确原始凭证是否如实地反映了经济业务的发生和完成情况,保证会计信息的真实性、可靠性、完整性和正确性,会计机构和会计人员应在取得或填制原始凭证后,对原始凭证进行严格审核。

原始凭证的审核主要包括以下6个方面的内容。

(一)真实性审核

真实性审核是指审核日期是否真实、业务内容是否真实、数据是否真实等。对外来原始凭证,审核其是否盖有填制单位的公章和填制人员的签章;对自制原始凭证,审核其是否有经办部门和经办人员的签名及盖章;对通用原始凭证,还须审核凭证本身是否真实,以防假冒。

(二)合法性审核

合法性审核是指对原始凭证是否违反国家法律法规、是否履行了规定的凭证传递和审核程序、是否有贪污腐化等行为进行审核。

(三)合理性审核

合理性审核是指对原始凭证是否符合企业生产经营活动需要、符合有关计划和预算等方面进行审核。

（四）完整性审核

完整性审核是指对原始凭证各项基本要素是否齐全、是否有漏项情况、日期是否完整、数字是否清楚、文字是否清晰工整、有关人员签章是否齐全、凭证联次是否正确进行审核。

（五）正确性审核

正确性审核是指确保各项金额的计算和填写正确，如阿拉伯数字分开填写，不得连写；小写金额前要标明"¥"符号，中间不能留有空位，等等。如果书写错误，应采取正确的方法进行更正，不能采用涂改、刮擦、挖补等不正确的方法进行更正。

（六）及时性审核

及时性审核是指经济业务发生时应及时填制有关原始凭证，并及时进行凭证的传递；审查凭证的填制日期，尤其是支票、银行汇票、银行本票等时效性强的原始凭证。

需要按以下不同情况处理审核后的原始凭证。

① 如果原始凭证填制完全符合要求，则应及时据以编制记账凭证。

② 如果填制符合真实、合法、合理要求，但内容不完善、填写有错误，则应退给有关经办人员，由其负责将有关凭证补充完整，或者进行错误更正或重开，然后再办理正式会计手续。

③ 如果填制不真实、不合法，则会计机构、会计人员有权不予接受，并向单位负责人报告。

职业判断与业务操作

原始凭证是经济业务发生的证明，在经济业务发生或者完成时取得或填制。原始凭证在填制时要记录真实，内容完整，手续完备，书写清楚规范，编号连续，填制及时。为了保证原始凭证的准确无误，应当审核原始凭证的真实性、合法性、合理性、完整性、正确性和及时性。

本章小结

原始凭证是在经济业务发生或者完成时取得或填制的，用以证明经济业务的发生，明确经济责任，并作为记账依据的原始书面证明文件。

原始凭证按取得来源的不同，可分为外来原始凭证和自制原始凭证。外来原始凭证是指经济业务发生时，从其他单位或个人取得的原始凭证；自制原始凭证是由本单位内部经办业务部门或个人，在执行或完成某项经济业务时所填制的原始凭证。自制原始凭证按其填制手续和方法的不同分为一次原始凭证、累计原始凭证及原始凭证汇总表。一次原始凭证是指一次性填制完成的原始凭证；累计原始凭证是指在一定时期内，需要多次填制才能完成的、以期末累计发生数作为记账依据，用于反映一定期间内重复发生的同类经济业务的原始凭证；原始凭证汇总表是根据许多同类交易或者事项的一次性凭证或累计凭证定期编制的汇总表。原始凭证按照格式不同，分为通用凭证和专用凭证。通用凭证是在一定范围内使用的，由有关部门统一印制、具有统一格式和使用方法的原始凭证；专用凭证是由单位自行印制，仅在本单位内部使用的原始凭证。

原始凭证的基本内容包括：原始凭证的名称、填制原始凭证的日期和编号、原始凭证的编号、接受原始凭证的单位的名称（抬头人）、经济业务内容（含数量、单价、金额等）、填制原始凭证的单位名称或填制人姓名、填制单位签章、有关人员（部门负责人、经办人员）签章、凭证附件。

原始凭证应根据经济业务的实际情况来填制，在填制中要做到：填列在原始凭证上的经济业务内容和数字必须符合实际情况，真实可靠；原始凭证上的各项目必须逐项填列齐全，不得省略和遗漏；原始凭证上需要有相应的签章，以明确经济责任，保证凭证的合法性和真实性；书写清楚、规范。填制原始凭证时，文字应简要，字迹须清晰，易于辨认；各种凭证须连续编号，以便查考；填制及时。

会计人员取得或填制原始凭证后，须对原始凭证进行审核。审核的内容包括：审核日期是否真实、业务内容是否真实、数据是否真实等；审核原始凭证是否存在违反国家法律法规、是否履行了规定的凭证传递和审核程序、是否有贪污腐化等行为；审核原始凭证是否符合企业生产经营活动需要、是否符合有关计划和预算等；审核原始凭证的各项基本要素是否齐全、是否有漏项情况、日期是否完整、数字是否清楚、文字是否清晰工整、有关人员签章是否齐全、凭证联次是否正确；审核原始凭证的文字和金额的书写是否合规、正确；审核是否及时填制有关原始凭证、及时进行凭证的传递。

课后练习

一、单项选择题

1. 下列不属于一次凭证的原始凭证是（　　）。
   A．领料单　　　B．限额领料单　　C．收料单　　　D．销货发票
2. 限额领料单是一种（　　）。
   A．一次凭证　　B．累计凭证　　　C．单式凭证　　D．汇总凭证
3. 汇总编制同类经济业务的原始凭证是（　　）。
   A．一次凭证　　B．累计凭证　　　C．记账凭证　　D．汇总原始凭证
4. 下列原始凭证中属于外来原始凭证的是（　　）。
   A．购货发票　　　　　　　　　　B．工资结算汇总表
   C．发出材料汇总表　　　　　　　D．领料单
5. 当原始凭证的金额出现错误时，以下更正方法正确的是（　　）。
   A．由开出单位更正，并在更正处盖章
   B．由取得单位更正，并在更正处盖章
   C．由开出单位重开
   D．由开出单位另开证明，作为原始凭证的附件

第四章 原始凭证

二、多项选择题

1. 下列可以作为原始凭证的是（　　　）。
   A．发货票　　　B．合同书　　　C．入库单　　　D．领料单
2. 下列项目中，不属于自制原始凭证的有（　　　）。
   A．领料单　　　B．购料发票　　　C．增值税发票　　　D．银行对账单
3. 限额领料单是（　　　）。
   A．外来原始凭证　　　　　　B．自制原始凭证
   C．一次凭证　　　　　　　　D．累计凭证
4. 发料凭证汇总表是（　　　）。
   A．原始凭证　　　B．汇总凭证　　　C．一次凭证　　　D．自制凭证
5. 各种原始凭证必须具备的基本要素包括（　　　）。
   A．经济业务的内容　　　　　　B．应借、应贷的会计科目名称
   C．有关人员的签章　　　　　　D．填制单位签章

三、判断题

1. 自制原始凭证是企业内部经办业务的部门和人员填制的凭证。（　　）
2. 会计人员对不真实、不合法的原始凭证应予退回，要求更正、补充。（　　）
3. 原始凭证记载的各项内容不得涂改。对于填制有误的原始凭证，原始凭证开出单位应负责更正或重新开具，不得拒绝。（　　）

四、业务题

目的：掌握各类原始凭证的填制及审核方法。

资料：大海公司（开户银行：中国工商银行广州分行蓝天路办事处，开户行账号015-5789453；地址：广东广州市蓝天路 8 号；税务登记号：911440105201042369，增值税税率13%；财务部经理为周达，会计主管为周杰）2019 年 9 月发生如下经济业务。

（1）1 日，财务科出纳员张莉开出现金支票一张 2 000 元，从银行提取现金，以备零用。要求：填写现金支票（现金支票存根留存作为编制记账凭证的依据）。

（2）2 日，供销科鲁克因采购材料去南京，经供销科长肖婷批准，填写借款单向财务科借现金 700 元。复核人韩天，财务科长周小成。

（3）3 日，收到广州长江工厂前欠的货款 80 000 元，收到转账支票一张并转存银行（长江工厂开户行：中国工商银行广州分行白云路办事处；账号：015-3867926；税务登记号：911172034321239830）。要求：填写进账单一份。

（4）4 日，向东莞阳光公司（地址：滨河路 30 号；开户行：中国工商银行东莞分行滨河路办事处，开户行账号 033-4287962；税务登记号：911130203112345678）汇款 23 000 元，汇出日期为 2019 年 9 月 4 日。

（5）5 日，向广州华润万家有限公司（地址：中山路 238 号；电话：020-58889362；税务登记号：911140102620102026；开户行：中国工商银行广州中山路办事处；开户行账号：015-8657397）销售 2B 铅笔 1 000 盒，单价 4.5 元；2B 橡皮擦 1 000 盒，单价 12 元。货已发出，货款暂未收到。增值税税率为 13%。2B 铅笔单位成本为 0.8 元/盒，2B 橡皮擦单位成本为 2.7 元/盒。要求：填写增值税专用发票（"记账联"作为填制记账凭证的依据）和"出

库单"("财务联"作为填制记账凭证的依据)。

要求：根据以上经济业务，填制以下有关的原始凭证。

中国工商银行 现金支票

存根 02726476

中国工商银行 现金支票　02726476

出票日期（大写）　年　月　日　付款行名称：
收款人：　　　　　　　　　　　　出票人账号：
人民币（大写）　　　　　　　亿千百十万千百十元角分
用途：　　　　　　　　　　　密码
上列款项请从我账户内支付　　行号
出票人签章　　　　　　　复核　　记账

附加信息
出票日期：　年　月　日
收款人：
金　额：
用　途：
单位主管　　会计

本支票付款期十天

支票背面

附加信息

被背书人：

背书人签章　　年　月　日

身份证名称：　　发证机关：

借支单

年　月　日

借款人姓名		借款金额	万仟佰拾元角分
借款事由		主管审批意见	年　月　日
还款计划		批准金额：	

签收：

第四章 原始凭证

中国工商银行　进　账　单（收账通知）
　　　　　　　　　　年　月　日

出票人	全称		收款人	全称		此联由收款人开户银行作贷方凭证
	账号			账号		
	开户银行			开户银行		
金额	人民币（大写）			千百十万千百十元角分		

票据种类		通过广州市电子支付系统	
票据张数			
票据号码			受理银行签章

付款期限
壹 个 月

中国工商银行
银 行 汇 票（卡片）　1　汇票号码 第　　号

出票日期（大写）　　　　　年　月　日　　代理付款行：　　　　　行号：

收款人：	账号：
出票金额　人民币（大写）	千百十万千百十元角分
实际结算金额　人民币（大写）	

账号或住址：＿＿＿＿＿＿＿＿＿＿

申请人：＿＿＿＿＿＿＿＿＿＿

出票行：＿＿＿＿　行号：＿＿＿＿

备注：＿＿＿＿＿

复核　　　　　　经办

科目（借）＿＿＿＿
对方科目（贷）＿＿＿＿
销账日期　　年　月　日
复核　　　记账

此联出票行结请汇票时作为汇出汇款借方凭证

广东增值税专用发票

此联不需税销，税务总局监制凭证使用

开票日期：

购买方	名　　称： 纳税人识别号： 地址、电话： 开户行及账号：			密码区	（略）		
货物或应税劳务、服务名称	规格型号	单位	数量	单价	金额	税率	税　额
合　计							
价税合计（大写）			（小写）				
销售方	名　　称： 纳税人识别号： 地址、电话： 开户行及账号：			备注			

第一联：记账联　销售方记账凭证

收款人：　　　　　复核：　　　　　开票人：　　　　　销售方：（章）

出　库　单

收货单位：　　　　　　　　　　　　　　　　　　　　　　　　　年　月　日

编号	种　类	产品名称	规格	型号	出库数量	单位	单价	成本总额
备注							合　计	

负责人：　　　　　记账：　　　　　收货人：　　　　　填单：

第五章
记账凭证和会计凭证的传递与保管

职业能力目标
1. 了解记账凭证的概念、分类。
2. 熟悉收款凭证、付款凭证、转账凭证和通用记账凭证的格式与内容。
3. 能根据实际经济业务的需要选择正确的记账凭证并能正确填制。
4. 掌握各种记账凭证的填制要求。
5. 能够正确审核各种记账凭证。
6. 熟悉会计凭证的传递和保管。

情景导入　大海公司每天都有不同的经济业务发生,会收到和开出不同的原始凭证。在前面章节我们已经学习了原始凭证和会计分录的相关知识,能够根据原始凭证反映的经济内容编制对应的会计分录。那么,这些会计分录在会计的实际工作中是填制在何处的呢?是随便记录在一张纸上的吗?

第一节　记账凭证

一、记账凭证的概念

记账凭证又称记账凭单,是指会计人员根据审核无误的原始凭证或原始凭证汇总表,按照经济业务的内容加以归类、整理,并据以确定会计分录后所填制的会计凭证。它是登记账簿的直接依据。

我国具体会计记录程序的第 1 个步骤是根据原始凭证编制记账凭证,如图 5-1 所示。记账凭证是介于原始凭证和账簿之间的中间环节,是登记明细分类账户和总分类账户的依据。

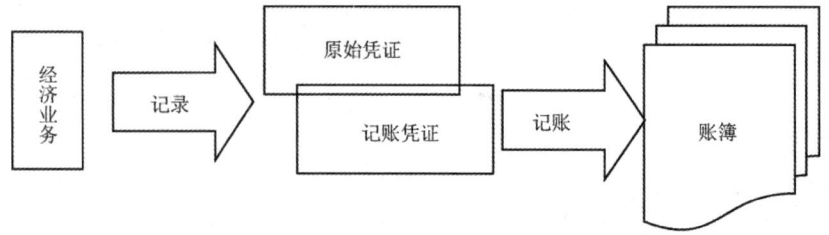

图 5-1　会计记录步骤

在实际工作中，按原始凭证编制的会计分录是通过填制记账凭证来完成的，即会计分录是记载在记账凭证上面的。

原始凭证和记账凭证的联系与区别如下所述。

（一）联系

原始凭证和记账凭证都是记录经济业务发生或完成情况的书面证明，原始凭证需要作为附件附在记账凭证的后面；记账凭证需要记载所附原始凭证的数量，并以此证明编制记账凭证的合理性和合法性。

（二）区别

原始凭证和记账凭证的区别如表 5-1 所示。

表 5-1　原始凭证和记账凭证的区别

会计凭证 不同点	原始凭证	记账凭证
填制人员	经办人员	会计人员
填制目的	仅用于记录、证明经济业务发生或完成情况	要依据会计科目对已经发生或完成的经济业务进行归类，整理编制
填制依据	根据已经发生或完成的经济业务填制	根据审核无误的原始凭证填制
填制方法	一般需要用复写纸套写多联，每联具有不同的用途	每笔经济业务一般只需要编制一张记账凭证
记录要素	对经济事项的记录详细具体，既记录金额，也记录数量	只记录金额，只进行价值核算
填制作用	是记账凭证的附件和填制记账凭证的依据	是登记账簿的直接依据

二、记账凭证的种类

由于会计凭证记录和反映的经济业务多种多样，因此记账凭证也是多种多样的。记账凭证按不同的标准，可以分为不同的种类。

（一）按用途划分

记账凭证按用途划分，可分为专用记账凭证和通用记账凭证。

1. 专用记账凭证

（1）专用记账凭证的概念和分类

专用记账凭证是指分类反映经济业务的记账凭证。按其反映的经济内容不同，可分为

第五章 记账凭证和会计凭证的传递与保管

收款凭证、付款凭证和转账凭证。

① 收款凭证。收款凭证是指专门用于记录现金和银行存款收款业务的记账凭证。它是出纳人员根据库存现金收入业务和银行存款收入业务的原始凭证编制的专用凭证，是登记库存现金、银行存款及有关明细账和总账的依据。

收款凭证可分为现金收款凭证和银行存款收款凭证。现金收款凭证是根据现金收入业务的原始凭证（如以现金收入结算的发票记账联）编制的收款凭证；银行存款收款凭证是根据银行存款收入业务的原始凭证（如银行进账通知单）编制的收款凭证。收款凭证的格式如图 5-2 所示。

收 款 凭 证

借方科目＿＿＿＿＿＿　　　　　年　月　日　　　　　　　　收字第　号

摘　要	贷方总账科目	明细科目	记账符号	金　额（千百十万千百十元角分）

附单据　张

财务主管　　　记账　　　出纳　　　审核　　　制单

图 5-2　收款凭证的格式

② 付款凭证。付款凭证是指专门用于记录现金和银行存款付款业务的记账凭证。它是出纳人员根据库存现金和银行存款付出业务的原始凭证编制的专用凭证，是作为登记库存现金日记账、银行存款日记账及有关明细账和总账的依据。

付款凭证可分为现金付款凭证和银行存款付款凭证。现金付款凭证是根据现金付出业务的原始凭证（如以现金支付结算的发票联）编制的付款凭证；银行存款付款凭证是根据银行存款付出业务的原始凭证（如现金支票、转账支票存根）编制的付款凭证。付款凭证的格式如图 5-3 所示。

付 款 凭 证

贷方科目＿＿＿＿＿＿　　　　　年　月　日　　　　　　　　付字第　号

摘　要	借方总账科目	明细科目	记账符号	金　额（千百十万千百十元角分）

附单据　张

财务主管　　　记账　　　出纳　　　审核　　　制单

图 5-3　付款凭证的格式

③ 转账凭证。转账凭证是指专门用于记录不涉及现金和银行存款收付款业务的记账凭证。它是会计人员根据有关转账业务（在经济业务发生时，不需要收付现金或银行存款的各项业务）的原始凭证（如企业内部的领料单、出库单、计提固定资产折旧、期末结转成本等）编制的专用凭证，是登记总账和有关明细账的依据。转账凭证的格式如图 5-4 所示。

转 账 凭 证

年　　月　　日　　　　　　　　　　　　　　　　　　　　　转字第　　号

摘　要	总账科目	明细科目	√	借方金额 千 百 十 万 千 百 十 元 角 分	√	贷方金额 千 百 十 万 千 百 十 元 角 分	
							附单据　　张
合　计							

财务主管　　　　　　　记账　　　　　　　出纳　　　　　　　审核　　　　　　　制单

图 5-4　转账凭证的格式

（2）专用记账凭证的优缺点

专用记账凭证的优点是既便于按经济业务对会计人员进行分工，也便于提供分类核算数据，从而为记账工作带来了方便；其缺点是工作量较大。

（3）专用记账凭证的适用范围

专用记账凭证适用于规模较大、收付款业务较多的单位。

思考

判断下列经济业务应该编制何种凭证

① 2019 年 12 月 1 日，大海公司从银行提取现金 1 000 元。

② 6 月 3 日，销售橡皮擦一批，售价 800 元，税款 104 元。已收到现金。

③ 3 月 3 日，将现金 936 元存入银行。

④ 5 日，采购员王宁出差预借差旅费 1 000 元。

⑤ 15 日，采购员王宁报销差旅费 1 200 元，以现金补付 200 元。

⑥ 如果 15 日采购员王宁报销差旅费为 900 元，退回现金 100 元，那么又如何处理？

注意，现金和银行存款之间的划转业务只编制付款凭证；在一笔经济业务中，如果既涉及现金或银行存款收付，又涉及转账业务，应该分别填制收款或付款凭证和转账凭证。

2. 通用记账凭证

（1）通用记账凭证的概念

通用记账凭证是指用来反映所有经济业务的记账凭证，为各类经济业务所共同使用。其格式与转账凭证基本相同。

（2）通用记账凭证的格式

通用记账凭证的格式如图 5-5 所示。

记 账 凭 证

摘 要	总账科目	明细科目	√	借方金额 千 百 十 万 千 百 十 元 角 分	√	贷方金额 千 百 十 万 千 百 十 元 角 分	
							附单据 张
合 计							

财务主管　　　　记账　　　　出纳　　　　审核　　　　制单

图 5-5　通用记账凭证的格式

（3）通用记账凭证的优缺点

通用记账凭证的优点是便于汇总记账，工作量相对较小；其缺点是不便于分工，也不便于提供分类核算依据。

（4）通用记账凭证的适用范围

通用记账凭证适用于经济业务较简单、规模较小、收付款业务较少的单位。

（二）按填制方式划分

记账凭证按填制方式划分，可分为单式记账凭证和复式记账凭证。

1．单式记账凭证

（1）概念

单式记账凭证又称单科目记账凭证，是指每一张记账凭证只填列经济业务事项所涉及的一个会计科目及其金额的记账凭证。填列借方科目的称为借项记账凭证，填列贷方科目的称为贷项记账凭证。一项经济业务涉及几个科目，就分别填制几张凭证，并采用一定的编号方法将它们联系起来。

（2）格式

单式记账凭证的一般格式如图 5-6 和图 5-7 所示。

借 项 记 账 凭 证

年　　月　　日　　　　　　　　　　　　凭证编号　　　号

摘要	总账科目	明细科目	账页	金　额	附单据
				千百十万千百十元角分	
	（对应总账科目）				张

财务主管　　　　　　记账　　　　　　出纳　　　　　　审核　　　　　　制单

图 5-6　单式记账凭证——借项记账凭证的格式

贷 项 记 账 凭 证

年　　月　　日　　　　　　　　　　　　凭证编号　　　号

摘要	总账科目	明细科目	账页	金　额	附单据
				千百十万千百十元角分	
	（对应总账科目）				张

财务主管　　　　　　记账　　　　　　出纳　　　　　　审核　　　　　　制单

图 5-7　单式记账凭证——贷项记账凭证的格式

（3）优缺点

单式记账凭证的优点是由于一张凭证只填列一个会计科目及其内容，因此其内容单一，既便于记账工作的分工，也便于按科目汇总，并可加速凭证的传递；其缺点是凭证张数多，内容分散，在一张凭证上不能完整地反映一笔经济业务的全貌，不便于检验会计分录的正确性，不便于查账，而且由于记账凭证的数量较多，工作量较大。

（4）适用范围

单式记账凭证一般适于业务量较大、会计部门内部分工较细的单位。

2．复式记账凭证

（1）概念

复式记账凭证又称多科目记账凭证，是指将每一笔经济业务事项所涉及的全部会计科目及其发生额均在同一张记账凭证中反映的一种凭证。如前所述的通用记账凭证、专用记账凭证都是复式记账凭证。

（2）优缺点

复式记账凭证的优点是在一张凭证上全面反映了经济业务的账户对应关系，有利于检查会计分录的正确性，了解资金的来龙去脉，便于了解经济业务的全貌，可以减少记账凭证的数量和填制记账凭证的工作量；其缺点是由于在一张凭证上填列了多个会计科目及其内容，因此不便于会计的分工记账。

第五章 记账凭证和会计凭证的传递与保管

 特别提示

目前企事业单位使用的均是复式记账凭证。

三、记账凭证的基本内容

记账凭证是登记账簿的依据,因为所反映经济业务的内容的不同、各单位规模大小及对其会计核算繁简程度的要求不同,其内容有所差异。但为了满足单位记账的基本需求,记账凭证必须具备以下内容。

(一)记账凭证的名称

记账凭证的名称是指是收款凭证、付款凭证、转账凭证,还是通用的记账凭证。

(二)填制凭证的日期

记账凭证是在哪一天编制的,就写上哪一天,即记账凭证的日期,一般为编制记账凭证当天的日期。因此,编制记账凭证的日期,不一定是原始凭证上的日期,即记账凭证的填制日期与原始凭证的填制日期可能相同,也可能不同。记账凭证应及时填制,但一般稍晚于原始凭证的填制。

应该注意的是,按权责发生制原则计算收益、分配费用、结转成本利润等调整分录和结账分录的记账凭证,虽然需要到下个月才能编制,但是仍应填写当月月末的日期,以便在当月的账内进行登记。

(三)记账凭证的编号

企业可以按收款、付款、转账3类业务分别编号,还可以细分为现收、现付、银收、银付、转账5类分别编号。但也可以不按收款、付款、转账统一编号,如果一笔经济业务需要填列多张记账凭证,可采用分数编号法。

 特别提示

为了便于监督,反映收付款业务的会计凭证不得由出纳人员编号。

(四)其他内容

① 经济业务的内容摘要。
② 经济业务涉及的会计科目及记账方向。
③ 经济业务事项的金额。
④ 记账标记。
⑤ 所附原始凭证的张数和其他附件资料。
⑥ 填制凭证人员、稽核人员、记账人员、会计机构负责人、会计主管人员签名或盖章。

基础会计

> **特别提示**
>
> 收款凭证和付款凭证还需要由单位的出纳人员签名或盖章。以自制的原始凭证或原始凭证汇总表代替记账凭证的,也必须具备记账凭证应有的项目。

记账凭证的基本内容如图 5-8 所示。

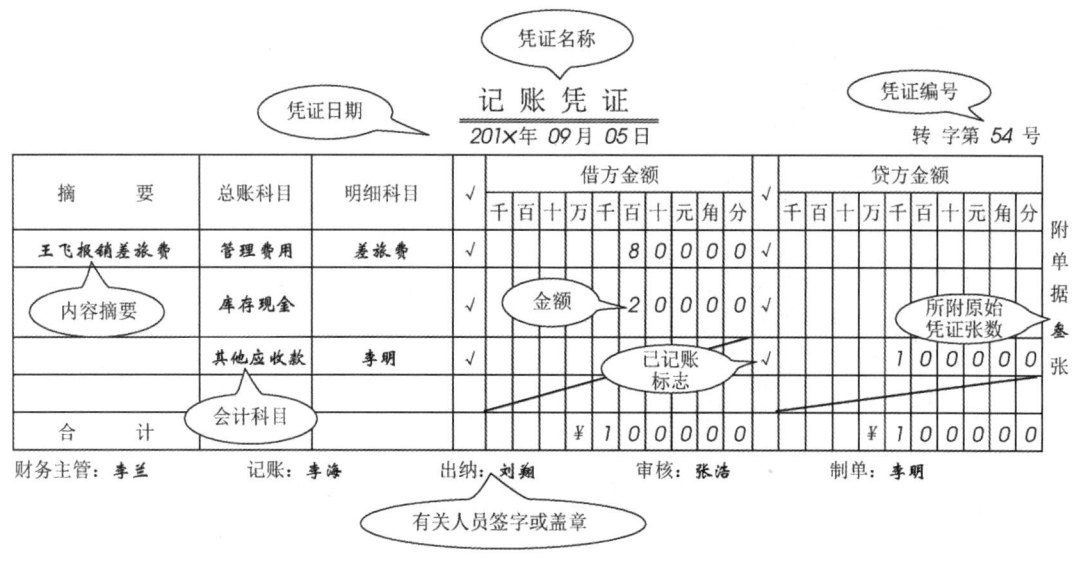

图 5-8　记账凭证的基本内容

第二节　记账凭证的填制与审核

一、记账凭证的填制

记账凭证填制得正确与否,直接影响到整个会计系统最终提供信息的质量。与原始凭证的填制相同,记账凭证也有记录真实、内容完整、手续齐全、填制及时等要求。

微课:填制与审核会计凭证

(一)记账凭证填制的基本要求

1. 记账凭证各项内容必须完整

这是指记账凭证应该包括的内容都要填写完整。

2. 记账凭证应连续编号

记账凭证连续编号有利于分清会计事项处理的先后顺序,便于记账凭证与会计账簿的核对,确保记账凭证的完整。

第五章　记账凭证和会计凭证的传递与保管

（1）字号编号法

凭证应由主管该项业务的会计人员，按业务发生的顺序并按不同种类的记账凭证采用字号编号法连续编号。

① 专用记账凭证的编号方法

1> 3 种凭证，3 种编号

收、付、转 3 种凭证，分别按收入、支出、转账 3 类进行编号，即"收字第×号""付字第×号""转字第×号"。

2> 3 种凭证，5 种编号

收、付、转 3 种凭证，分别按现金收入、现金支出、银行存款收入、银行存款支出和转账 5 类进行编号，即"现收字第×号""现付字第×号""银收字第×号""银付字第×号""转字第×号"。

② 通用记账凭证编号

按照记账凭证一种类别，按经济业务发生的先后顺序进行编号，即"记字第 1 号""记字第 2 号""记字第 3 号"等。

各单位应当根据本单位业务繁简程度、人员多寡和分工情况来选择便于记账、查账、内部稽核、简单严密的编号方法。无论采用上述哪种方法，都要对记账凭证进行连续编号，不能跳号或重号。

（2）分数编号法

当一项经济业务需要填制 2 张以上的记账凭证时，即一笔经济业务借贷会计科目较多，在一张记账凭证上填写不完，需要填制 2 张以上（含 2 张）记账凭证的，可以采用分数编号法编号。例如，一笔经济业务需要编制 3 张转账凭证，该转账凭证的顺序号为第 4 号，则这笔业务的凭证编号为"转字 $4\frac{1}{3}$ 号""转字 $4\frac{2}{3}$ 号""转字 $4\frac{3}{3}$ 号"。

3．书写应清楚、规范

相关要求同原始凭证。

4．根据原始凭证填制

记账凭证可以根据每一张原始凭证填制，或者根据若干张同类原始凭证汇总编制，也可以根据原始凭证汇总表填制，但不得将不同内容和类别的原始凭证汇总填制于一张记账凭证上。

5．须附原始凭证

除了结账和更正错账可以不附原始凭证之外，其余记账凭证必须附原始凭证。

① 所附原始凭证张数的计算，一般以所附原始凭证自然张数为准。

例如，大海公司采购员李某出差回来，拿着一张差旅费报销单来找财务科张会计报账。报销单背面贴着 4 张车票和 2 张住宿发票，并注明附单据张数为 6 张，张会计可以将报销单及所附 6 张单据合起来算为一张原始凭证，在附件处填"壹张"。

> **特别提示**
>
> 附件张数的计算方法有两种情形：一种是按构成记账凭证金额的原始凭证或原始凭证汇总表计算张数，如报销差旅费等零散票券，可以粘贴在一张纸上，作为一张原始凭证；另一种是以原始凭证的自然张数为准，作为多张原始凭证。

② 一张原始凭证如果涉及几张记账凭证，可以把原始凭证附在一张主要的记账凭证后面，并在其他记账凭证上注明该原始凭证的编号或附上该原始凭证的复印件。

③ 一张原始凭证所列的支出需要由几个单位共同负担时，应当由保存该原始凭证的单位开具原始凭证分割单给其他应负担的单位。原始凭证分割单必须具备原始凭证的基本内容。

原始凭证分割单的一般格式如图 5-9 所示。

原始凭证分割单
年　月　日

接受单位名称			地址									
原始凭证	单位名称			地址								
	凭证名称		日期		编号							
总　金　额	人民币（大写）		千	百	十	万	千	百	十	元	角	分
分割金额	人民币（大写）		千	百	十	万	千	百	十	元	角	分
原始凭证主要内容、分割原因												
备　注	该原始凭证附在本单位　年　月　日第　号记账凭证内。											

单位名称（公章）　　　　　会计：　　　　　制单：

图 5-9　原始凭证分割单的格式

6．记账凭证的更正

① 如果填制记账凭证时（未入账）发生错误，应当重新填制。

② 发现已经登记入账的记账凭证出现错误时的处理如下。

1> 当年内发现会计科目填写错误时，可以用红字填写一张与原内容相同的记账凭证，在"摘要"栏注明"冲销某年某月某日某字第 X 号凭证"字样，同时再用蓝字重新填制一张正确的记账凭证，注明"更正某年某月某日某字第 X 号凭证"字样。

如果会计科目没有错误，只是金额错误，且错误的金额大于正确的金额，则只需要将正确数字和错误数字之间的差额另编一张调整的记账凭证，用红字填写表明调减；如果错误的金额小于正确的金额，则需要将正确数字和错误数字之间的差额用蓝字另编一张调整的记账凭证，表示调增。

2> 发现以前年度记账凭证有错误时，应当用蓝字填制一张更正的记账凭证（通过"以前年度损益调整"账户核算）。

记账凭证更正的具体实例，参见第八章第二节的相关内容。

第五章　记账凭证和会计凭证的传递与保管

> "蓝"只是相对"红"来说的,并不是说只能用蓝色的笔来填写凭证,只要是会计上允许使用的非红色笔(蓝色、黑色)都可以。

7. 完成记账凭证的填制

记账凭证填制完成后,如果有空行,应当自"金额"栏最后一笔金额数字下的空行处至合计数上的空行处画斜线或 S 线注销,如图 5-10 所示。

付 款 凭 证

贷方科目　库存现金　　　　　2019年 05月 04日　　　　　　　付字第1号

摘　要	借方总账科目	明细科目	记账符号	金　　　额 千 百 十 万 千 百 十 元 角 分	附单据壹张
王军预借差旅费	其他应收款	王军		1 0 0 0 0 0 0	
合　计				¥ 1 0 0 0 0 0 0	

财务主管:　　　　记账: 王娟　　　　出纳: 前途　　　　审核: 程前　　　　制单: 李想

图 5-10　画斜线示例

8. 实行会计电算化的单位

机制记账凭证应当符合对记账凭证的一般要求,并应认真审核,做到会计科目使用正确,数字准确无误。打印出来的机制记账凭证上,要有制单人员、审核人员、记账人员和会计主管人员的印章或签字,以明确责任。

9. 编制会计分录

正确编制会计分录并保证借贷平衡。

10. 摘要

摘要应简明扼要,能正确反映经济业务的主要内容。

(二)通用记账凭证的填制要求

① 通用记账凭证日期填写的是编制本凭证的日期。

② 右上角填写编制通用记账凭证顺序号——按照发生经济业务的先后顺序编号,一般为"记字第×号"。

③ "摘要"栏简明扼要地填写经济业务的内容梗概。

④ 会计科目全部填列在凭证内,借方科目在先,贷方科目在后。通用记账凭证中的"总账科目"和"明细科目"栏应填写应借、应贷的总账科目及明细科目;借方科目应记金额应在同一行的"借方金额"栏填列;贷方科目应记金额应在同一行的"贷方金额"栏填列;"借方金额"栏合计数与"贷方金额"栏合计数应相等;"合计"栏的金额要加"¥"。

⑤ "记账符号"栏供记账人员在根据通用记账凭证登记有关账簿后做记号"√"用,

表示已经记账，防止经济业务事项的重记或漏记。

⑥ 该凭证左下角或右侧“附单据　张”应根据所附原始凭证的张数填写。

⑦ 凭证最下方有关人员签章处供有关人员在履行责任后签名或签章，以明确经济责任。

业务 5-1 2019 年 12 月 2 日，大海公司购买印花税。其原始凭证如图 5-11 所示。

中华人民共和国

税收完税证明

地

（151）粤地证 01621201

填发日期：2019 年 12 月 02 日　　税务机关：广州市地方税务局

纳税人识别号	914401043526335821		纳税人名称	大海文具有限公司	
原始证号	税种	品目名称	税款所属时期	入（退）库日期	实缴（退）金额
320150814000429376	印花税	购销合同	2019-12-01 至 2019-12-31	2019-12-31	¥510.00
金额合计	（大写）伍佰壹拾元整				¥510.00
税务机关（盖章）（1）税务机关征税专用章（盖章）广州市地方税务局天河区分局	填票人 李君		备注 现金付讫（132）粤地证 01622267 正常申报代开发票预收税款正税自行申报 电子税票号码：320150814000509128		

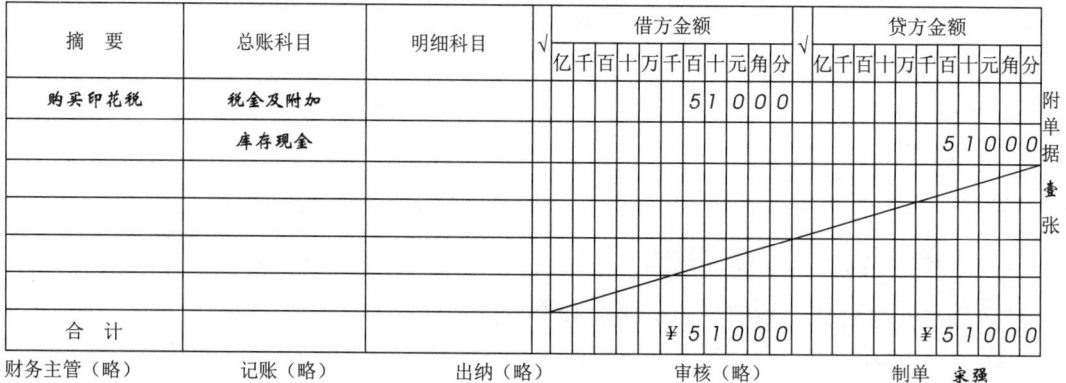

图 5-11　税收完税凭证

根据上述原始凭证编制通用记账凭证，如图 5-12 所示。

记账凭证

2019 年 12 月 02 日　　记字 1 号

摘要	总账科目	明细科目	√	借方金额											√	贷方金额										
				亿	千	百	十	万	千	百	十	元	角	分		亿	千	百	十	万	千	百	十	元	角	分
购买印花税	税金及附加									5	1	0	0	0												
	库存现金																					5	1	0	0	0
合计									¥	5	1	0	0	0							¥	5	1	0	0	0

附单据壹张

财务主管（略）　记账（略）　出纳（略）　审核（略）　制单 宋强

图 5-12　通用记账凭证

（三）专用记账凭证的填制要求

1. 收款凭证的填制要求

收款凭证是根据审核无误的现金和银行存款收款业务的原始凭证编制的。

① 收款凭证左上角的“借方科目”，按收款的性质填写“库存现金”或“银行存款”。

第五章　记账凭证和会计凭证的传递与保管

② 日期填写编制本凭证的日期。

③ 右上角填写收款凭证顺序号。

④ "摘要"栏简明扼要地填写经济业务的内容梗概。

⑤ "贷方科目"栏内填写与"库存现金"或"银行存款"科目相对应的总账科目及所属明细科目。

⑥ "金额"栏内应填写与总账科目或明细科目同一行所对应的发生额;"金额"栏的合计数,只合计"总账科目"金额,表示借方科目"库存现金"或"银行存款"的金额。

⑦ "记账符号"栏供记账人员在根据收款凭证登记有关账簿后做记号用,表示已经记账,防止经济业务事项的重记或漏记。

⑧ 凭证右下角或右侧的"附单据　张"根据所附原始凭证的张数填写。

⑨ 凭证最下方有关人员签章处供有关人员在履行责任后签名或签章,以明确经济责任。

业务 5-2　2019 年 12 月 7 日,大海公司收到佛山市红云有限公司 12 月份租金。原始凭证如图 5-13 和图 5-14 所示。

中国工商银行 进账单　（收账通知）　3

2019年12月07日　　　　　　　　　　　　　　XV76714502

出票人	全 称	佛山市红云有限公司	收款人	全 称	大海文具有限公司
	账 号	0002150219		账 号	4518165874878456012
	开户银行	农行佛山市支行		开户银行	工商银行广州市解放路支行
金额	人民币（大写）	叁仟贰佰柒拾元整		亿千百十万千百十元角分	￥ 3 2 7 0 0 0
票据种类	银行本票	票据张数	壹张		
票据号码	0324230				

（中国工商银行股份有限公司 佛山市支行 ★ 2019.12.07 ★ 业务办理章）

复核　　记账　　　　　　　　　　　开户银行盖章

图 5-13　银行进账单

基础会计

图 5-14　增值税普通发票——业务 5-2

根据上述原始凭证编制收款凭证，如图 5-15 所示。

图 5-15　收款凭证——业务 5-2

2. 付款凭证的填制要求

付款凭证是根据审核无误的现金和银行付款业务的原始凭证编制的。付款凭证填制方法与收款凭证基本相同，不同的是左上角由"借方科目"换为"贷方科目"，凭证中间的"贷方科目"换为"借方科目"。对于付款凭证来说，它的贷方科目只能是"库存现金"或"银行存款"；"借方科目"栏应填写与"库存现金"或"银行存款"科目相对应的总账科目及所属的明细科目。

特别提示

对于涉及库存现金和银行存款之间的相互划转业务，如果将现金存入银行或从银行提取现金，为了避免重复记账，一般只编制付款凭证，不再编制收款凭证——从银行提取现金，只编制银行存款付款凭证；将现金存入银行，填制库存现金付款凭证。

当出纳人员办理收款或付款业务后，应在原始凭证上加盖“收讫”或“付讫”的戳记，以免重收重付。

业务 5-3　2019 年 12 月 7 日，支付销售部经理会务费。原始凭证如图 5-16 和图 5-17 所示。

中国工商银行
支票存根
30251101
22011104

附加信息

出票日期：2019 年 12 月 7 日

收款人：	广东衡洋有限公司
金　额：	¥530.00
用　途：	会务费

单位主管：庞中海　　会计：宋强

图 5-16　支票存根

广东增值税普通发票　　No03256741

4400173130

开票日期：2019年12月07日

购买方	名　　称：大海文具有限公司 纳税人识别号：914401043526335821 地 址、电 话：广州市天河区中山大道168号 020-81778833 开户行及账号：工行天河区支行 7221150789				密码区	（略）		
货物或应税劳务、服务名称	规格型号	单位	数量	单价	金额	税率	税额	
会务费		次	1	500.00	500.00	6%	30.00	
合　计					¥500.00		¥30.00	
价税合计（大写）	⊗伍佰叁拾元整						（小写）¥530.00	
销售方	名　　称：广东衡洋有限公司 纳税人识别号：91010098761256 7234 地 址、电 话：广州市东风路万宝大厦 1207 开户行及账号：建设银行广东省分行营业部 020119876				备注	广东衡洋有限公司 91010098761256 7234 发票专用章		

收款人：李晓晓　　复核：邓红　　开票人：张威　　销售方：（章）

第二联：发票联　购买方记账凭证

图 5-17　增值税普通发票——业务 5-3

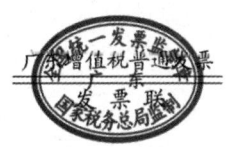

根据上述原始凭证编制付款凭证，如图 5-18 所示。

付 款 凭 证

贷方科目：银行存款　　　　　　　2019 年 12 月 07 日　　　　　　　　付字第 1 号

摘　要	借方总账科目	明细科目	记账符号	金　额									
				千	百	十	万	千	百	十	元	角	分
支付会务费	销售费用								5	0	0	0	0
	应交税费	应交增值税（进项税额）								3	0	0	0
合　计								¥	5	3	0	0	0

附单据 贰 张

会计主管：（略）　　记账：（略）　　出纳：（略）　　审核：（略）　　制证：宋强

图 5-18　付款凭证——业务 5-3

3. 转账凭证的填制要求

转账凭证是根据审核无误的不涉及库存现金和银行存款收付的转账业务的原始凭证编制的。转账凭证的填制方法与通用记账凭证基本相同，区别是它们适用的经济业务类型不同。转账凭证将经济业务事项中所涉及的全部会计科目按照先借后贷的顺序记入"总账科目"和"明细科目"，并按应借、应贷方向分别记入"借方金额"或"贷方金额"栏；借方科目应记金额应在同一行的"借方金额"栏填列，贷方科目应记金额应在同一行的"贷方金额"栏填列，"借方金额"栏合计数与"贷方金额"栏合计数应相等。

业务 5-4　2019 年 12 月 9 日，大海公司执行股东决议，以资本公积 18 万元增资，已办妥资本变更手续。原始凭证如图 5-19 所示。

注册资本及实收资本变更前后对照表

截至 2019 年 12 月 9 日

被审验单位名称：大海文具有限公司　　　　　　　　　　　　　　　　　　万元

股东名称	认缴注册资本				实收资本					
	变更前		变更后		变更前		本次增加额	变更后	
	金额	出资比例	金额	出资比例	金额	占注册资本总额比例		金额	占注册资本总额比例
中信有限公司	36	60%	54	60%	36	60%	18	54	60%

编制单位：中天公正会计师事务所有限公司　　中国注册会计师：李洋　　制表：朱镇

图 5-19　注册资本及实收资本变更前后对照表

根据上述原始凭证编制转账凭证，如图 5-20 所示。

第五章　记账凭证和会计凭证的传递与保管

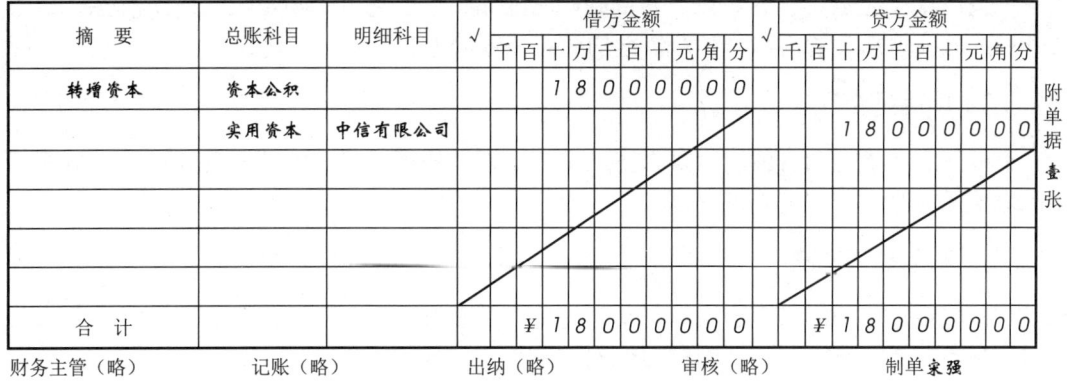

图 5-20　转账凭证——业务 5-4

 特别提示

> 对于某些既涉及收款业务或付款业务，又涉及转账业务的综合性业务，可分开填制不同类型的记账凭证。

业务 5-5　杨兴出差回来，报销差旅费 480 元，出差前已经预借 700 元，剩余款项交回现金（原始凭证略）。

对于这笔经济业务，应根据收款收据的记账联填制现金收款凭证，同时根据差旅费单填制转账凭证。其在两张专用记账凭证上的会计分录如下。

（1）收款凭证

借：库存现金　　　　　　　　　　　　　　　　　　　　220
　　贷：其他应收款——杨兴　　　　　　　　　　　　　　　220

（2）转账凭证

借：管理费用——差旅费　　　　　　　　　　　　　　　480
　　贷：其他应收款——杨兴　　　　　　　　　　　　　　　480

杨兴出差预借 700 元时，企业应在付款凭证上编制如下会计分录。

借：其他应收款——杨兴　　　　　　　　　　　　　　　700
　　贷：库存现金　　　　　　　　　　　　　　　　　　　　700

二、记账凭证的审核

记账凭证编制完成以后，为了保障会计信息的质量，在记账（登记账簿）之前应由有关稽核人员对记账凭证进行严格的审核，借以监督经济业务的真实性、合法性和合理性，并检查记账凭证的编制是否符合要求。记账凭证审核的基本内容包括以下几项。

（一）内容是否真实

审核记账凭证是否有原始凭证为依据、所附原始凭证的内容与记账凭证的内容是否一致、记账凭证汇总表的内容与其所依据的记账凭证的内容是否一致等。

（二）项目是否齐全

审核记账凭证各项目的填写是否齐全，如日期、凭证编号、摘要、会计科目、金额、所附原始凭证张数及有关人员签章。

（三）科目是否正确

审核记账凭证的应借、应贷科目是否正确，是否有明确的账户对应关系，所使用的会计科目是否符合《企业会计准则》和国家统一会计制度规定。

（四）金额是否正确

审核记账凭证所记录的金额与原始凭证的有关金额是否一致、计算是否正确、记账凭证汇总表的金额与记账凭证的金额合计是否相符等。

（五）书写是否规范

审核记账凭证中的记录是否文字工整、数字清晰，以及对于已发现的错误是否按规定进行了更正等。

（六）手续是否完备

审核出纳人员在办理收款或付款业务后，是否已在原始凭证上加盖"收讫"或"付讫"的戳记。

 特别提示

在审核过程中，如果发现不符合要求的地方，应要求有关人员采取正确的方法进行更正，只有经过审核无误的记账凭证才能作为登记账簿的依据。

第三节 会计凭证的传递与保管

一、会计凭证的传递

（一）概念

会计凭证的传递是指从会计凭证的取得或填制时起至归档保管的过程中，在单位内部有关部门和人员之间的传送程序。

微课：传递与保管会计凭证

第五章 记账凭证和会计凭证的传递与保管

（二）意义

① 有利于及时反映各项经济业务发生或完成的情况。
② 有利于正确组织经济活动，贯彻经济责任制。
③ 能加强会计监督。

（三）要求

会计凭证的传递应当满足内部控制制度的要求，使传递程序合理有效，同时尽量节约传递时间，减少传递的工作量。

（四）程序和方法

单位应根据具体情况制定每一种凭证的传递程序和方法，包括传递程序、传递时间和传递过程中的衔接手续。在制定合理的凭证传递程序和时间时，通常要考虑以下几点。

1. 传递程序要视经济业务的手续程序而定

根据各单位经济业务的特点、企业内部机构组织、人员分工情况，以及经营管理的需要，从完善内部牵制制度的角度出发，明确会计凭证的传递程序，使经办业务的部门及其人员及时办理各种凭证手续，既符合内容牵制原则，又能提高工作效率。

2. 传递时间要根据办理经济业务手续在正常情况下完成所需的时间而定

规定会计凭证经过每个环节所需要的时间，以保证凭证传递的及时性。根据有关部门和人员办理经济业务的必要时间，与相关部门和人员协商制定会计凭证在各经办环节的停留时间，以便合理确定办理经济业务的最佳时间，及时反映、记录经济业务的发生和完成情况。

3. 会计凭证传递过程中的衔接手续，应该做到既完备严密，又简便易行

 特别提示

对于会计凭证传递的程序和方法，在执行过程中如果有不合理的地方，可随时根据实际情况加以修改。

二、会计凭证的保管

（一）概念

会计凭证的保管是指会计凭证记账后的整理、装订、归档和存查工作。

（二）主要要求

本单位及其他有关单位，可能会因为各种需要来查阅会计凭证，特别是在发生贪污、盗窃、违法乱纪行为时，会计凭证是依法处理的有效证据。因此，任何单位在完成经济业务手续和记账后，必须将会计凭证按规定的立卷归档制度形成会计档案资料，妥善保管，防止丢失，且不得任意销毁，以便日后随时查阅。

1. 会计凭证应定期装订成册,防止散失

根据财政部《会计基础工作规范》第五十五条的规定:会计凭证登记完毕后,应当按照分类和编号顺序保管,不得散乱丢失。会计部门在依据会计凭证记账以后,应当定期(每天、每旬或每月)对各种会计凭证进行分类整理,将各种记账凭证按顺序编号,连同所附的原始凭证一起加装封面和封底,装订成册,并由装订人员在装订线封签处签名或盖章。

当从外单位取得的原始凭证遗失时,应取得原签发单位盖有公章的证明,并注明原始凭证的号码、金额、内容等,由经办单位会计机构负责人、会计主管人员和单位负责人批准后,才能代做原始凭证。如果确实无法取得证明,如车票丢失,则应由当事人写明详细情况,由经办单位会计机构负责人、会计主管人员和单位负责人批准后,代作原始凭证。

2. 会计凭证封面内容完整

会计凭证封面应注明单位名称、凭证种类、凭证张数、起止号数、年度、月份、会计主管人员、装订人员等有关事项,并且会计主管人员和保管人员应在封面上签章。

3. 会计凭证应加贴封条,防止抽换凭证

原始凭证不得外借,其他单位如有特殊原因确实需要使用时,经本单位会计机构负责人、会计主管人员批准,可以复制。向外单位提供的原始凭证复制件,应在专设的登记簿上登记,并由提供人员和收取人员共同签名、盖章。

 特别提示

即使原始凭证经过批准,也不能外借,只能复制。

4. 重要原始凭证应单独登记保管

原始凭证较多时,可单独装订,但应在凭证封面注明所属记账凭证的日期、编号和种类,同时应在所属的记账凭证上注明"附件另订"和原始凭证的名称与编号,以便查阅。

对各种重要的原始凭证,如经济合同、押金收据、提货单,以及需要随时查阅和退回的单据等重要的原始凭证,应另编目录,单独登记保管,并在有关的记账凭证和原始凭证上相互注明日期和编号。

5. 每年装订成册的会计凭证的保管

每年装订成册的会计凭证,在年度终了时可暂由单位会计机构保管一年,期满后应当移交本单位档案机构统一保管;未设立档案机构的,应当在会计机构内部指定专人保管。

 特别提示

出纳人员不得兼管会计档案。

6. 会计凭证的保管期限

严格遵守会计凭证的保管期限要求,期满前不得任意销毁;任何单位不得擅自销毁会计凭证。

第五章　记账凭证和会计凭证的传递与保管

职业判断与业务操作

在实际工作中，我们根据原始凭证编制的会计分录是填制在记账凭证上面的，而记账凭证有不同的种类，需要根据实际需要灵活选择使用。

本章小结

本章的主要内容包括记账凭证的概念、记账凭证的种类、记账凭证的填制与审核和会计凭证的传递与保管，所含知识点并不难理解。但本章更加注重培养实际操作能力，对于会计初学者来说，如果在学习过程中结合实际经济业务来加以理解、实训和运用，就会更容易掌握本章的知识。

课后练习

试题自测

一、单项选择题

1. （　　）是根据有关现金和银行存款收入业务的原始凭证填制的。
   A．收款凭证　　B．付款凭证　　C．原始凭证　　D．转账凭证
2. 下列对转账凭证中所涉及的业务表述正确的是（　　）。
   A．此业务不是会计所反映的内容
   B．与现金和银行存款收付无关的业务
   C．直接引起现金或银行存款增加的业务
   D．直接引起现金或银行存款减少的业务
3. 在实际工作中，规模小、业务简单的单位，为了简化会计核算工作，可以使用一种统一格式的（　　）。
   A．转账凭证　　B．收款凭证　　C．付款凭证　　D．通用记账凭证
4. 将现金送存银行，应填制的记账凭证是（　　）。
   A．现金收款凭证　　　　　　B．现金付款凭证
   C．银行存款收款凭证　　　　D．银行存款付款凭证
5. 企业购进原材料60 000元，款项未付。该笔经济业务应编制的记账凭证是（　　）。
   A．收款凭证　　B．付款凭证　　C．转账凭证　　D．以上均可
6. 8月16日行政管理人员将标明日期为7月16日的发票拿来报销，经审核后会计人员依据该发票编制记账凭证时，记账凭证的日期应为（　　）。
   A．8月1日　　B．7月16日　　C．8月16日　　D．7月
7. 下列各项中，（　　）不属于记账凭证的基本要素。
   A．经济业务摘要　　　　　　B．经济业务的数量、单价
   C．应记会计科目、方向及金额　　D．凭证的编号

8. 记账凭证中能够概括反映经济业务内容的项目是（　　）。
   A. 会计科目　　B. 金额　　C. 摘要　　D. 记账方向
9. 某单位会计部门第 8 号经济业务的一笔分录需填制两张记账凭证，则这两张凭证的编号为（　　）。
   A. 8，9　　B. 9½，9²⁄₂　　C. 8½，8²⁄₂　　D. 8½，9²⁄₂
10. 可以不附原始凭证的记账凭证是（　　）。
    A. 更正错误的记账凭证　　B. 从银行提取现金的记账凭证
    C. 以现金发放工资的记账凭证　　D. 职工临时性借款的记账凭证
11. 付款凭证左上角的"贷方科目"可能登记的科目有（　　）。
    A. "预付账款"　B. "银行存款"　C. "预收账款"　D. "其他应付款"
12. 某会计人员在审核记账凭证时，发现误将 8 000 元写成 800 元，尚未入账。这时一般应采用（　　）改正。
    A. 重新编制记账凭证　　B. 红字更正法
    C. 补充登记法　　D. 冲账法
13. 出纳人员在办理收款或付款后，为避免重收重付，应当（　　）。
    A. 在原始凭证上加盖"收讫"或"付讫"戳记
    B. 由收款人员或付款人员在备查簿上签名
    C. 由出纳人员在备查簿登记
    D. 由出纳人员在凭证上画线注销
14. 会计凭证经本单位负责人批准，其他单位可以（　　）。
    A. 外借　　B. 抽换　　C. 复制　　D. 销毁

二、多项选择题

1. 关于记账凭证，下列说法正确的是（　　）。
   A. 收款凭证是指用于记录现金和银行存款收款业务的会计凭证
   B. 收款凭证分为库存现金收款凭证和银行存款收款凭证两种
   C. 从银行提取库存现金的业务应该编制库存现金收款凭证
   D. 从银行提取库存现金的业务应该编制银行存款付款凭证
2. 下列经济业务中，应填制付款凭证的有（　　）。
   A. 提现金备用　　B. 购买材料预付订金
   C. 购买材料未付款　　D. 以银行存款支付前欠单位货款
3. 张明出差回来，报销差旅费 1 000 元，原预借 1 500 元，交回剩余现金 500 元。这笔业务应该编制的记账凭证有（　　）。
   A. 付款凭证　　B. 收款凭证　　C. 转账凭证　　D. 原始凭证
4. 收款凭证的借方科目可能有（　　）。
   A. "应收账款"　B. "库存现金"　C. "银行存款"　D. "应付账款"
5. 下列业务中应该编制付款凭证的是（　　）。
   A. 购买原材料用银行存款支付　　B. 收到销售商品的款项
   C. 购买固定资产，款项尚未支付　　D. 用现金支付办公费

6. 关于记账凭证，下列说法正确的有（　　　　）。
   A．按其反映的经济业务的内容，记账凭证分为收款凭证、付款凭证和转账凭证
   B．按照填列方式不同，记账凭证分为复式凭证和单式凭证
   C．复式记账凭证便于汇总计算每一个会计科目的发生额
   D．单式记账凭证便于分工记账

7. 下列关于复式记账凭证的说法正确的有（　　　　）。
   A．复式记账凭证又称为多科目记账凭证
   B．复式记账凭证是指将每一笔经济业务所涉及的全部会计科目及其发生额均在同一张记账凭证中记录
   C．复式记账凭证可以全面反映经济业务的账户对应关系，便于了解经济业务全貌
   D．复式记账凭证有利于检查会计分录的正确性，同时可以减少填制记账凭证的工作量，减少凭证数量

8. 记账凭证可以根据（　　　　）编制。
   A．一张原始凭证　　　　　　B．若干张原始凭证汇总记账凭证
   C．原始凭证汇总表　　　　　D．明细账

9. 下列记账凭证中可以不附原始凭证的有（　　　　）。
   A．收款凭证　　　　　　　　B．付款凭证
   C．结账的记账凭证　　　　　D．更正错账的记账凭证

10. 填制记账凭证，除了书写清楚、规范之外，还必须做到（　　　　）。
    A．记账凭证应连续编号
    B．如果填制记账凭证时发生错误，应当重新填制
    C．所有的记账凭证都必须附有原始凭证
    D．记账凭证的各项内容必须完整

11. 下列业务中不需要编制银行存款收款凭证的有（　　　　）。
    A．以银行存款购入设备　　　B．接受投入一台设备
    C．将资本公积转增资本　　　D．从银行借入款项，存入银行

12. 涉及现金和银行存款之间的划款业务时，可以编制的记账凭证有（　　　　）。
    A．银行收款凭证　　　　　　B．银行付款凭证
    C．现金收款凭证　　　　　　D．现金付款凭证

13. 下列各项中，属于记账凭证审核内容的有（　　　　）。
    A．所附原始凭证的内容与记账凭证的内容是否一致
    B．使用的会计科目是否正确
    C．记账方向是否正确
    D．书写是否正确

三、判断题

1. 记账凭证应该由经办业务人员填制。　　　　　　　　　　　　　　　　　　　（　）
2. 通用记账凭证属于复式记账凭证。　　　　　　　　　　　　　　　　　　　　（　）
3. 经单位领导批准，会计凭证在保管期满前可以销毁。　　　　　　　　　　　　（　）

4．已经登记入账的记账凭证，在当年内发现填写错误时，可以用红字填写凭证冲销，同时再用蓝字重新填制一张新的记账凭证。（　　）

5．根据规定，记账凭证必须附有原始凭证。但是，结账和更正错误的记账凭证可以不附原始凭证。（　　）

6．发现以前年度记账凭证有错误，不必用红字冲销，应直接用蓝字填制一张更正的记账凭证。（　　）

7．发现以前年度记账凭证有错误，应先用红字冲销，然后用蓝字填制一张更正的记账凭证。（　　）

8．凡涉及库存现金或银行存款减少的业务，都必须填制付款凭证。（　　）

四、业务题

假设某单位采用专用记账凭证来记录企业发生的经济业务。2019年7月份发生下列经济业务（原始凭证略）。

（1）7月2日，收到A公司归还前欠货款20 000元。存入银行。

（2）7月11日，从银行提取现金52 000元。

（3）7月16日，销售甲产品一批，货款20 000元，增值税税额2 600元。货款和税款已存入银行。

（4）7月22日，车间生产甲产品领用甲材料28 000元。

（5）7月23日，采购部王某出差回来，报销差旅费2 030元，交回现金170元。

（6）7月29日，以银行存款支付生产车间水电费3 520元。

要求：（1）根据上列经济业务，确定应编制的专用记账凭证的种类。

（2）根据上列经济业务编制专用记账凭证。

第六章
企业主要经济业务核算

职业能力目标

1. 了解一般制造业的经营过程。
2. 熟悉制造企业筹集资金、供应过程、生产过程、销售过程、利润形成和分配的主要经济业务及核算账户。
3. 能熟练地运用借贷记账法编制会计分录,填制记账凭证。
4. 能熟练地进行制造业的材料采购成本、产品生产成本、产品销售成本的计算。

情景导入　　大海公司每天都有大量的经济业务产生,如筹集到资金 200 000 元。生产的铅笔与橡皮擦入库及出售。经过一个月的努力,大海公司终于获得了利润。那么,怎么样来反映这些经济业务呢？通过本章的学习,我们可以进一步理解复式记账法的基本原理,能够熟练掌握借贷记账法的基本内容和具体应用。

第一节　企业筹集资金业务的核算

微课：筹集资金业务的核算

一、筹集资金业务核算的主要内容

筹集资金是企业资金运动的起点,也是企业从事生产经营活动的前提条件。企业从事生产经营活动必须拥有一定数量的资金。企业筹集资金业务按其资金来源通常分为所有者权益筹资和负债筹资。所有者权益筹资形成所有者权益（通常称为权益资本）,包括投资者的投资及其增值,这部分资本的所有者既享有企业的经营收益,又承担企业的经营风险；负债筹资形成债权人的权益（通常称为债务资本）,通常包括企业向债权人借入的资金和结算形成的负债资金等,这部分资金的所有者享有按约定收回本金和利息的权利。

二、核算账户的设置

(一) 所有者权益筹资业务

1. 所有者投入资本的构成

企业在工商行政管理部门办理注册登记的资金是资本金(或称注册资本)。所有者作为资本实际投入企业的资金数额,称为实收资本。当所有者全部交付投资额时,实收资本就是资本金(注册资本)。所有者投入企业的资本按投资主体不同分为国家资本金、法人资本金、个人资本金和外商资本金。

企业可以接受所有者以货币资金、固定资产、无形资产等方式投资。所有者投入企业的资本,一般情况下无须偿还,企业可以长期周转使用。企业接受货币资金投资的,应以企业实际到账金额入账;接受房屋、建筑物、机器设备、存货、无形资产等投资的,应按投资各方确认的价值入账。

所有者投入的资本包括实收资本(股份有限公司为股本)和资本公积。

① 实收资本(股本)是指企业投资者按照企业章程、合同或协议的约定,实际投入企业的资本金。

② 资本公积是指企业投资者投入的超出其注册资本(或股本)中所占份额的投资及直接计入所有者权益的利得和损失等。

2. 账户设置

投入资本核算一般设置"实收资本"(股份有限公司设置"股本")和"资本公积"等账户。为了反映企业实际收到的资产,同时设置"银行存款""固定资产""无形资产"等账户。

(1) "实收资本(或股本)"账户

"实收资本(或股本)"账户属于所有者权益类账户,用来核算企业接受投资者投入的实收资本。该账户贷方登记企业实际收到的投资者投入的资本金的增加额,借方登记企业按法定程序报经批准减少的注册资本金的数额;期末余额在贷方,反映企业期末实收资本(或股本)实有数额。该账户按照投资者的不同设置明细账户,进行明细分类核算。

(2) "资本公积"账户

"资本公积"账户属于所有者权益类账户,用来核算企业投资者投入的超出其注册资本(或股本)中所占份额的投资,以及直接计入所有者权益的利得和损失等。该账户的贷方登记资本公积增加额,借方登记资本公积的减少额;期末余额在贷方,表示企业期末资本公积的实际结存数额。该账户按资本公积的来源不同设置明细账户,进行明细分类核算。

(3) "银行存款"账户

"银行存款"账户属于资产类账户,用来核算企业存入银行或其他金融机构的各种款项。该账户借方登记银行存款的增加额,贷方登记银行存款的减少额;期末余额在借方,表示企业银行存款实有数额。该账户按开户银行和其他金融机构及存款种类分别进行明细分类核算。

第六章　企业主要经济业务核算

（4）"固定资产"账户

固定资产是指同时具有以下特征的有形资产：为生产商品、提供劳务、出租或经营管理而持有的；使用寿命超过一个会计年度。例如，企业的房屋建筑物、机器设备、运输设备及其他与生产经营有关的设备、器具、工具等都是固定资产。企业可以通过外购、自建、投资者投入、非货币性资产交换、债务重组、企业合并及融资租赁等方式取得固定资产。

固定资产成本是指企业购建某项固定资产达到预定可使用状态前所发生的一切合理、必要的支出。企业的固定资产按取得时的成本作为入账原值，即以历史成本入账，包括买价、进口关税、运输费、保险费等相关费用，以及使固定资产达到可使用状态前所发生的必要支出，但不包括按规定允许抵扣的增值税进项税额。使固定资产达到可使用状态前所发生的必要支出主要是指购买的固定资产需要安装调试后才能正常使用的情况下，安装调试过程中所发生的合理必要开支，如安装调试费、安装调试过程中所消耗的材料费、安装调试人员薪酬等。

"固定资产"账户属于资产类账户，用来核算企业为生产商品、提供劳务、经营管理而持有的，使用寿命超过一个会计年度的有形资产的原价。该账户借方登记增加的固定资产原价，贷方登记减少的固定资产原价；期末余额在借方，表示企业现有固定资产的原价。该账户按固定资产的类别设置二级账，按固定资产项目设置明细账进行明细核算。

（5）"无形资产"账户

"无形资产"账户属于资产类账户，用来核算企业拥有或控制的没有实物形态的可辨认非货币性资产，主要包括专利权、非专利技术、商标权、著作权、土地使用权等。该账户借方登记企业购入、自行创造并按法律程序申请取得和接受其他单位投资转入而增加的无形资产，贷方登记对外投资或转销而减少的无形资产；期末余额在借方，表示现有无形资产的成本。该账户按无形资产的项目设置明细账进行明细核算。

（二）负债筹资业务

1. 负债筹资的构成

企业在生产经营过程中从银行或其他金融机构借款，以补充资金的不足，以借款方式筹集资金形成了企业的负债。负债筹资主要包括短期借款、长期借款和结算形成的负债等。

① 短期借款是指企业为临时性资金需要，从银行或其他金融机构借入的偿还期在一年以内（含一年）的各种借款。

② 长期借款是指企业从银行或其他金融机构借入的偿还期在一年以上（不含一年）的各种借款。

③ 结算形成的负债主要包括应付账款、应付职工薪酬、应交税费等。

2. 账户设置

（1）"短期借款"账户

"短期借款"账户属于负债类账户，用来核算企业从银行或其他金融机构借入的期限在一年以下（含一年）的各种借款。该账户贷方登记短期借款本金的增加数，借方登记偿还的短期借款本金；期末余额在贷方，反映企业期末尚未偿还的短期借款本金。该账户应按借款种类和币种设置明细账户，进行明细核算。

（2）"长期借款"账户

"长期借款"账户属于负债类账户,用来核算企业从银行或其他金融机构借入的期限在一年以下(含一年)的各种借款。该账户贷方登记借入的长期借款本金和应计利息,借方登记归还的长期借款本金和利息;期末余额在贷方,反映企业期末尚未偿还的长期借款本金和利息。该账户应按借款种类和币种设置明细账户,进行明细核算。

三、筹集资金业务核算

业务6-1 2019年12月1日,收到投资单位(广东兴华有限责任公司,开户银行:建设银行广东省江门市分行;账号:43-5538691022)追加投资20万元。款项已到账。

该项经济业务使公司银行存款增加200 000元,应记入"银行存款"账户的借方。同时,股东广东兴华有限责任公司对公司的投资增加200 000元,应记入"实收资本"账户的贷方。

由于该业务涉及货币资金的增加,所以应该填制专用凭证的收款凭证。又因为该收款凭证是本月收款凭证中的第1张,所以编号为"收字第1号"。根据以上分析,公司财务部会计武旭根据审核无误的原始凭证填制收款凭证第1号,如图6-1所示。填制完成后在凭证下方"制单"处签名,并交由财务经理审核。

收 款 凭 证

借方科目 _银行存款_　　2019年12月01日　　　　　　　收字第 1 号

摘　要	贷方总账科目	明细科目	记账符号	金　额 千 百 十 万 千 百 十 元 角 分	
接受追加投资	实收资本	兴华公司		2 0 0 0 0 0 0 0	附单据贰张
合　计				¥ 2 0 0 0 0 0 0 0	

财务主管　　　　记账　　　　出纳　　　　审核　　　　制单

图6-1 收款凭证——业务6-1

业务6-2 12月1日,收到股东林世新(开户银行:建设银行广东省广州市分行;账号:369852741546)追加投资45万元。款项已到账。

该项经济业务使公司银行存款增加450 000元,应记入"银行存款"账户的借方。同时,股东林世新对公司的投资增加450 000元,应记入"实收资本"账户的贷方。据此填制收款凭证第2号,如图6-2所示。

业务6-3 12月3日,收到星辰公司投入全新设备一台,价值30 000元;专利技术一项,价值20 000元,如图6-3所示。

第六章 企业主要经济业务核算

图 6-2　收款凭证——业务 6-2

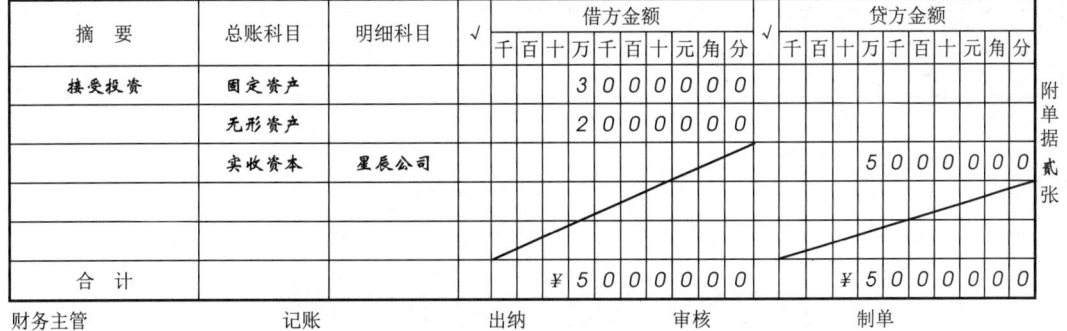

图 6-3　转账凭证——业务 6-3

业务 6-4　12月3日，从中国工商银行江门市分行借入为期6个月的借款10万元，年利率为5.5%，到期一次还本付息。款项已入账。

该项经济业务使公司银行存款增加 100 000 元，应记入"银行存款"账户的借方。同时，公司的短期借款增加 100 000 元，应记入"短期借款"账户的贷方。据此填制收款凭证第3号，如图6-4所示。

收 款 凭 证

借方科目：银行存款　　　2019年 12 月 03 日　　　收字第 3 号

摘　要	贷方总账科目	明细科目	记账符号	金　额（千百十万千百十元角分）
接受追加投资	短期借款	工行江门分行		1 0 0 0 0 0 0 0
合　计				￥ 1 0 0 0 0 0 0 0

财务主管　　　记账　　　出纳　　　审核　　　制单

图 6-4　收款凭证——业务 6-4

业务6-5 12月5日,从中国工商银行江门市分行借入为期2年的借款300万元,年利率为6.5%,到期一次还本付息。款项已入账。

该项经济业务使公司银行存款增加3 000 000元,应记入"银行存款"账户的借方。同时,公司的长期借款增加3 000 000元,应记入"长期借款"账户的贷方。应填制收款凭证第4号,如图6-5所示。

收 款 凭 证

借方科目 银行存款　　　　2019年 12 月 05 日　　　　收字第 4 号

摘　要	贷方总账科目	明细科目	记账符号	金　额								
				千	百	十	万	千	百	十	元	角	分
接受追加投资	长期借款	工行江门分行				3	0	0	0	0	0	0	0
合　计				¥		3	0	0	0	0	0	0	0

附单据壹张

财务主管　　　　记账　　　　出纳　　　　审核　　　　制单

图 6-5　收款凭证——业务 6-5

第二节　供应过程业务的核算

一、供应过程业务核算的主要内容

供应过程又称采购过程,是指从采购材料物资开始到材料物资验收入库的整个过程。供应过程是企业的货币资金转变为生产储备资金的过程,主要任务是组织采购材料物资,正确储备,以保证生产经营的需要。供应过程业务核算的主要内容是材料采购成本的计算与核算。

材料的采购成本是指企业物资从采购到入库前所发生的全部支出,包括买价和采购费用。材料的买价是指购买材料时的发票价格。采购费用是指在采购材料物资过程中发生的各项费用,具体包括:运杂费,如从供应单位运到企业所在地的运输费、装卸费、包装费、仓储费、保险费等;运输途中的合理损耗;入库前的挑选整理费用,如挑选整理中发生的工费支出和必要的损耗,扣除回收的下脚废料价值;购入材料物资负担的税金和其他费用,如进口货物的关税等。

按现行税收制度的规定,一般纳税人购货时所支付的价外增值税不计入采购成本,而作为进项税额处理,在本期纳税时从销项税额中予以抵扣。

在计算材料物资采购成本时,凡是能直接计入各种材料物资的直接费用,应直接计入各种材料物资的采购成本;不能直接计入各种材料物资的间接费用,可以先进行归集,期末按照所购材料的存储情况进行分摊(按照一定标准在有关材料物资之间进行分配)。

材料采购成本的计算公式为:

某种材料的采购成本=该种材料的买价+该种材料应负担的采购费用

$$材料单位成本=\frac{材料采购成本}{采购材料数量}$$

$$采购费用分配率=\frac{采购费用总额}{各种材料的质量(或体积、买价)之和}$$

某种材料应负担的采购费用=该种材料的质量（或体积、买价）× 采购费用分配率

微课：采购成本的计算

二、核算账户的设置

（一）"原材料"账户

"原材料"账户属于资产类账户，用来核算企业库存的各种材料，包括原料及主要材料、辅助材料、外购半成品（外购件）、修理用备件（备品备件）、包装材料、燃料等的实际成本。该账户借方登记已经验收入库材料的实际成本，贷方登记发出材料的实际成本；期末余额在借方，反映库存材料的实际成本。该账户可按材料的保管地点（仓库）、材料类别、品种和规格等设置明细账户，进行明细核算。

需要说明的是，如果公司采用实际成本法核算材料的收发和结存，则"原材料"账户里登记的材料成本是其实际成本；如果公司采用计划成本法对材料进行计价，以计划成本核算材料的收发和结存，则"原材料"账户里登记的材料成本是其计划成本。

微课：材料采购的核算

（二）"在途物资"账户

"在途物资"账户属于资产类账户，用来核算已经付款但尚未验收入库的在途物资的实际采购成本。该账户借方登记购入材料、商品的买价和采购费用（采购实际成本），贷方登记已验收入库材料、商品等物资应结转的实际采购成本；期末余额在借方，反映企业期末在途材料、商品等物资的采购成本。该账户可按供应单位和材料物资的品种、类别设置明细账户，进行明细核算。

（三）"在建工程"账户

"在建工程"账户属于资产类账户，核算企业基建、技改等在建工程发生的价值。企业与固定资产有关的后续支出，包括固定资产发生的日常修理费、大修理费用、更新改造支出、房屋的装修费用等，满足固定资产准则规定的固定资产确认条件的，也在本账户核算；没有满足固定资产确认条件的，应在"管理费用"账户核算，不在本账户核算。本账户应当按照"建筑工程""安装工程""在安装设备""待摊支出"及单项工程进行明细核算，期末余额在借方，反映企业尚未完工的在建工程的价值。

（四）"应交税费"账户

"应交税费"账户属于负债类账户，核算企业按税法规定计算应缴的各种税费，包括增

值税、消费税、所得税、资源税、土地增值税、城市维护建设税、房产税、土地使用税、教育费附加等。不需要预计应缴数而直接缴纳的税金，如印花税、耕地占用税等，不在本账户核算。企业计算出应缴纳的各种税费记入该账户贷方，实际缴纳的各种税费记入该账户的借方；期末贷方余额，反映企业尚未缴纳的税费；期末如果为借方余额，反映企业多缴或尚未抵扣的税费。本账户按应缴的税费种类进行明细核算。

资料卡

关于增值税

增值税是对我国境内销售货物、劳务、服务、无形资产及不动产的单位和个人就其实现的增值额而征收的一种流转税，目前是我国最大的税种。从计税原理上说，增值税是对商品生产、流通、劳务服务中多个环节的新增价值或商品的附加值征收的一种流转税。它实行价外税，也就是由消费者负担，有增值才征税，没有增值不征税。

1. 增值税的纳税原理

以销售货物为例，假设A公司生产一套西服，成本是58元，销售给甲批发商价格为100元，甲批发商又以130元的价格销售给乙零售商，乙零售商再以300元的价格销售给丙消费者。在这个商品生产流通环节中，A公司获得增值42元，甲批发商获得增值30元，乙零售商获得增值170元，3家单位都要缴纳增值税；丙消费者作为流通环节的最后一环，购买西服进行消费，不再往后流转，所以没有获得增值额，不用缴纳增值税，如图6-6所示。

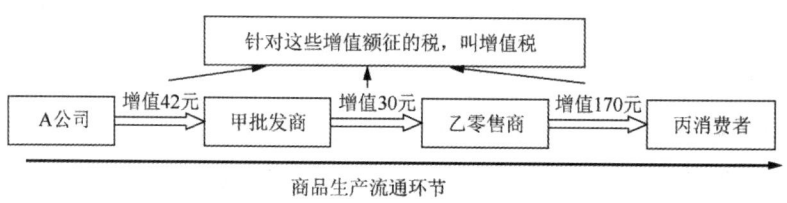

图6-6 增值税原理

以甲批发商为例，其获得增值额30元，假如税率为13%，则甲应该缴纳的增值税税额为3.9（30×13%）元。

从理论上说，增值税是面向"增值额"计算税额并缴纳的。但在实际中，鉴于商品的生产和流通环节非常多，特别复杂，很难准确地划分企业增值项目和非增值项目，商品新增价值或附加值在这个过程中是很难准确计算的。因此，在实际的税款征收管理中，我国采取国际通行的抵扣制。所谓抵扣制，即用纳税人在纳税期内销售货物的销售额乘以税率，计算出销售货物的整体税金，然后扣除当期纳税人购进商品已缴纳的增值税税额，其余额即为纳税人应纳的增值税税额。以上述批发商甲为例，可以用如下公式来计算其应纳增值税税额，即"130元×13%-100元×13%=16.9元-13元=3.9元"。其中，"130元×13%=16.9元"由于是用销售货物的销售额乘以税率得到的，被称为销项税额；"100元×13%=13元"由于是用购进商品的购进价乘以税率得

第六章 企业主要经济业务核算

到的,被称为进项税额。用进项税额去抵减销项税额,称为抵扣制。由于纳税人的销售额和购进价数据非常容易取得,所以抵扣制办法下的增值税征收管理便大为简化,抵扣制也成为一种世界通行的方法。

2. 增值税的纳税人

按照纳税人的经营规模及会计核算的健全程度,增值税纳税人分为一般纳税人和小规模纳税人。一般纳税人应纳增值税税额为销项税额减去进项税额,销项税额是企业在销售货物或提供应税劳务时,按照销售额和规定的税率计算并向购买方收取的增值税税额;进项税额是企业购入货物、设备或应税劳务时支付给销货方的增值税税额,一般纳税人的增值税税率有13%、9%、6%三档。小规模纳税人应纳增值税税额根据销售额和规定的征收率计算确定,不实行抵扣制。本书模拟企业大海公司为一般纳税人,适用增值税税率为13%。

3. 一般纳税人核算增值税的账户设置

一般纳税人为核算企业应交增值税的发生、抵扣、缴纳、退税及转出等情况,应在"应交税费"账户下设置"应交增值税"和"未交增值税"两个明细账户,即"应交税费——应交增值税"和"应交税费——未交增值税"。

供应过程涉及的主要是"应交税费——应交增值税"明细账户,账户内设置"进项税额""已交税金""转出未交增值税""销项税额""进项税额转出""转出多交增值税"等专栏。企业采购设备物资时,按可抵扣的增值税税额,记入该账户的借方(进项税额);销售货物或提供应税劳务时,按应收取的增值税税额,记入该账户的贷方(销项税额);企业缴纳本月增值税,按实际上缴税额记入该账户的借方(已交税金)。月末,将"应交税费——应交增值税"明细账户余额转入"应交税费——未交增值税"明细账户,结转后"应交税费——应交增值税"明细账户期末无余额。账户结构如图6-7所示。

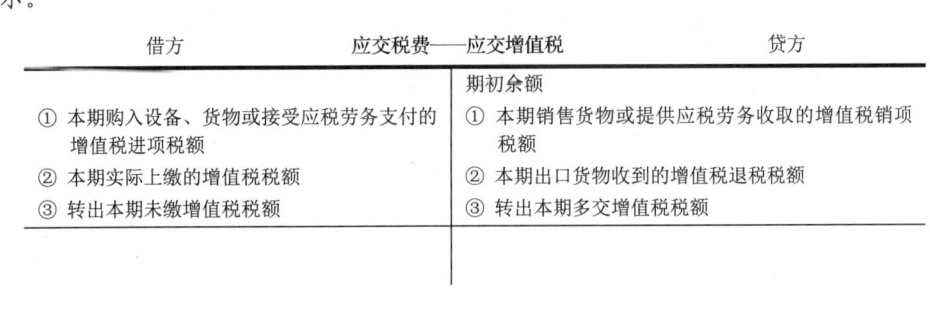

图6-7 "应交税费——应交增值税"账户结构

(五)"应付账款"账户

"应付账款"账户属于负债类账户,用来核算企业因购买材料、商品和接受劳务供应等经营活动而应付给供应单位的款项。该账户贷方登记企业因购买材料、商品和接受劳务供应等尚未支付的款项,借方登记实际偿还的应付账款;期末余额一般在贷方,反映企业期末尚未支付给供应单位的款项；期末余额如果在借方，反映企业期末预付账款余额。该账户应按债权人（供应单位）设置明细账户，进行明细核算。

（六）"应付票据"账户

"应付票据"账户属于负债类账户，用来核算企业因购买材料、商品和接受劳务供应等而开出、承兑的商业汇票，包括银行承兑汇票和商业承兑汇票。该账户贷方登记企业开出、承兑的商业汇票，借方登记已经支付或到期无力支付的商业汇票；期末余额在贷方，表示企业尚未到期的商业汇票的票面金额。该账户可按债权人设置明细账户，进行明细核算。

（七）"预付账款"账户

"预付账款"账户属于资产类账户，用来核算企业按购货合同规定预付给供应单位的款项。该账户借方登记预付或补付给供应单位的款项，贷方登记因收到提供的产品或劳务而冲销的预付款项的金额及收到退回多付货款的金额。期末余额在借方，反映已预付的款项余额。"预付账款"账户应按供应单位设置明细账，进行明细核算。

三、供应过程业务核算

业务6-6 12月6日，公司购入打印机2台，每台8 000元（不含税）。用银行转账支票支付款项。

打印机应作为企业的固定资产管理。该项经济业务使公司固定资产增加，应按取得时的成本16 000元记入"固定资产"账户的借方；购进固定资产时所支付的进项税额，按规定可以从销项税额中抵扣，应借记"应交税费——应交增值税（进项税额）"账户；同时所有的款项已通过银行支付，应贷记"银行存款"账户。

这笔经济业务涉及企业货币资金的减少，应填制专用凭证中的付款凭证。因为该付款凭证是本月付款凭证中的第1张，所以编号为"付字第1号"，如图6-8所示。

付 款 凭 证

贷方科目 _银行存款_　　　　2019年 12月 06日　　　　　　　付字第1号

摘　要	借方总账科目	明细科目	记账符号	金　额								
				千	百	十	万	千	百	十	元	角	分
购买复印机两台	固定资产	打印机					1	6	0	0	0	0	0
	应交税费	应交增值税（进项税额）						2	0	8	0	0	0
合　计						¥	1	8	0	8	0	0	0

财务主管　　　　记账　　　　出纳　　　　审核　　　　制单

图6-8　付款凭证——业务6-6

业务6-7 12月6日，公司出纳张莉从银行提取现金8 000元。

该项经济业务的发生一方面使企业库存现金增加，另一方面使企业银行存款减少，如

第六章 企业主要经济业务核算

果分别填制收款凭证和付款凭证,就会出现两份内容完全相同的凭证,导致重复记账。因此,实际工作中对于库存现金和银行存款之间的业务,在填制记账凭证时一般只按收付业务所涉及的贷方科目填制付款凭证,所以应填制付款凭证第2号,如图6-9所示。

付 款 凭 证

贷方科目 __银行存款__   2019年 12月 06日   付字第2号

摘 要	借方总账科目	明细科目	记账符号	金 额 千百十万千百十元角分
提取现金	库存现金			8 0 0 0 0 0
合 计				¥ 8 0 0 0 0 0

附单据 壹 张

会计主管　　　　记账　　　　出纳　　　　审核　　　　制单

图6-9　付款凭证——业务6-7

业务6-8 12月7日,公司购入需要安装的铅笔生产线一台,增值税发票上注明的买价为5万元,增值税税额为0.65万元。用银行存款支付了全部款项。

铅笔生产线属于生产设备,其使用年限较长,单位价值较高,属于企业的固定资产。该项经济业务使公司固定资产增加。但业务中说明了该铅笔生产线是需要安装后才能达到预定可使用状态的,所以应当先将购入成本记入"在建工程"账户,待安装完成后再转入"固定资产"账户,即按取得时的成本50 000元记入"在建工程"账户的借方;购进铅笔生产线时所支付的进项税额,按规定可以从销项税额中抵扣,应借记"应交税费——应交增值税(进项税额)"账户;同时所有的款项已通过转账支票支付,应贷记"银行存款"账户。填制付款凭证第3号,如图6-10所示。

付 款 凭 证

贷方科目 __银行存款__   2019年 12月 07日   付字第3号

摘 要	借方总账科目	明细科目	记账符号	金 额 千百十万千百十元角分
购买铅笔生产线	在建工程	铅笔生产线		5 0 0 0 0 0 0
	应交税费	应交增值税(进项税额)		6 5 0 0 0 0
合 计				¥ 5 6 5 0 0 0 0

附单据 贰 张

财务主管　　　　记账　　　　出纳　　　　审核　　　　制单

图6-10　付款凭证——业务6-8

业务6-9 12月8日,安装铅笔生产线,用现金支付配件费用791元(含增值税税额91元)。

该项经济业务属于安装铅笔生产线,即属于固定资产安装业务。如前所述,固定资产安装调试过程中发生的所有合理必要开支都要归集在"在建工程"账户。因此,安装铅笔生产线消耗的配件费用791元要记入"在建工程"账户的借方,购买铅笔生产线配件时所支付的进项税额，按规定可以从销项税额中抵扣，应借记"应交税费——应交增值税（进项税额）"账户；款项以现金支付，库存现金的减少应记入"库存现金"的贷方。填制付款凭证第4号，如图6-11所示。

付 款 凭 证

货方科目　库存现金　　　　　2019年 12月 08日　　　　　　　　　付字第 4 号

摘　要	借方总账科目	明细科目	记账符号	金　额 千 百 十 万 千 百 十 元 角 分	附单据
支付铅笔生产线配件费用	在建工程	铅笔生产线		7 0 0 0 0	贰张
	应交税费	应交增值税（进项税额）		9 1 0 0	
合　计				￥ 7 9 1 0 0	

财务主管　　　　　　记账　　　　　　出纳　　　　　　审核　　　　　　制单　武旭

图 6-11　付款凭证——业务 6-9

业务 6-10 12月8日，铅笔生产线安装完成，验收合格后正式投入使用。

铅笔生产线在安装调试完成后，需要安装技术人员出具安装验收合格报告才可以正式投入使用，达到预定可使用状态，成为真正意义上的"固定资产"。该铅笔生产线在达到可使用状态之前所发生的一切合理必要开支 50 700 元就是其入账原值，即历史成本，应全部记入"固定资产"账户的借方，确认固定资产的增加。而在此之前，所有的开支是记入"在建工程"账户借方的，现在把这部分成本从"在建工程"账户转入到"固定资产"账户即可。

由于该经济业务不涉及货币资金的增加或减少，所以应该填制专用记账凭证中的转账凭证。又因为该转账凭证是本月转账凭证中的第2张，所以编号为"转字第2号"，如图6-12所示。

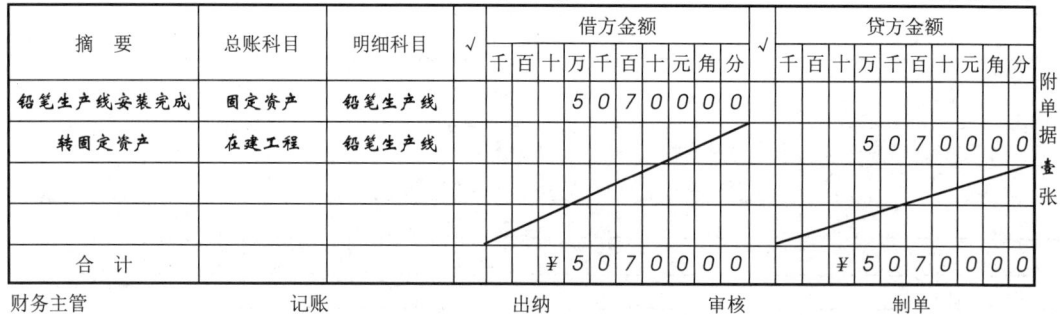

图 6-12　转账凭证——业务 6-10

业务 6-11 12月8日，从星华工厂采购石墨10吨，单价6 000元（不含税）。价款 60 000 元，增值税税额 7 800 元，公司于当日开出转账支票支付全部款项。对方已发货，尚未到达企业。

该笔经济业务中采购的原材料石墨尚未到达企业，应按其采购成本记入"在途物资"账户的借方；采购材料所支付的进项税额，按规定可以从

微课：材料的核算

第六章 企业主要经济业务核算

销项税额中抵扣，应借记"应交税费——应交增值税（进项税额）"账户；同时，所有的款项已通过银行支付，应贷记"银行存款"账户。填制付款凭证第5号，如图6-13所示。

付 款 凭 证

贷方科目 __银行存款__　　　　　2019年 12 月 08 日　　　　　　　付字第 5 号

摘　要	借方总账科目	明细科目	记账符号	金　额（千百十万千百十元角分）	附单据
采购石墨	在途物资	石墨		6 0 0 0 0 0 0	贰张
	应交税费	应交增值税（进项税额）		7 8 0 0 0 0	
合　计				￥ 6 7 8 0 0 0 0	

财务主管　　　　　记账　　　　　出纳　　　　　审核　　　　　制单

图 6-13　付款凭证——业务 6-11

业务 6-12　12月9日，向美联工厂采购黏土50吨，单价350元（不含税），价款17 500元，增值税税额2 275元；另美联工厂代垫运费1 000元，增值税税额为90元。材料已验收入库，款项未支付。

该笔经济业务中采购的黏土已验收入库，应按其采购成本记入"原材料"账户的借方，美联工厂代垫的运杂费1 000元属材料采购费用，应计入材料的采购成本，因此黏土的实际成本为18 500元；采购材料的增值税专用发票和运输费增值税发票上注明的进项税额，按规定都可以从销项税额中抵扣，应借记"应交税费——应交增值税（进项税额）"账户；同时，由于款项尚未支付，公司的负债增加，应贷记"应付账款"账户。填制专用记账凭证中的转账凭证第3号，如图6-14所示。

转 账 凭 证

2019年 12 月 09 日　　　　　　　转字第 3 号

摘　要	总账科目	明细科目	√	借方金额（千百十万千百十元角分）	√	贷方金额（千百十万千百十元角分）	附单据
采购黏土并验收入库	原材料	黏土		1 8 5 0 0 0 0			壹张
	应交税费	应交增值税（进项税额）		2 3 6 5 0 0			
	应付账款	美联工厂				2 0 8 6 5 0 0	
合　计				￥ 2 0 8 6 5 0 0		￥ 2 0 8 6 5 0 0	

财务主管　　　　　记账　　　　　出纳　　　　　审核　　　　　制单

图 6-14　转账凭证——业务 6-12

业务 6-13　12月10日，从美联工厂购入铅笔柏20立方米，单价3 600元（不含税），货款72 000元；橡胶2吨，单价15 600元（不含税），货款31 200元。增值税税额共计16 512元。美联工厂代垫运费10 320元，运费发票上注明的增值税税额为928.8元。

107

材料已验收入库,公司开出银行承兑汇票付款,期限1个月。

由于材料采购需要按材料的供应单位和品种进行明细核算,因此在该项采购业务中由铅笔柏、橡胶两种原材料共同负担的运杂费应按一定的标准进行分配,再分别计入两种材料的采购成本。分配的标准有很多,如购入货物的质量、体积或买价的比例等。如果选择按两种材料的买价比例分配,则:

采购费用分配率 = $\dfrac{\text{应分配的采购费用总额}}{\text{材料总买价(分配标准)}}$ = 10 320÷(72 000+31 200)=0.1

铅笔柏分摊的采购费用=72 000×0.1=7 200(元)

橡胶分摊的采购费用=31 200×0.1=3 120(元)

铅笔柏的实际采购成本=72 000+7 200=79 200(元)

橡胶的实际采购成本=31 200+3 120=34 320(元)

该笔经济业务中大海公司使用商业汇票进行款项的延期支付。商业汇票也是银行结算方式之一,分为商业承兑汇票和银行承兑汇票两种,一般由公司出纳按规定流程在开户银行办理后将汇票交付给收款人,到期后收款人或持票人持银行承兑汇票到银行办理委托收款。企业根据开出的商业汇票存根联,记入"应付票据"账户的贷方。填制转账凭证第 4 号,如图 6-15 所示。

转 账 凭 证

2019年 12月10日　　　　　　　　　　　　　　　　　　　　转字第 4 号

摘 要	总账科目	明细科目	√	借方金额 千百十万千百十元角分	√	贷方金额 千百十万千百十元角分	
采购铅笔柏、橡胶并验收入库	原材料	铅笔柏		7 9 2 0 0 0 0			附单据伍张
		橡胶		3 4 3 2 0 0 0			
	应交税费	应交增值税(进项税额)		1 4 3 4 4 8 0			
	应付票据	美联工厂				1 2 7 8 6 4 8 0	
合 计				¥1 2 7 8 6 4 8 0		¥1 2 7 8 6 4 8 0	

财务主管　　　　　记账　　　　　出纳　　　　　审核　　　　　制单

图 6-15　转账凭证——业务 6-13

注意,企业开出商业汇票还需要向开户银行按票面金额的一定比例支付手续费。

 业务 6-14　12月10日,按采购合同预付给峰山工厂材料款 10 000 元。用银行存款支付。

该项经济业务中购货方按合同约定预先支付货款。付款时未收到货物,也未收到对方开具的发票单据,企业的预付货款增加,应记入"预付账款"账户的借方,同时将支付的款项记入"银行存款"账户的贷方。填制付款凭证第6号,如图 6-16 所示。

第六章 企业主要经济业务核算

付 款 凭 证

贷方科目　银行存款　　　　2019年 12 月 10 日　　　　　　付字第 6 号

摘 要	借方总账科目	明细科目	记账符号	金 额(千百十万千百十元角分)
预付峰山工厂材料款	预付账款	峰山工厂		1 0 0 0 0 0 0
合 计				¥ 1 0 0 0 0 0 0

财务主管　　　记账　　　出纳　　　审核　　　制单

附单据 贰 张

图 6-16　付款凭证——业务 6-14

业务 6-15　12 月 12 日，向星华工厂采购的石墨 10 吨运抵企业，验收入库。

该项经济业务与业务 6-11 相关联，原已付款并记入"在途物资"账户借方的 10 吨石墨到达企业，应分别按入库材料的实际采购成本记入"原材料"账户的借方和"在途物资"账户的贷方。填制转账凭证第 5 号，如图 6-17 所示。

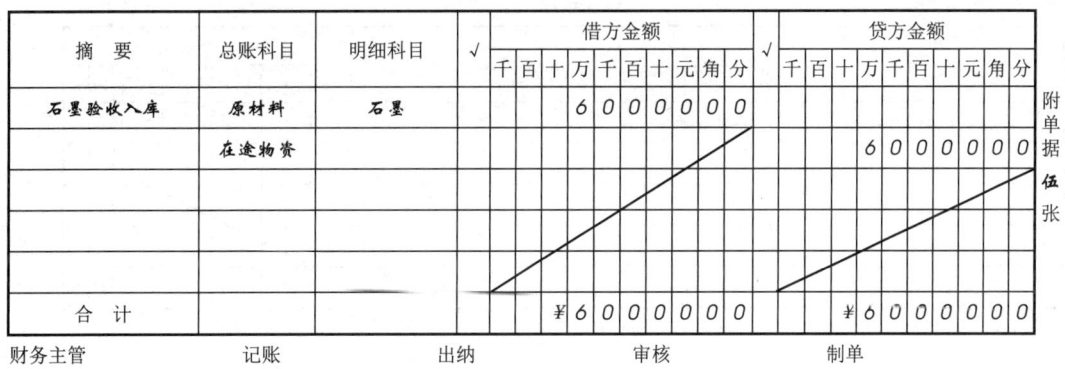

图 6-17　转账凭证——业务 6-15

业务 6-16　12 月 12 日，收到峰山工厂发来的植物油 2 000 千克，单价 11.8 元（不含税），价款 23 600 元，增值税税额 3 068 元。材料已验收入库。

该项经济业务中，所收到的货物是 12 月 10 日业务 6-14 已预付部分货款的，应冲抵预付的款项，记入"预付账款"账户的贷方（同时反映"原材料"账户的增加和增值税进项税额记借方）。填制转账凭证第 6 号，如图 6-18 所示。

转 账 凭 证

2019年 12月 12日　　　　　　　　　　　　　　　　　　　　转字第6号

摘　要	总账科目	明细科目	√	借方金额 千百十万千百十元角分	√	贷方金额 千百十万千百十元角分	附单据贰张
植物油验收入库	原材料	植物油		2 3 6 0 0 0 0			
	应交税费	应交增值税（进项税额）		3 0 6 8 0 0			
	预付账款	峰山工厂				2 6 6 6 8 0 0	
合　计				¥ 2 6 6 6 8 0 0		¥ 2 6 6 6 8 0 0	

财务主管　　　　　记账　　　　　出纳　　　　　审核　　　　　制单

图 6-18　转账凭证——业务 6-16

业务6-17　12月13日，以银行存款付清峰山工厂采购植物油的余款 16 668 元。

补付货款的会计处理与业务 6-14 预付货款相同。填制付款凭证第 7 号，如图 6-19 所示。

付 款 凭 证

贷方科目　**银行存款**　　　　2019年 12月 13日　　　　　　　　付字第7号

摘　要	借方总账科目	明细科目	记账符号	金　额 千百十万千百十元角分	附单据贰张
补付峰山工厂材料款	预付账款	峰山工厂		1 6 6 6 8 0 0	
合　计				¥ 1 6 6 6 8 0 0	

财务主管　　　　　记账　　　　　出纳　　　　　审核　　　　　制单

图 6-19　付款凭证——业务 6-17

根据上述会计分录登记的 2019 年 12 月大海公司"预付账款——峰山工厂"账户的 T 形账如图 6-20 所示。

借方		预付账款——峰山工厂		贷方
（业务 6-14 付 6）	10 000	（业务 6-16 转 6）	26 668	
（业务 6-17 付 7）	16 668			
本期借方发生额合计	26 668	本期贷方发生额合计	26 668	
期末无余额				

图 6-20　"预付账款——峰山工厂"账户的 T 形账

第三节 生产过程业务的核算

一、生产过程业务核算的主要内容

（一）生产过程业务的核算内容

生产过程是指制造业从材料投入生产直到产品完工入库的全部过程，是企业再生产过程的中心环节。在这一过程中，劳动者利用劳动资料对劳动对象进行加工，制成劳动产品，因此生产过程既是产品制造过程，又是物化劳动（劳动资料和劳动对象）和活劳动的消耗过程。

企业在一定时期为生产产品而发生的各种耗费称为生产费用，主要包括为生产产品消耗的材料费、生产工人工资及职工福利费、厂房和机器设备等固定资产折旧费，以及为组织和管理生产等而发生的其他各种费用。生产费用包括直接费用和间接费用。

① 直接费用是指直接用于产品生产的费用，如直接用于产品生产所消耗的原材料、辅助材料、燃料和动力费，以及支付给生产工人的工资及福利费等。

② 间接费用是指企业为生产产品和提供劳务而发生的，需要采用适当方法分配计入各种产品成本的费用，如车间管理人员的工资，车间固定资产的折旧费、修理费、劳动保护费和机物料消耗等。

这些生产费用要按一定种类的产品进行归集和分配，以计算产品的生产成本。

（二）产品成本的构成

企业在产品生产过程中发生的各项耗费（如材料费用、工资费用、折旧费用、修理费用、办公费用等）的货币表现，称为生产费用。

产品生产成本的计算就是将企业在生产经营过程中所发生的生产费用，按照生产的各种产品进行归集和分配，计算出该产品的实际总成本和单位成本的一种会计核算方法。

生产费用按其经济用途或与产品成本的关系，又可分为生产成本和期间费用两大类。

生产成本是指企业为生产产品或提供劳务而发生的计入产品成本的费用。产品生产成本构成项目包括直接材料、直接人工和制造费用。

① 直接材料是指企业在生产产品和提供劳务过程中所消耗的，直接用于产品生产，构成产品实体的原料及主要材料、外购半成品及有助于产品形成的辅助材料等。

② 直接人工是指企业在生产产品和提供劳务的过程中，直接参加生产产品的工人薪酬及按生产工人工资总额和规定比例计提的职工福利费等。

③ 制造费用是指应由产品生产成本负担的，不能直接计入各产品成本的各项费用。这主要是指企业各生产单位（分厂、生产车间）为组织和管理生产而发生的各项间接费用，包括生产单位发生的管理人员工资及福利费、折旧费、修理费、水电费、机物料消耗、劳动保护费及其他费用。

对于各种间接费用，应采用一定的标准进行分配后再计入相关产品的生产成本。

(三) 产品成本计算的程序

产品生产成本计算是指将企业生产过程中为制造产品所发生的各种费用按照成本计算对象进行归集和分配，以便计算各种产品的总成本和单位成本。企业应设置产品成本明细账，用来归集应计入各种产品的生产费用。

1. 材料费用的归集与分配

直接用于产品生产、构成产品实体的材料，应直接记入相应产品成本的"直接材料"项目。对于不能分产品领用的成本的"直接材料"项目需要采用适当的分配方法，分配记入各相关产品成本的"直接材料"项目。

2. 职工薪酬的归集与分配

直接进行产品生产的生产工人的职工薪酬，应直接记入产品成本的"直接人工"项目；不能直接计入产品成本的职工薪酬，按生产工时、产品产量、产值比例等方式进行合理分配，记入各有关产品成本的"直接人工"项目。

3. 制造费用的归集与分配

应当按生产车间分别汇总各车间的制造费用，按照合理的分配标准分配计入各成本核算对象的生产成本。制造费用分配标准很多，通常采用生产工时、机器工时、生产工人工资、计划分配率分配法等。

4. 计算完工产品成本

① 如果月末某种产品全部完工，该种生产成本明细账户归集的所有费用就是该种完工产品的总成本，用该种产品的总成本除以该种产品的完工总产量就是该种产品的单位成本。

② 如果月末该种产品全部未完工，该种生产成本明细账户归集的所有费用就是该种产品在产品的总成本。

③ 如果月末某种产品一部分完工，一部分未完工，这时该种生产成本明细账户归集的所有费用还要采用适当的方法在完工产品和在产品之间进行分配，然后计算完工产品的总成本和单位成本。此时：

完工产品生产成本=期初在产品成本+本期发生的生产费用−期末在产品成本

当产品完工验收入库时，根据产成品入库单借记"库存商品"账户，贷记"生产成本"账户。

(四) 期间费用

期间费用是指企业在生产经营过程中发生的，不计入产品生产成本，而应直接计入当期损益的各种费用。期间费用主要包括管理费用、财务费用和销售费用。期间费用与产品的生产没有直接的联系，不能计入产品生产成本，其发生与一定时期实现的收入相关，因此应直接计入当期损益。

① 管理费用是指企业为组织和管理企业生产经营所发生的各种费用，包括公司经费、工会经费、职工教育经费、劳动保险费、待业保险费、董事会费、咨询费、审计费、诉讼费、排污费、绿化费、税金、土地使用税、土地损失补偿费、技术转让费、技术开发费、无形资产摊销、开办费摊销、业务招待费、存货盘亏、毁损和报废（减盘盈）损失，以及其他管理费用。

② 销售费用是指企业在销售商品和材料、提供劳务等日常经营过程中发生的各项费用及专设销售机构的各项费用。

③ 财务费用是指企业为筹集生产所需资金等而发生的各项费用，包括利息支出（减利息收入）、汇兑损失（减汇兑收益）及相关的手续费等。

二、核算账户的设置

（一）"生产成本"账户

微课：期末制造费用与完工产品成本的结算

"生产成本"账户属于成本类账户，用来核算企业进行工业性生产发生的各项生产成本，包括生产各种产品（产成品、自制半成品）、自制材料、自制工具、自制设备等发生的生产费用。其借方登记进行各种生产而发生的直接材料、直接人工费用及分配转入的间接费用，贷方登记完工入库的产品生产成本；期末余额在借方，表示尚未加工完成，即在产品的生产成本。该账户应按成本核算对象，如产品的品种、类别、订单、批别、生产阶段等进行明细分类核算，并按规定的成本项目设置专栏。

（二）"制造费用"账户

"制造费用"账户属于成本类账户，用来核算生产车间（部门）为生产产品和提供劳务而发生的各项间接费用，如车间的办公费、车间管理人员薪酬、劳保用品开支、机器设备生产厂房的磨损折旧费、水电费、机物料消耗等。制造费用是产品制造过程中的间接费用，期末应按一定标准分配计入有关产品生产成本。其借方登记实际发生的各项间接费用，贷方登记分配转入"生产成本"账户的金额；期末一般无余额。该账户应按不同的生产车间、部门和费用项目进行明细核算。

（三）"管理费用"账户

微课：费用的核算

"管理费用"账户属于损益类中的费用类账户，用来核算企业为组织和管理生产经营所发生的管理费用，包括企业在筹建期间内的开办费、董事会和行政管理部门在企业的经营管理过程中发生的或应由企业统一负担的公司经费（包括行政管理部门职工薪酬、物料消耗、低值易耗品摊销、办公费和差旅费等）、工会经费、董事会费（包括董事会成员津贴、会议费和差旅费等）、聘请中介机构费、咨询费（含顾问费）、诉讼费、业务招待费、房产税、车船税、土地使用税、印花税、技术转让费、矿产资源补偿费、研究费用、排污费和企业固定资产修理费等。其借方登记管理费用实际发生数，贷方登记期末转入"本年利润"账户的数额；期末结转后无余额。该账户可按费用项目进行明细核算。

（四）"应付职工薪酬"账户

微课：人工的核算

"应付职工薪酬"账户属于负债类账户，用来核算企业根据有关规定应付给职工的各种薪酬，包括工资、福利费、工会经费、社会保险费、住房公积金等所有为职工支付的费用。其贷方登记企业应支付给职工的各种薪酬费用，借方登记实际支付给职工的薪酬及从应付职工薪酬中扣还的各种款项；期末贷方余额表示应付未付的职工薪酬。本账户可按"工资""职工福利""社会保险费""住房公积金""工会经费""职工教育经费""非货币性福利""辞退福利""股份支付"等进行明细核算。

（五）"累计折旧"账户

"累计折旧"账户属于资产类账户，用来核算企业对固定资产计提的累计折旧。固定资产在使用过程中会发生损耗，按理说其损耗，即减少的价值应在"固定资产"账户贷方反映，但是固定资产是企业一项十分重要的资产，其原价在一定程度上代表着企业的生产能力和生产规模。在对固定资产的管理中，既要反映原始价值，又要反映损耗价值，还要了解固定资产的现有价值（即净值），所以在会计实务中，固定资产的价值损耗称为"折旧"，并单独设置了"累计折旧"账户。要了解固定资产的新旧程度，得到固定资产现有价值的指标，可以通过固定资产原价减去累计折旧实现，即"累计折旧"账户是"固定资产"账户的备抵账户。备抵账户用来抵减被调整账户的余额，在结构上与被调整账户相反。因此，"累计折旧"账户虽与"固定资产"账户同属资产类账户，但其贷方登记按期计提计入相关成本费用的固定资产折旧额，借方登记因出售、报废、毁损、盘亏等原因减少的固定资产累计已计提的折旧额；期末余额在贷方，反映企业现有固定资产的累计折旧额。本账户应按固定资产的类别或项目进行明细核算。

（六）"库存商品"账户

"库存商品"账户属于资产类账户，用来核算企业库存的各种商品的实际成本。制造业中的库存商品主要是指产成品，即企业已完成全部生产过程并验收入库，符合标准规格和技术条件，可以按合同规定的条件送交订货单位或作为商品对外销售的产品。其借方登记已生产完工并验收入库的产品的实际成本，贷方登记因销售等原因发出的库存商品的成本；期末余额在借方，反映现有库存商品的实际成本。本账户应按库存商品的种类、品种和规格设置明细分类账，而且在核算过程中不仅要记录各种库存商品的收、发、结存的金额，也要记录收、发、结存的数量。

（七）"销售费用"账户

"销售费用"账户属于损益类账户，用来核算企业发生的各项销售费用。该账户借方登记发生的各项销售费用，贷方登记期末转入"本年利润"账户的销售费用数额；期末结转后本账户无余额。该账户应按费用项目设置明细账户，进行明细核算。

微课：销售业务的核算

（八）"财务费用"账户

"财务费用"账户属于损益类账户，用来核算企业为筹集生产所需资金等而发生的各项费用。该账户借方登记发生的各项财务费用，贷方登记期末转入"本年利润"账户的财务费用数额；期末结转后无余额。该账户应按费用项目设置明细账户，进行明细核算。

三、生产过程业务核算

业务6-18 12月15日，根据铅笔生产车间本月发料凭证汇总表（见表6-1）分配材料费用。

第六章　企业主要经济业务核算

表 6-1

大海公司发料凭证汇总表

2019 年 12 月　　　　　　　　　　　　　　　　　　　　　　　　　　元

用途 \ 材料类别	石墨			黏土			铅笔柏			合计
	数量/吨	单价	金额	数量/吨	单价	金额	数量/立方米	单价	金额	
生产产品 HB-101 铅笔	3	6 000	18 000	3	350	1 050	1	3 600	3 600	22 650
生产产品 2B-201 铅笔	5	6 000	30 000	2	350	700	3	3 600	10 800	41 500
小　计	8	6 000	48 000	5	350	1 750	4	3 600	14 400	64 150
车间一般消耗	2	6 000	12 000	1	350	350	1	3 600	3 600	15 950
合　计	10	6 000	60 000	6	350	2 100	5	3 600	18 000	80 100

会计主管：周杰　　　　　　复核：　　　　　　制表：

在实际工作中，由于领料的业务比较频繁，且每批购入材料的单价可能不同，所以不一定每领用一次材料都根据领料单进行账务处理，一般都是定期分次或月末一次性汇总本月发出的材料，并采用一定的方法计算出发出材料的实际成本后再进行账务处理。这里假定模拟企业大海公司每半个月汇总一次领料单，12 月 16 日至 30 日没有领用材料。

根据发料凭证汇总表，本月公司的库存原材料因领用而减少 80 100 元，应记入"原材料"账户的贷方；铅笔生产车间生产 HB-101、2B-201 两种产品领用的材料直接构成这两种产品的成本，应记入"生产成本"账户的借方；生产车间一般性材料消耗应记入"制造费用"账户的借方；如果企业行政管理部门领用了材料，应记入"管理费用"账户的借方。该笔业务填制转账凭证第 7 号，如图 6-21 所示。

转 账 凭 证

2019 年 12 月 15 日　　　　　　　　　　　　　　　　　转字第 7 号

摘　要	总账科目	明细科目	√	借方金额 千百十万千百十元角分	√	贷方金额 千百十万千百十元角分
领用原材料	生产成本	HB-101 铅笔（直接材料）		2 2 6 5 0 0 0		
		2B-201 铅笔（直接材料）		4 1 5 0 0 0 0		
	制造费用	物料消耗		1 5 9 5 0 0 0		
	原材料	石墨				6 0 0 0 0 0 0
		黏土				2 1 0 0 0 0
		铅笔柏				1 8 0 0 0 0 0
合　计				¥ 8 0 1 0 0 0 0		¥ 8 0 1 0 0 0 0

财务主管　　　　　记账　　　　　出纳　　　　　审核　　　　　制单

附单据壹张

图 6-21　转账凭证——业务 6-18

业务 6-19　12 月 15 日，根据有关出勤、产量等记录和公司工资标准，计算分配本月应付职工薪酬。原始凭证为工资结算汇总表，如表 6-2 所示。

表 6-2

大海公司工资结算汇总表

2019 年 12 月　　　　　　　　　　　　　　　　　　　　　　　　　　　　　　元

车间或部门		基本工资	计件工资	奖 金	加班工资	合 计
铅笔车间	HB-101 铅笔生产工人	48 000	12 000	6 000	4 000	70 000
	2B-201 铅笔生产工人	54 000	12 000	6 000	5 000	77 000
	车间管理人员	10 000		7 462	1 500	18 962
	小　计	112 000	24 000	19 462	10 500	165 962
销售部		8 000		36 000		44 000
行政部		15 000		1 000		16 000
财务部		18 000		2 000		20 000
人力资源部		12 000		500		12 500
仓　库		7 000		700		7 700
采购部		15 000				15 000
合　计		187 000	24 000	59 662	10 500	281 162

单位主管：　　　　　财务主管：　　　　　复核：　　　　　制表：

在该笔经济业务中，根据工资结算汇总表，本月应付给职工的薪酬费用增加了281 162元，形成公司对职工的负债，应记入"应付职工薪酬"的贷方。同时，企业应支付的职工薪酬，应根据职工提供服务的受益对象，分别记入不同的成本费用账户——直接加工产品的生产工人薪酬记入"生产成本"账户的借方，形成产品的生产成本；车间一般管理人员的薪酬，不能直接划分具体由哪种产品负担，先记入"制造费用"账户的借方，待月末进行分配，计入产品成本；专设销售机构人员的薪酬，记入"销售费用"账户的借方；其他行政管理部门人员的薪酬，记入"管理费用"账户的借方。该笔业务填制转账凭证第8号，如图6-22所示。

转 账 凭 证

2019年12月15日　　　　　　　　　　　　　　　　　　　　　　　　转字第8号

摘　要	总账科目	明细科目	√	借方金额 千百十万千百十元角分	√	贷方金额 千百十万千百十元角分
分配工资费用	生产成本	HB-101铅笔（直接人工）		7 0 0 0 0 0 0		
		2B-201铅笔（直接人工）		7 7 0 0 0 0 0		
	制造费用	职工薪酬		1 8 9 6 2 0 0		
	管理费用	职工薪酬		7 1 2 0 0 0 0		
	销售费用	职工薪酬		4 4 0 0 0 0 0		
	应付职工薪酬	工资				2 8 1 1 6 2 0 0
合　计				¥ 2 8 1 1 6 2 0 0		¥ 2 8 1 1 6 2 0 0

附单据壹张

财务主管　　　　　记账　　　　　出纳　　　　　审核　　　　　制单

图 6-22　转账凭证——业务 6-19

第六章 企业主要经济业务核算

业务 6-20 12月18日，根据公司实际情况和规定采用的方法，计算出本月应计提固定资产折旧2 360元。其中，铅笔生产车间使用的固定资产计提折旧 125 元；行政管理部门使用的固定资产计提折旧 1 280 元；专设的销售部门使用的固定资产计提折旧 80 元。原始凭证为固定资产折旧计算表，如表6-3所示。

表 6-3

固定资产折旧计算表
2019年12月　　　　　　　　　　　　　　　　　　　　　　　　元

使用部门	固定资产名称	固定资产原值	月折旧率	月折旧额
铅笔生产车间	铅笔生产线	50 000	0.25%	125
行政管理部门	办公电脑	80 000	1.6%	1 280
销售部门	办公电脑	5 000	1.6%	80
合　计		135 000		

单位主管：　　　　　财务主管：　　　　　复核：　　　　　制表：

折旧是固定资产因使用而损耗的价值，应按月计提。固定资产计提折旧的要求包括：第一，折旧应当按月计提，但已提足折旧仍继续使用的固定资产、单独估价入账的土地、持有待售的固定资产除外；第二，当月新增的固定资产当月不需要计提折旧，从第2个月开始计提折旧；第三，当月减少的固定资产当月仍旧计提折旧，从下个月开始停提折旧；第四，提前报废的固定资产不需要补提折旧。固定资产折旧的计算方法包括直线折旧和加速折旧两类：直线折旧包括年限平均法和工作量法；加速折旧包括双倍余额递减法和年数总和法。企业可根据固定资产实际情况选择折旧计算方法，一旦选定后不得随意变更。

企业每月计提的固定资产折旧记入"累计折旧"账户的贷方；根据固定资产的用途计入相关的成本费用，生产车间使用的固定资产折旧记入"制造费用"账户的借方，企业行政管理部门的固定资产折旧记入"管理费用"账户的借方，专设销售机构的固定资产折旧记入"销售费用"账户的借方。

该笔业务填制转账凭证第9号，如图6-23所示。

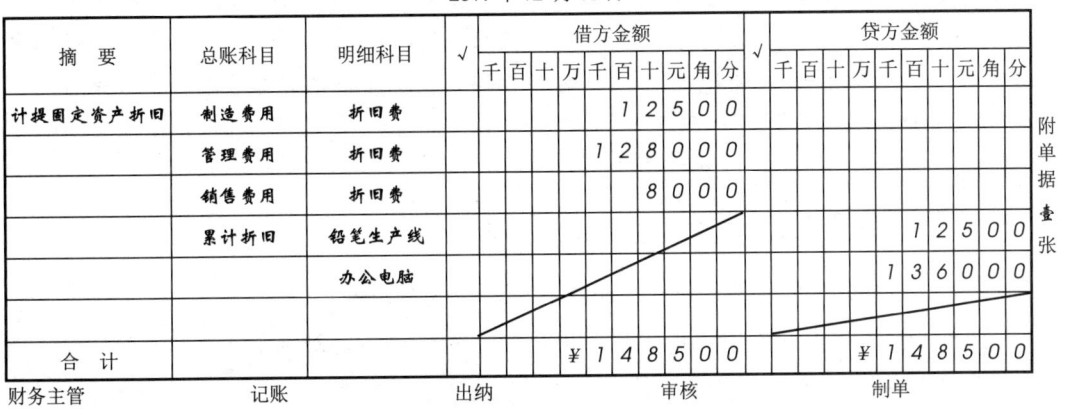

图6-23　转账凭证——业务6-20

 **业务 6-21**　12 月 20 日，以现金支付车间设备维修费 655.40 元（含增值税）。增值税税率为 13%，取得增值税专用发票。

按现行会计准则的规定，除企业专设销售机构的固定资产外，其他固定资产的日常修理费应计入当期管理费用。该项经济业务使公司管理费用增加，应记入"管理费用"账户的借方，同时库存现金减少，应记入"库存现金"账户的贷方。该笔业务填制付款凭证第 8 号，如图 6-24 所示。

付　款　凭　证

贷方科目	库存现金	2019 年 12 月 20 日			付字第 8 号
摘　要	借方总账科目	明细科目	记账符号	金额 千百十万千百十元角分	
支付固定资产修理费	管理费用	修理费		5 8 0 0 0	附单据壹张
	应交税费	应交增值税（进项税额）		7 5 4 0	
合　计				¥ 6 5 5 4 0	
财务主管　　　　　记账　　　　　出纳　　　　　审核　　　　　制单					

图 6-24　付款凭证——业务 6-21

为组织和管理生产活动而发生的各项制造费用不能直接计入产品的成本。为了正确计算产品的成本，必须先将这些费用记入"制造费用"账户，月末再按一定的标准，将其分配计入有关产品成本。当企业在同一月份同一生产车间同时加工两种或两种以上产品时，应将本车间本月发生的全部制造费用在所加工的各种产品间进行分配。常用的分配标准有生产工时或生产工人的工资。

制造费用分配的计算类似于在供应过程中提及的采购费用分配的计算。

业务 6-22　12 月 25 日，按生产工时比例分配本月制造费用。原始凭证为制造费用分配计算表。

本月大海公司铅笔生产车间共发生制造费用 35 037（15 950+18 962+125）元，是为生产 HB-101、2B-201 铅笔两种产品而发生的，应由 HB-101 铅笔、2B-201 铅笔两种产品负担。假定以 HB-101 铅笔、2B-201 铅笔两种产品的生产工时为标准分配制造费用，2019 年 11 月 HB-101 铅笔生产工时为 4 500 工时、2B-201 铅笔生产工时为 5 500 工时，则：

制造费用分配率 = $\dfrac{35\ 037}{4\ 500+5\ 500}$ = 3.503 7（元/工时）

HB-101 铅笔分摊的制造费用 = 4 500 × 3.503 7 = 15 766.65（元）

2B-201 铅笔分摊的制造费用 = 5 500 × 3.503 7 = 19 270.35（元）

根据计算结果编制制造费用分配表，如表 6-4 所示。

表 6-4

制造费用分配表

2019 年 12 月 25 日　　　　　　　　　　　　　　　　　　　　　　　　　元

产品名称	分配标准/工时	分配率/(元/工时)	应分配金额
HB-101 铅笔	4 500		15 766.65
2B-201 铅笔	5 500		19 270.35
合　计	10 000	3.503 7	35 037

复核：　　　　　　　　　　　　　　　　　制表：

该项经济业务属于成本费用类账户的转账业务，铅笔生产车间本月所发生的制造费用被分配计入 HB-101 铅笔、2B-201 铅笔两种产品的成本，表示制造费用减少，应记入"制造费用"账户的贷方，"制造费用"账户期末无余额；同时，HB-101 铅笔、2B-201 铅笔两种产品的生产成本增加，应在"生产成本——HB-101 铅笔"和"生产成本——2B-201 铅笔"两个明细分类账户的制造费用成本项目借方分别登记 15 766.65 元与 19 270.35 元。该笔业务填制转账凭证第 10 号，如图 6-25 所示。

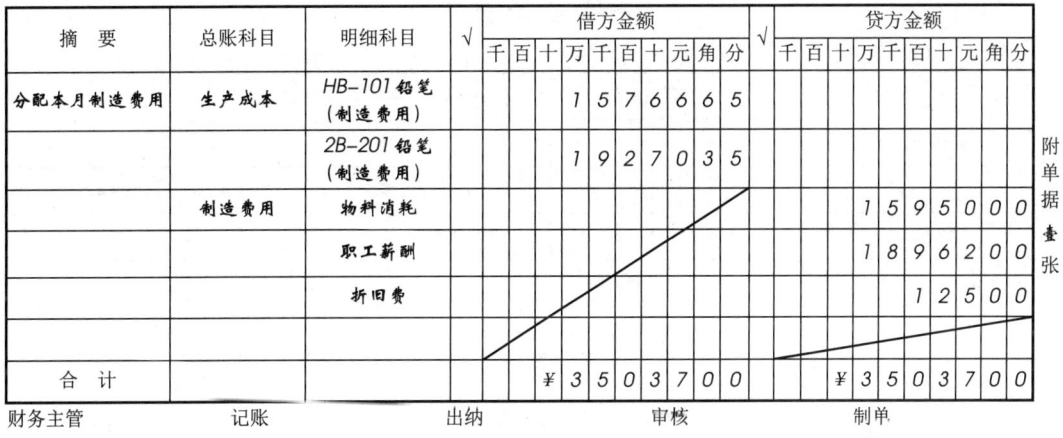

图 6-25　转账凭证——业务 6-22

根据相关会计分录登记 2019 年 12 月大海公司"制造费用"总分类账户的 T 形账，如图 6-26 所示。

借方		制造费用	贷方	
（业务 18 转 7）	15 950		（业务 22 转 10）	35 037
（业务 19 转 8）	18 962			
（业务 20 转 9）	125			
本期借方发生额合计	35 037		本期贷方发生额合计	35 037
期末无余额				

图 6-26　"制造费用"总分类账户的 T 形账

业务 6-23 12月25日，计算并结转完工产品成本，本月生产的 HB-101 铅笔全部完工验收入库，2B-201 铅笔全部未完工。原始凭证为入库单（见表 6-5）和产品成本计算表（见表 6-6）。

表 6-5

入库单

交库单位：铅笔生产车间　　　　　　　2019 年 12 月 25 日　　　　　　　　编号：000001

名称、规格	单位	交验数量	检验结果（数量）		实收数量	单位成本（元/箱）	总成本/元
			合格	不合格			
HB-101 铅笔	箱	1 000	1 000	0	1 000	108.416 65	108 416.65
合　计		1 000	1 000	0	1 000	108.416 65	108 416.65

③ 会计记账联

仓库负责人：　　　　　　　　校验人：　　　　　　　　经办人：

表 6-6

产品成本计算表

产品名称：HB-101 铅笔　　　　　　2019 年 12 月　　　　　产量：1 000 箱　　　　　　元

项　目	直接材料	直接人工	制造费用	合　计
月初在产品成本	—	—	—	—
本月生产费用	22 650	70 000	15 766.65	108 416.65
生产费用合计	22 650	70 000	15 766.65	108 416.65
本月完工产品总成本	22 650	70 000	15 766.65	108 416.65
月末在产品成本	—	—	—	—

财务主管：　　　　　　　　复核：　　　　　　　　制表：

通过以上各项费用的归集与分配，应计入产品成本的各项费用均已记入了各产品"生产成本"账户的借方，成为"生产成本——X 产品"的借方发生额。但这些费用仅是本月发生的生产成本，对于在以前月份已投产且在本月初尚未完工的产品，还必须考虑该产品在以前月份已发生的生产成本（即"生产成本——X 产品"的期初余额）。简而言之，要将本期发生的生产成本加上期初在产品成本，才是该产品至本月所发生的全部生产费用。其计算公式为：

月初在产品成本+本月生产费用=生产费用合计

然后采用适当的方法，将生产费用总额在本期完工产品和期末在产品之间进行分配，从而计算并结转本期完工产品的实际生产成本。其计算公式为：

生产费用合计=本月完工产品成本+月末在产品成本

生产费用如何在完工产品和在产品之间进行分配，是成本计算中一个既重要又复杂的问题，将在后续课程成本会计实务中详细讲述。

根据 HB-101 铅笔"生产成本"账户记录，本月共归集了 HB-101 铅笔的生产成本 108 416.65 元。其中，直接材料 22 650 元；直接人工 70 000 元；制造费用 15 766.65

元。HB-101铅笔月初没有在产品,本月投产的1000箱全部完工,因此这1000箱HB-101铅笔的总成本为108 416.65元、单位成本为108.416 65元。完成了加工过程并验收入库,在计算出实际成本后,应将其从"生产成本"账户的贷方结转到HB-101铅笔"库存商品"账户的借方,按HB-101铅笔的实际生产成本反映库存商品的增加。填制专用记账凭证中的转账凭证第11号,如图6-27所示。

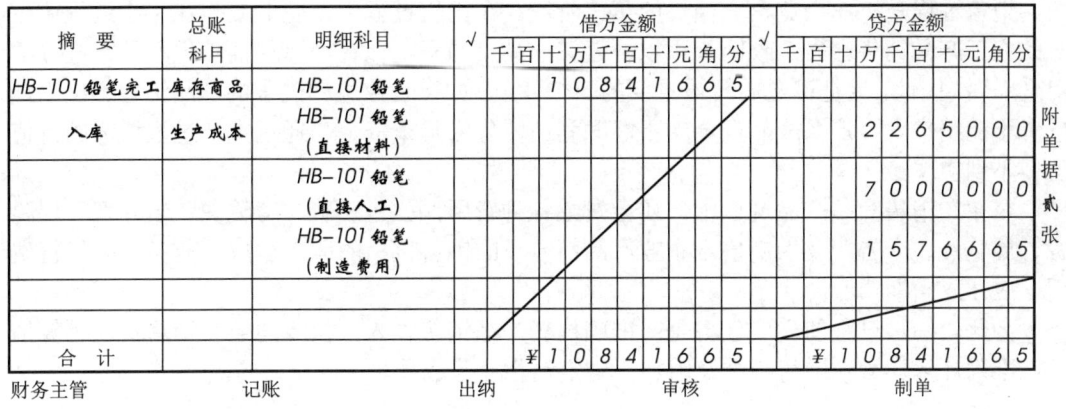

图 6-27 转账凭证——业务 6-23

根据相关会计分录登记的2019年12月公司"生产成本——HB-101铅笔"账户和"生产成本——HB-101铅笔"账户的T形账,分别如图6-28和图6-29所示。

借方	生产成本——HB-101 铅笔		贷方
(业务 18 转 7)	22 650	(业务 23 转 11)	108 416.65
(业务 19 转 8)	70 000		
(业务 22 转 10)	15 766.65		
本期借方发生额合计	108 416.65	本期贷方发生额合计	108 416.65
期末无余额	0		

图 6-28 "生产成本——HB-101 铅笔"账户的 T 形账

借方	生产成本——2B-201 铅笔		贷方
(业务 18 转 7)	41 500		
(业务 19 转 8)	77 000		
(业务 22 转 10)	19 270.35		
本期借方发生额合计	137 770.35	本期贷方发生额合计	137 770.35
期末余额			

图 6-29 "生产成本——2B-201 铅笔"账户的 T 形账

第四节　销售过程业务的核算

一、销售过程业务核算的主要内容

销售过程是工业企业资金循环的第三阶段。在销售过程中，企业要将在生产过程所生产的完工产品销售出去，收回货币以补偿在产品上的资金耗费，以保证再生产正常进行的资金需要。因此，这是资金周转最重要的一个环节。如果企业生产出来的产品销售不出去，或者不能销售完，那么成品资金就不能顺利地转化为货币资金，通过生产过程增值的价值就得不到实现。

企业在销售商品产品过程中，还会发生各种费用，如包装费、运输费、装卸费、保险费、展览费、广告费及为销售本企业产品而专设的销售机构的职工薪酬、业务费等经营费用，应计入当期损益。

为此，销售过程的主要任务是：准确核算产品销售收入，核算与监督销售货款结算情况；准确计算、缴纳销售税金及附加，确定销售业务成果。

二、核算账户的设置

（一）"主营业务收入"账户

该账户属于损益类账户，用来核算企业销售商品、产品、提供劳务等日常活动中所产生的收入，包括产成品、自制半成品、工业性劳务等。其贷方登记已销售商品、半成品、提供劳务等的收入，借方登记期末转入"本年利润"账户的数额；期末结转后应无余额。

为了核算每种已销商品产品的销售收入，需要按已销售商品、半成品类别设置明细分类账户。

（二）"主营业务成本"账户

该账户属于损益类账户，用来核算企业销售商品、半成品、提供劳务等日常活动而发生的成本。其借方登记已销售商品、半成品、劳务供应等的实际成本，贷方登记期末转入"本年利润"账户的数额；结转后本月应无余额。该账户也应按产品类别设置明细分类账户。

微课：主营业务和其他业务

（三）"应收账款"账户

该账户属于资产类账户，用来核算企业因销售产品与购货单位或接受劳务单位发生的债权。其借方登记应向购货单位或接受劳务单位收取的销货款，贷方登记收回的销货款；借方余额表示购货单位或接受劳务单位暂欠的货款。该账户应按欠款单位设置明细分类账。

（四）"其他业务收入"账户

该账户属于损益类账户，用来核算企业确认的除主营业务活动以外的其他经营活动实现的收入，包括出租固定资产、出租无形资产、出租包装物和商品、销售材料等。其贷方登记企业实现的其他业务收入，借方登记期末转入"本年利润"账户的其他业务收入；期末结转后无余额。该账户应按照其他业务种类设置明细账户，进行明细核算。

（五）"应收票据"账户

该账户属于资产类账户，用来核算企业因销售商品、提供劳务等经营活动而收到的商业汇票。其借方登记企业收到的商业汇票，贷方登记票据到期收回的应收票据；期末余额在借方，反映企业持有的商业汇票。该账户应按开出、承兑商业汇票的单位设置明细账户，进行明细核算。

（六）"预收账款"账户

该账户属于负债类账户，用来核算企业按合同规定预售的款项。其贷方登记企业向购货单位预收的款项等，借方登记销售实现时按实现的收入转销的预收款项等；该账户期末余额如果在贷方，反映企业预收的款项；如果在借方，反映转销但尚未收取的款项。该账户应按购货单位设置明细账户，进行明细核算。

（七）"其他业务成本"账户

该账户属于损益类账户，用来核算企业确认的除主营业务活动以外的其他经营活动而发生的支出，包括销售材料的成本、出租固定资产的折旧额、出租无形资产的摊销额、出租包装物成本或摊销额等。其借方登记其他业务的支出额，贷方登记期末转入"本年利润"账户的其他业务支出额；期末结转后无余额。该账户应按其他业务的种类设置明细账户，进行明细核算。

（八）"税金及附加"账户

该账户属于损益类账户，用来核算企业经营活动应负担的税金及附加，包括消费税、城市维护建设税、资源税、土地增值税和教育费附加等，但不包括在"管理费用"账户核算的房产税、车船税、土地使用税、印花税等。其借方登记企业按税法的有关规定计算确定的与经营活动相关的税费，贷方登记期末转入"本年利润"账户的金额；期末结转后无余额。

微课：销售业务的核算

三、销售过程业务核算

业务6-24 12月25日，销售HB-101铅笔100箱给广州明联有限公司，每箱150元（不含税），增值税税率13%。货物已发出，增值税专用发票已交购货方，货已由广州明联有限公司自提，货款尚未收到。

这笔经济业务涉及的资产类账户"应收账款"增加，应记在借方；损益类账户"主营业务收入"增加，应该记在贷方；"应交税费——应交增值税（销项税额）"账户的记账方向应与"主营业务收入"账户的记账方向保持一致。填制专用记账凭证中的转账凭证第12号，如图6-30所示。

基础会计

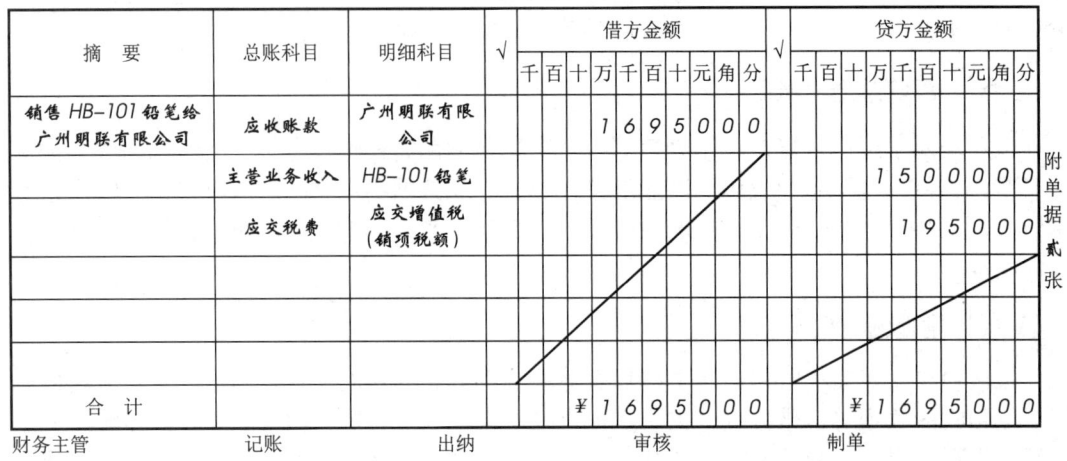

图 6-30 转账凭证——业务 6-24

业务 6-25　12 月 25 日，根据销售合同的规定，预收购货单位东莞胜佳超市购买 HB-101 铅笔的货款 6 万元。

该经济业务涉及的资产类账户"银行存款"增加，应记在借方；负债类账户"预收账款"也增加，应该记在贷方。填制专用凭证中的收款凭证第 5 号，如图 6-31 所示。

收 款 凭 证

借方科目：银行存款　　　　　2019 年 12 月 25 日　　　　　　　收字第 5 号

摘　要	贷方总账科目	明细科目	记账符号	金　额								
				千	百	十	万	千	百	十	元	角	分
预收货款	预收账款	东莞胜佳超市					6	0	0	0	0	0	0
合　计							¥6	0	0	0	0	0	0

财务主管　　　　　记账　　　　　出纳　　　　　审核　　　　　制单

附单据 贰 张

图 6-31 收款凭证——业务 6-25

业务 6-26　12 月 26 日，销售给宏发文具加工厂植物油 100 千克，单价 15 元（不含税）。开具的增值税专用发票上注明售价为 1 500 元，增值税税额为 195 元。材料已发出，宏发文具加工厂以电汇方式付款，款项已收到。

该经济业务涉及的资产类账户"银行存款"增加，应记在借方；收入类账户"其他业务收入"也增加，应该记在贷方；"应交税费——应交增值税（销项税额）"账户的记账方向应该与"主营业务收入"账户的记账方向一致，为贷方。填制专用凭证中的收款凭证第 6 号，如图 6-32 所示。

第六章 企业主要经济业务核算

收款凭证

借方科目：银行存款　　　　2019年12月26日　　　　收字第6号

摘要	贷方总账科目	明细科目	记账符号	金额 千百十万千百十元角分
销售植物油	其他业务收入	宏发文具加工厂		1 5 0 0 0 0
	应交税费	应交增值税（销项税额）		1 9 5 0 0
合　计				￥1 6 9 5 0 0

财务主管　　　记账　　　出纳　　　审核　　　制单

图 6-32　收款凭证——业务 6-26

业务 6-27　12月26日，销售给东莞胜佳超市 HB-101 铅笔 3 000 箱，每箱 150 元，共计货款 450 000 元，增值税税额 58 500 元。货已发出，发货时以现金代垫运费 300 元，货运公司开出的货物运输业增值税专用发票上注明的增值税税额为 27 元。有关单证已交对方。

该经济业务涉及的负债类账户"预收账款"减少，应记在借方；收入类账户"主营业务收入"也增加，应该记在贷方；"应交税费——应交增值税（销项税额）"账户的记账方向应该与"主营业务收入"账户的记账方向一致，为贷方；该业务还涉及账户"库存现金"的减少，应记在贷方。填制专用记账凭证中的转账凭证第 13 号、付款凭证第 9 号，分别如图 6-33 和图 6-34 所示。

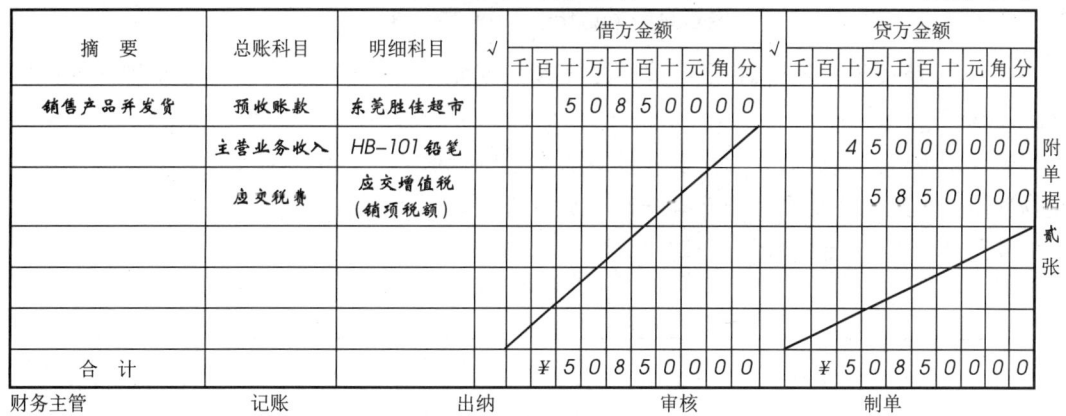

图 6-33　转账凭证——业务 6-27

业务 6-28　12月26日，结转本月销售 300 箱 HB-101 铅笔的销售成本。

该经济业务涉及的账户为"主营业务成本""库存商品"。其中，费用类账户"主营业务成本"增加，应记在借方；资产类账户"库存商品"减少，应记在贷方。填制专用记账凭证中的转账凭证第 14 号，如图 6-35 所示。

付 款 凭 证

贷方科目：库存现金　　2019年12月26日　　付字第9号

摘要	借方总账科目	明细科目	记账符号	金额（千百十万千百十元角分）
代垫运费	预收账款			3 2 7 0 0
合计				¥ 3 2 7 0 0

财务主管　　记账　　出纳　　审核　　制单

附单据 壹 张

图 6-34　付款凭证——业务 6-27

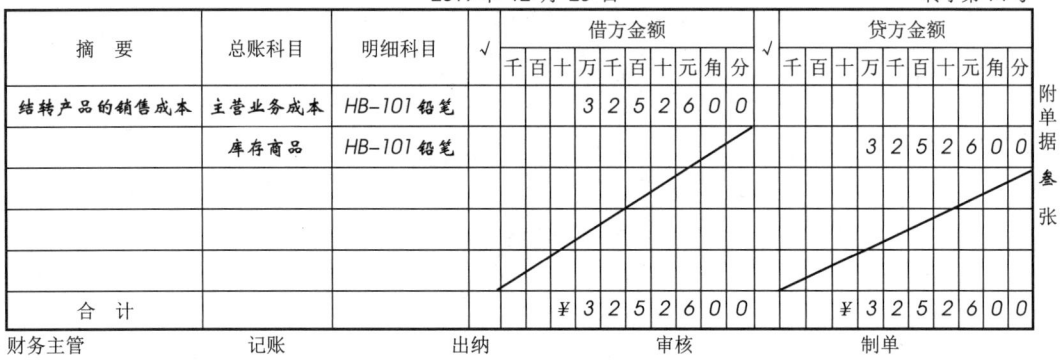

图 6-35　转账凭证——业务 6-28

业务 6-29　12月26日，按单位成本11.8元结转本月销售100千克植物油的销售成本1 180元。

该经济业务涉及的账户为"其他业务成本""原材料"。其中，费用类账户"其他业务成本"增加，应记在借方；资产类账户"原材料"减少，应记在贷方。填制专用记账凭证中的转账凭证第15号，如图6-36所示。

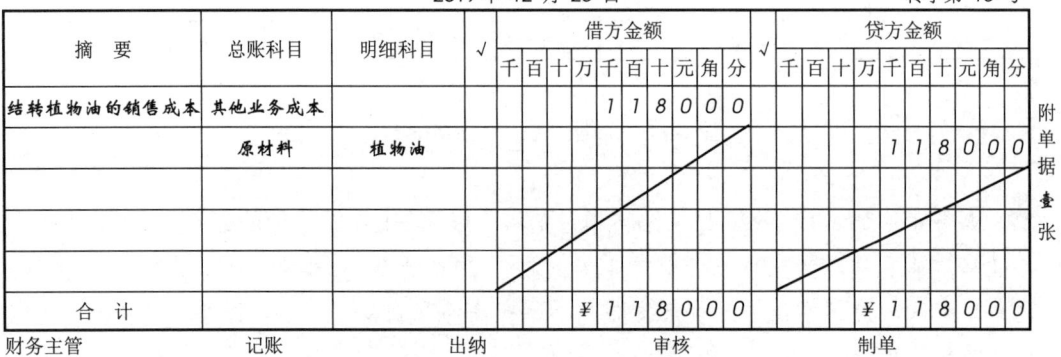

图 6-36　转账凭证——业务 6-29

第六章　企业主要经济业务核算

业务 6-30　12月26日，用银行存款支付产品广告费5 000元。

该业务涉及的资产类账户"销售费用"增加，应记在借方；资产类账户"银行存款"减少，应记在贷方。填制专用记账凭证中的付款凭证第10号，如图6-37所示。

付 款 凭 证

贷方科目　银行存款　　　　　　2019年 12月 26日　　　　　　付字第 10号

摘　要	借方总账科目	明细科目	记账符号	金　额								
				千	百	十	万	千	百	十	元	角	分
支付广告费	销售费用	广告费					5	0	0	0	0	0
合　计							¥ 5	0	0	0	0	0

财务主管　　　　　记账　　　　　出纳　　　　　审核　　　　　制单

附单据 贰 张

图6-37　付款凭证——业务6-30

第五节　其他经济活动业务的核算

业务 6-31　12月26日，从二级市场以每股18元的价格购入X上市公司股票15 000股。公司将其划分为交易性金融资产，另支付交易费用832元。

该经济业务涉及的资产类账户"交易性金融资产——成本"增加，应记在借方；投资收益因为是支付交易费用，应记在借方；资产类账户"银行存款"减少，应记在贷方。填制专用记账凭证中的付款凭证第11号，如图6-38所示。

付 款 凭 证

贷方科目　银行存款　　　　　　2019年 12月 26日　　　　　　付字第 11号

摘　要	借方总账科目	明细科目	记账符号	金　额								
				千	百	十	万	千	百	十	元	角	分
购买股票	交易性金融资产	成本				2	7	0	0	0	0	0
	投资收益								8	3	2	0	0
合　计						¥ 2	7	0	8	3	2	0	0

财务主管　　　　　记账　　　　　出纳　　　　　审核　　　　　制单

附单据 壹 张

图6-38　付款凭证——业务6-31

业务 6-32 12月26日,投资10万元入股Y公司,占10%股份。以银行存款支付。

该经济业务涉及的账户为"长期股权投资——Y公司"和"银行存款"。其中,资产类账户"长期股权投资——Y公司"增加,应记在借方;资产类账户"银行存款"减少,应记在贷方。填制专用记账凭证中的付款凭证第12号,如图6-39所示。

付 款 凭 证

贷方科目 <u>银行存款</u>　　　　　　　2019年 12 月 26 日　　　　　　　　　　付字第 12 号

摘　要	借方总账科目	明细科目	记账符号	金　额											附单据壹张
				千	百	十	万	千	百	十	元	角	分	
购买股份	长期股权投资	Y公司			1	0	0	0	0	0	0	0	0	
合　计				¥	1	0	0	0	0	0	0	0	0	

财务主管　　　　　　　记账　　　　　　　出纳　　　　　　　审核　　　　　　　制单

图 6-39　付款凭证——业务 6-32

业务 6-33 12月26日,财务部李小辉出差预借差旅费3 500元。

该经济业务涉及的资产类账户"其他应收款——李小辉"增加,应记在借方;资产类账户"库存现金"减少,应记在贷方。填制专用记账凭证中的付款凭证第13号,如图6-40所示。

付 款 凭 证

贷方科目 <u>库存现金</u>　　　　　　　2019年 12 月 26 日　　　　　　　　　　付字第 13 号

摘　要	借方总账科目	明细科目	记账符号	金　额											附单据壹张
				千	百	十	万	千	百	十	元	角	分	
李小辉预借差旅费	其他应收款	李小辉						3	5	0	0	0	0	
合　计							¥	3	5	0	0	0	0	

财务主管　　　　　　　记账　　　　　　　出纳　　　　　　　审核　　　　　　　制单

图 6-40　付款凭证——业务 6-33

业务 6-34 12月29日,李小辉出差回来报销差旅费3 300元(其中住宿费专用发票上注明的增值税税额为55元),交回现金200元。

该经济业务涉及的费用类账户"管理费用"增加,应记在借方;"库存现金"增加,应记在借方;"其他应收款"账户减少,应记在贷方。填制专用记账凭证中的转账凭证第16号、收款凭证第7号,分别如图6-41和图6-42所示。

第六章 企业主要经济业务核算

转 账 凭 证

2019 年 12 月 29 日　　　　　　　　　　　　转字第 16 号

摘　要	总账科目	明细科目	√	借方金额 千百十万千百十元角分	√	贷方金额 千百十万千百十元角分
报销差旅费	管理费用	差旅费		3 2 4 5 0 0		
	应交税费	应交增值税（进项税额）		5 5 0 0		
	其他应收款	李小辉				3 3 0 0 0 0
合　计				¥ 3 3 0 0 0 0		¥ 3 3 0 0 0 0
财务主管　　　　记账　　　　出纳　　　　审核　　　　制单						

附单据 贰 张

图 6-41　转账凭证——业务 6-34

收 款 凭 证

借方科目　库存现金　　　　2019 年 12 月 29 日　　　　　　收字第 7 号

	摘　要	贷方总账科目	明细科目	记账符号	金　额 千百十万千百十元角分
	报销差旅费	其他应收款	李小辉		2 0 0 0 0
	合　计				¥ 2 0 0 0 0
财务主管　　　　记账　　　　出纳　　　　审核　　　　制单					

附单据 壹 张

图 6-42　收款凭证——业务 6-34

业务 6-35　12 月 29 日，通过银行发放本月工资 73 700 元。

该经济业务为企业用银行存款发放工资，涉及的负债类账户"应付职工薪酬"减少，应记在借方；资产类账户"银行存款"减少，应记在贷方。填制专用记账凭证中的付款凭证第 14 号，如图 6-43 所示。

付 款 凭 证

贷方科目　银行存款　　　　2019 年 12 月 29 日　　　　　　付字第 14 号

	摘　要	借方总账科目	明细科目	记账符号	金　额 千百十万千百十元角分
	发放工资	应付职工薪酬	工资		7 3 7 0 0 0 0
	合　计				¥ 7 3 7 0 0 0 0
财务主管　　　　记账　　　　出纳　　　　审核　　　　制单					

附单据 贰 张

图 6-43　付款凭证——业务 6-35

129

基础会计

业务 6-36 12月29日，公司行政部购买签字笔、打印纸等日常办公用品，增值税专用发票上注明的价款为500元，增值税税额为65元。用现金支付565元。

该经济业务涉及的费用类账户"管理费用"增加，应记在借方；资产类账户"库存现金"减少，应记在贷方；涉及增值税的进项税额"应交税费——应交增值税（进项税额）"账户，应记在借方。填制专用记账凭证中的付款凭证第15号，如图6-44所示。

付款凭证

贷方科目 　库存现金　　　　　　　　2019年12月29日　　　　　　　　　付字第15号

摘　要	借方总账科目	明细科目	记账符号	金　额 千 百 十 万 千 百 十 元 角 分	
购买办公日常用品	管理费用	办公费		5 0 0 0 0	附单据壹张
	应交税费	应交增值税（进项税额）		6 5 0 0	
合　计				¥ 　　　5 6 5 0 0	

财务主管　　　　　　　记账　　　　　　　出纳　　　　　　　审核　　　　　　　制单

图6-44　付款凭证——业务6-36

业务 6-37 12月29日，计提本月应付利息5 833元。

该经济业务涉及的费用类账户"财务费用"增加，应记在借方；现在只是应负担的利息，还没有支付，涉及的负债类账户"应付利息"增加，应记在贷方。填制专用记账凭证中的转账凭证第17号，如图6-45所示。

转账凭证

2019年12月29日　　　　　　　　　　　　　　　　　　　　　　　　转字第17号

摘　要	总账科目	明细科目	√	借方金额 千 百 十 万 千 百 十 元 角 分	√	贷方金额 千 百 十 万 千 百 十 元 角 分	
应付利息	财务费用	利息支出		5 8 3 3 0 0			附单据壹张
	应付利息					5 8 3 3 0 0	
合　计				¥　　　5 8 3 3 0 0		¥　　　5 8 3 3 0 0	

财务主管　　　　　　　记账　　　　　　　出纳　　　　　　　审核　　　　　　　制单

图6-45　转账凭证——业务6-37

第六章 企业主要经济业务核算

业务 6-38　12月29日，给希望工程捐款5 000元。以银行存款支付。

该经济业务涉及的费用类账户"营业外支出"增加，应记在借方；涉及的捐款，使"银行存款"账户减少，应记在贷方。填制专用记账凭证中的付款凭证第16号，如图6-46所示。

付 款 凭 证

贷方科目：银行存款　　　　　2019年12月28日　　　　　　　付字第16号

摘要	借方总账科目	明细科目	记账符号	金额（千百十万千百十元角分）
捐款	营业外支出			5 0 0 0 0 0
合计				￥ 5 0 0 0 0 0

财务主管　　　记账　　　出纳　　　审核　　　制单

附单据 贰 张

图6-46　付款凭证——业务6-38

业务 6-39　12月29日，出纳从银行取回支付商业汇票手续费及购买空白支票工本费，付款53元。

该经济业务涉及的费用类账户"财务费用"增加，应记在借方；涉及的支付款，使"银行存款"账户减少，应记在贷方。填制专用记账凭证中的付款凭证第17号，如图6-47所示。

付 款 凭 证

贷方科目：银行存款　　　　　2019年12月29日　　　　　　　付字第17号

摘要	借方总账科目	明细科目	记账符号	金额（千百十万千百十元角分）
商业汇票手续费及工本费	财务费用	手续费与工本费		5 3 0 0
合计				￥ 5 3 0 0

财务主管　　　记账　　　出纳　　　审核　　　制单

附单据 贰 张

图6-47　付款凭证——业务6-39

业务 6-40　12月29日，支付光明工厂货款3 000元。

该经济业务涉及的负债类账户"应付账款"减少，应记在借方；涉及的支付款，使"银行存款"账户减少，应记在贷方。填制专用记账凭证中的付款凭证第18号，如图6-48所示。

图 6-48 付款凭证——业务 6-40

业务 6-41 12 月 29 日，计提本月应缴纳的城市维护建设税和教育费附加。

该经济业务为企业月末计算应该缴纳的城市维护建设税和教育费附加。先计算出企业当月应该缴纳的增值税[销项税额－进项税额＝60 792－36 324.2＝24 467.8（元）]，再按照本月应缴纳增值税的 7%和 3%分别计算出本月应该缴纳的城建税及教育费附加。

该经济业务涉及的费用类账户"税金及附加"增加，应记在借方；负债类账户"应交税费"增加，应记在贷方。填制专用记账凭证中的转账凭证第 18 号，如图 6-49 所示。

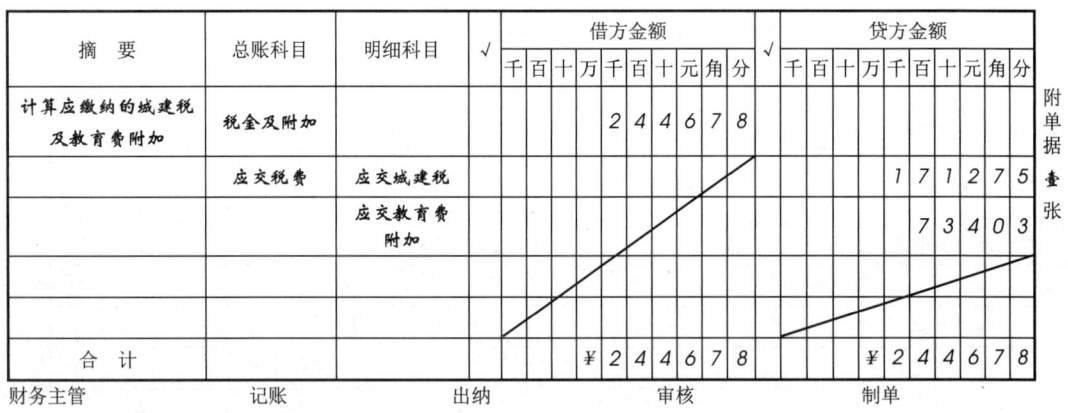

图 6-49 转账凭证——业务 6-41

业务 6-42 12 月 30 日，结转本月应交未交增值税 24 467.8 元。

该经济业务为企业应交但还没交的增值税，是增值税销项税额与增值税进项税额的差异，涉及的账户为"应交税费——应交增值税（转出未交增值税）"和"应交税费——未交增值税"。填制专用记账凭证中的转账凭证第 19 号，如图 6-50 所示。

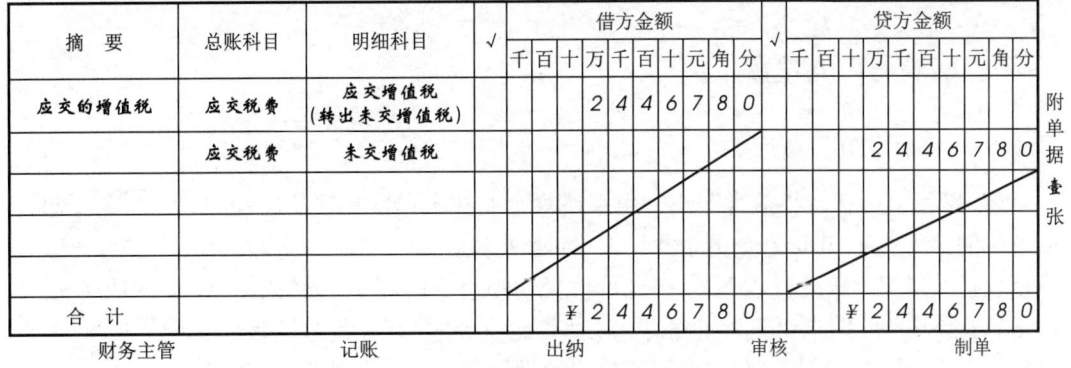

图 6-50 转账凭证——业务 6-42

第六节 利润形成及分配业务的核算

一、利润形成及分配业务核算的主要内容

利润是指企业在一定会计期间的经营成果,包括收入减去费用后的净额、直接计入当期损益的利得和损失等。利润既是企业生产经营活动最终的财务成果,也是衡量一个企业经营成果的重要指标。利润由营业利润、利润总额和净利润三部分组成。

(一)营业利润

营业利润是指企业在一定时期内进行生产经营活动取得的利润,反映企业管理者的经营业绩。其计算公式为:

营业利润=营业收入-营业成本-税金及附加-销售费用-管理费用-财务费用-资产减值损失+公允价值变动收益(-公允价值变动损失)+投资收益(-投资损失)

其中:

营业收入=主营业务收入+其他业务收入

营业成本=主营业务成本+其他业务成本

(二)利润总额

利润总额又称会计利润,或者税前利润,是营业利润加上营业外收入减去营业外支出后的金额。其计算公式为:

利润总额=营业利润+营业外收入-营业外支出

(三)净利润

净利润也叫税后利润,是利润总额扣除所得税费用后的净额。其计算公式为:

净利润=利润总额−所得税费用

应纳所得税=应纳税所得额×适用税率

二、核算账户的设置

(一)"本年利润"账户

该账户属于所有者权益类账户,用来核算企业在本年度实现的净利润(或发生的净亏损)。其贷方登记企业期末"主营业务收入""其他业务收入""投资收益(贷)""营业外收入""公允价值变动损益(贷)"账户转入的金额,借方登记企业期末"主营业务成本""其他业务成本""税金及附加""销售费用""管理费用""财务费用""投资收益(借)""营业外支出""资产减值损失""公允价值变动收益(借)""所得税费用"账户转入的金额;结转后余额在贷方,表示当期实现的净利润;余额在借方,即为当期发生的净亏损。

微课:本年利润的核算

年度终了,企业应将本年实现的净利润(或发生的净亏损)从该账户全部转入"利润分配——未分配利润"账户的贷方(或借方),结转后该账户无余额。

(二)"投资收益"账户

该账户属于损益类账户,用来核算企业确认的投资收益或投资损失。其贷方登记企业实现的投资收益和期末转入"本年利润"账户的投资净损失,借方登记企业发生的投资损失和期末转入"本年利润"账户的投资净收益;期末结转后本账户无余额。

(三)"营业外收入"账户

该账户属于损益类账户,用来核算企业发生的与经营无直接关系的一项收益,包括罚款收入、非流动资产处置利得、非货币性资产交换利得、债务重组利得、盘盈利得、捐赠利得等。其贷方登记发生的营业外收入,即营业外收入增加额,借方登记期末结转入"本年利润"账户的营业外收入额;期末结转后无余额。该账户可按营业外收入项目设置明细账户,进行明细核算。

微课:营业外收支的核算

(四)"营业外支出"账户

该账户属于损益类账户,用来核算企业发生的与其生产经营无直接关系的各项支出,包括流动资产处置损失、非货币性资产交换损失、债务重组损失、公益性捐赠支出、非常损失、盘亏损失等。其借方登记发生的营业外支出额,贷方登记期末转入"本年利润"账户的营业外支出额;期末结转后无余额。该账户可按营业外支出项目设置明细账户,进行明细核算。

(五)"所得税费用"账户

该账户属于损益类账户,用来核算企业按规定当期确认的应从当期利润总额中扣除的所得税费用。其借方登记企业应计入当期损益的所得税费用额,贷方登记期末转入"本年利润"账户的所得税费用额;期末结转后无余额。

三、利润形成及分配业务的核算

微课：利润及利润分配

业务6-43 12月30日，结转损益。

该经济业务为收入类转入"本年利润"账户的贷方，成本、费用类转入"本年利润"账户的借方。填制专用记账凭证中的转账凭证第20号、第21号，如图6-51和图6-52所示。

转 账 凭 证

2019年 12 月 30 日   转字第20号

摘 要	总账科目	明细科目	√	借方金额 千百十万千百十元角分	√	贷方金额 千百十万千百十元角分
收入类结转到利润	主营业务收入			4 6 5 0 0 0 0 0		
	其他业务收入			1 5 0 0 0 0		
	本年利润					4 6 6 5 0 0 0 0
合 计				¥ 4 6 6 5 0 0 0 0		¥ 4 6 6 5 0 0 0 0

财务主管   记账   出纳   审核   制单

图6-51 转账凭证——业务6-43

转 账 凭 证

2019年 12 月 30 日   转字第21号

摘 要	总账科目	明细科目	√	借方金额 千百十万千百十元角分	√	贷方金额 千百十万千百十元角分
成本费用类结转到利润	本年利润			1 7 3 7 5 5 7 8		
	主营业务成本					3 2 5 2 6 0 0
	其他业务成本					1 1 8 0 0 0 0
	税金及附加					2 4 4 6 7 8
	销售费用					4 9 0 8 0 0 0
	管理费用					7 6 8 0 0 0 0
	财务费用					5 8 8 6 0 0
	营业外支出					5 0 0 0 0 0
	投资收益					8 3 2 0 0
合 计				¥ 1 7 3 7 5 5 7 8		¥ 1 7 3 7 5 5 7 8

财务主管   记账   出纳   审核   制单

图6-52 转账凭证——业务6-43

业务6-44 12月30日，计提本月所得税费用，适用的企业所得税税率为20%。

企业所得税税额=466 500×20%=58 548.84（元）

该经济业务涉及的账户为"所得税费用"的借方，以及"应交税费——应交企业所得税"的贷方。填制专用记账凭证中的转账凭证第22号，如图6-53所示。

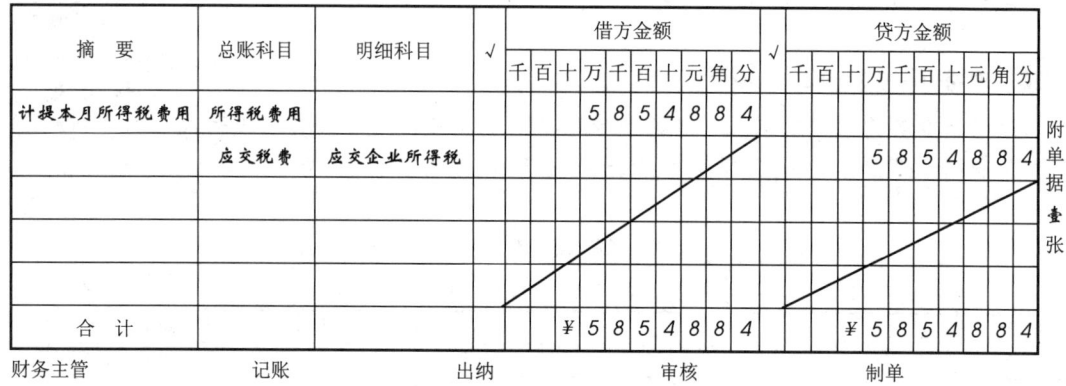

图 6-53　转账凭证——业务 6-44

业务 6-45　12 月 30 日，结转所得税费用。

该经济业务为企业月末将所得税费用类转入本年利润，应借记"本年利润"账户，贷记"所得税费用"账户。填制专用记账凭证中的转账凭证第 23 号，如图 6-54 所示。

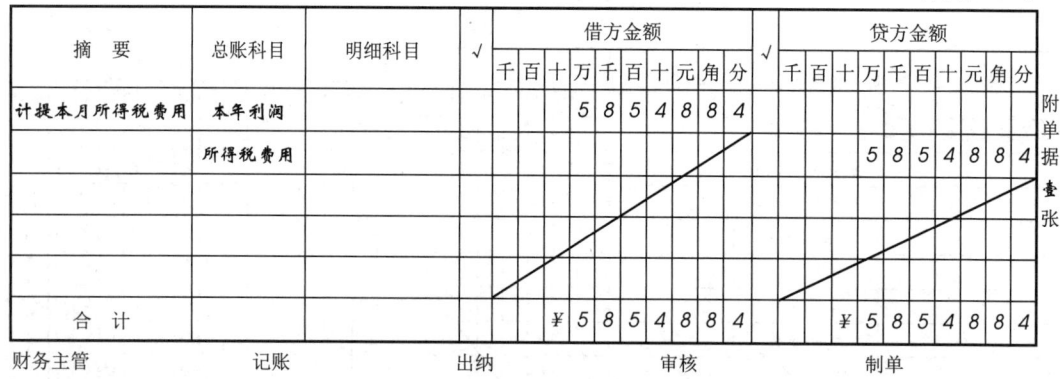

图 6-54　转账凭证——业务 6-45

业务 6-46　12 月 30 日，结转本年利润。

该经济业务为企业月末将本年利润进行结转，应借记"本年利润"账户，贷记"利润分配——未分配利润"账户。填制专用记账凭证中的转账凭证第 24 号，如图 6-55 所示。

第六章 企业主要经济业务核算

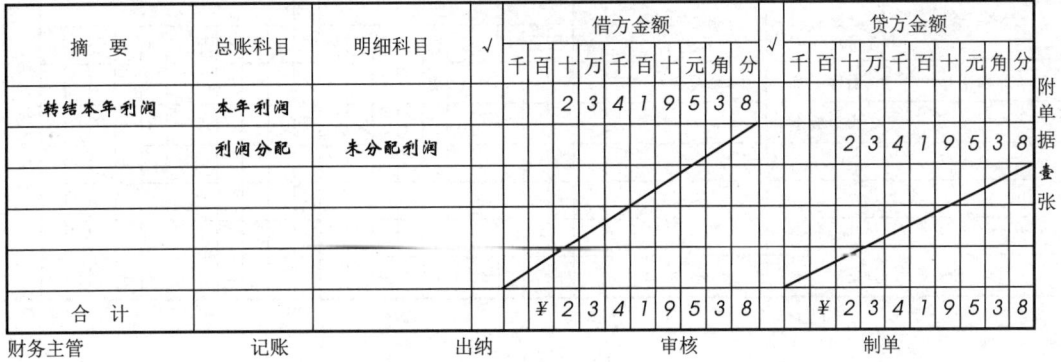

图 6-55　转账凭证——业务 6-46

业务 6-47　12 月 30 日，按当年净利润的 10%提取法定盈余公积。

该经济业务为企业月末将本年利润进行结转，应借记"利润分配——提取法定盈余公积"账户，贷记"盈余公积"账户。填制专用记账凭证中的转账凭证第 25 号，如图 6-56 所示。

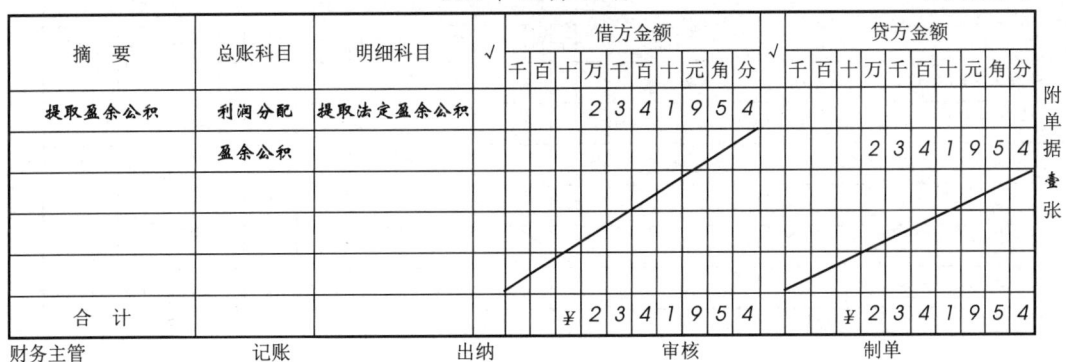

图 6-56　转账凭证——业务 6-47

业务 6-48　12 月 30 日，根据公司董事会决议，宣告按当年净利润的 20%给投资者分配利润。

该经济业务为企业月末进行分红，应借记"利润分配——应付股利"账户，贷记"盈余公积"账户。填制专用记账凭证中的转账凭证第 26 号，如图 6-57 所示。

137

转 账 凭 证

2019年 12月 30日   转字第 26 号

摘 要	总账科目	明细科目	√	借方金额 千百十万千百十元角分	√	贷方金额 千百十万千百十元角分	
月末分红	利润分配	应付股利		4 6 8 3 9 0 8			附单据壹张
	应付股利					4 6 8 3 9 0 8	
合 计				¥ 4 6 8 3 9 0 8		¥ 4 6 8 3 9 0 8	

财务主管   记账   出纳   审核   制单

图 6-57 转账凭证——业务 6-48

业务 6-49 12月30日，结转未分配利润。

月末进行未分配利润的结转，应借记"利润分配——未分配利润"账户，贷记"利润分配——提取法定盈余公积""利润分配——应付股利"账户。填制专用记账凭证中的转账凭证第27号，如图6-58所示。

微课：利润分配的核算

转 账 凭 证

2019年 12月 30日   转字第 27 号

摘 要	总账科目	明细科目	√	借方金额 千百十万千百十元角分	√	贷方金额 千百十万千百十元角分	
结转未分配利润	利润分配	未分配利润		7 0 2 5 8 6 2			附单据壹张
	利润分配	提取法定盈余公积				2 3 4 1 9 5 4	
		应付股利				4 6 8 3 9 0 8	
合 计				¥ 7 0 2 5 8 6 2		¥ 7 0 2 5 8 6 2	

财务主管   记账   出纳   审核   制单

图 6-58 转账凭证——业务 6-49

职业判断与业务操作

分析经济业务情况，采用借贷记账法，运用记账凭证反映经济业务过程，最终计算出利润等，反映了制造业资金的运动过程。

本章小结

本章主要讲述工业企业生产经营过程的核算，主要是供应、生产和销售3个过程的核

算。现将其内容概括如下。

① 供应过程是准备过程，在此过程中发生的与供应过程有直接联系的经济业务是用货币采购原料、支付价款和采购费用。这类经济业务的发生，反映和控制了货币资金转化为储备资金的全过程。

② 生产过程既是产品制造过程，又是人力、物力、财力的耗费过程。在此过程中发生的与生产过程有直接联系的经济业务是生产耗用材料、支付职工薪酬、支付各项制造费用和管理费用。这类经济业务的发生，反映和控制了储备资金转化为生产资金又转化为成品资金的全过程。

③ 销售过程主要是将产品销售出去，收回货币。在此过程中，与销售过程有直接联系的经济业务是发出商品，收回货币，支付销售费用，计纳销售税金。这类经济业务的发生，反映和控制了成品资金又转化为货币资金的全过程。

利润（或亏损）是企业在一定会计期间生产经营活动的最终成果，是综合反映企业经济利益的一个重要指标。

利润总额的计算公式为：

$$利润总额=营业利润+营业外收入-营业外支出$$

其中，营业利润是指企业日常经营过程中发生的收入减去相关成本费用后的利润。

$$营业利润=营业收入-营业成本-税金及附加-销售费用-管理费用-财务费用+投资收益$$

企业实现的利润应按规定向国家缴纳所得税，余下的部分为税后净利润，要在投资者和企业之间进行分配。其计算公式为：

$$净利润=利润总额-所得税$$

课后练习

试题自测

一、单项选择题

1. "本年利润"账户各月末余额反映的是（　　）。
   A．本月实现的利润总额
   B．本月实现的净利润留成
   C．从年初起至本月止实现的利润总额
   D．从年初起至本月止实现的净利润

2. 以下各项中，（　　）不属于期间费用。
   A．管理费用　　B．制造费用　　C．财务费用　　D．销售费用

3. "固定资产"账户反映企业固定资产的（　　）。
   A．累计折旧　　B．原始价值　　C．净值　　　　D．磨损价值

4. 已经完成全部生产过程并已验收入库，可供对外销售的产品是（　　）。
   A．原材料　　　B．库存商品　　C．生产成本　　D．销售成本

5. 下列不属于流动负债的是（　　）。
   A．应收票据　　　　　　　　B．应付账款
   C．一年内到期的长期负债　　D．应交税费
6. 日常周转而借入的短期借款的利息应计入（　　）。
   A．财务费用　　B．管理费用　　C．营业外支出　　D．投资收益
7. 一般将企业所有者权益中的盈余公积和未分配利润称为（　　）。
   A．实收资本　　B．资本公积　　C．留存收益　　D．所有者权益
8. 资本公积的主要用途是（　　）。
   A．弥补亏损　　B．转增资本　　C．分配股利　　D．归还投资
9. 企业设置"固定资产"账户是用来反映固定资产的（　　）。
   A．磨损价值　　B．累计折旧　　C．原始价值　　D．净值
10. 下列账户中，与"制造费用"账户不可能发生对应关系的是（　　）账户。
    A．"原材料"　　　　　　　B．"生产成本"
    C．"应付职工薪酬"　　　　D．"库存商品"

二、多项选择题

1. 企业实现的净利润要按一定的程序进行分配。利润分配的内容有（　　）。
   A．提取法定盈余公积金　　B．缴纳所得税
   C．提取任意盈余公积金　　D．向投资者分配利润
2. 成本项目可以分为（　　）等。
   A．"直接材料"　B．"直接人工"　C．"管理费用"　D．"制造费用"
3. 材料的采购成本包括（　　）等。
   A．买价　　　　　　　　B．运杂费用
   C．运输途中的合理损耗　D．增值税
4. 下列项目应在"管理费用"账户中列支的有（　　）。
   A．"工会经费"　　　　　　B．"业务招待费"
   C．"车间管理人员的薪酬"　D．"排污费"
5. 与"主营业务收入"账户有对应关系的账户有（　　）。
   A．"应收账款"　B．"应收票据"　C．"本年利润"　D．"利润分配"
6. 关于企业的实收资本，下列说法正确的有（　　）。
   A．是企业实际收到投资人投入的资本金
   B．是企业进行正常经营的条件
   C．是企业向外投出的资产
   D．应按照实际收到的投资额入账
7. 企业的资本金按其投资主体不同可以分为（　　）。
   A．外商投资　　B．国家投资　　C．个人投资　　D．法人投资
8. 企业吸收投资人投资时，下列账户的余额可能发生变化的有（　　）。
   A．"盈余公积"　B．"资本公积"　C．"实收资本"　D．"本年利润"

第六章　企业主要经济业务核算

9. "财务费用"账户的借方登记企业因筹集生产所需要的资金而发生的费用，主要包括（　　　　）。

　　A．利息支出　　B．手续费　　C．佣金　　D．汇兑损失

10. 增值税一般纳税人的企业购入的机器设备，其入账价值包括（　　　　）。

　　A．进口关税　　B．增值税　　C．安装成本　　D．购买价款和运杂费

三、业务题

业务题一

目的：练习制造业资金筹集业务的核算。

资料：凯达公司 2019 年 1 月份发生下列经济业务。

（1）3 日，收到集通公司投入的机床一台，经评估确认价值为 8 000 元。

（2）4 日，收到兴发公司投入的现金 10 000 元。已存入银行。

（3）6 日，从银行借入一年期借款 1 600 000 元，年利率 6%。款项存入银行。

（4）20 日，按银行通知，结算本企业银行存款利息收入 870 元。

要求：根据以上业务填制记账凭证。

业务题二

目的：练习制造业生产过程的核算。

资料：黄河公司 2019 年 7 月份发生下列经济业务。

（1）1 日，生产车间从仓库领用各种原材料进行产品生产。其用于生产 A 产品的甲材料 1 500 千克，单价 10 元，乙材料 1 000 千克，单价 16 元；用于生产 B 产品的甲材料 1 200 千克，单价 10 元，乙材料 1 000 千克，单价 16 元。生产车间一般耗用的甲材料 1 000 千克，单价 10 元。

（2）15 日，计提本月份固定资产折旧。其中，生产车间使用的固定资产折旧 1 000 元；管理部门使用的固定资产折旧 500 元。

（3）20 日，生产车间报销办公费及其他零星开支 400 元。以现金支付。

（4）22 日，车间管理人员出差报销差旅费 800 元。原预支 1 000 元，余额归还现金。

（5）31 日，结算本月应付职工薪酬，按用途归集如下。

A 产品生产工人薪酬　　　　　5 000 元
B 产品生产工人薪酬　　　　　4 000 元
车间管理人员薪酬　　　　　　2 000 元
行政管理部门职工薪酬　　　　3 000 元

要求：根据以上业务填制记账凭证。

业务题三

目的：练习制造业销售过程的核算。

资料：美达公司 2019 年 7 月份发生的有关销售的经济业务如下。

（1）2 日，向甲公司出售 A 产品 500 件，每件售价 60 元，增值税税率 13%。货款已收到，存入银行。

（2）3 日，向乙公司出售 B 产品 300 件，每件售价 150 元，增值税税率 13%。货款尚未收到。

(3) 4日，按出售的两种产品的实际销售成本转账（A产品每件50元，B产品每件110元）。

(4) 5日，以银行存款支付上述A、B两种产品在销售过程中的运输费800元，包装费200元。

(5) 6日，向丙公司出售甲材料100千克，每千克售价12元。货款已收到，存入银行。

(6) 31日，结算本月销售机构职工薪酬1 000元。

要求：根据以上业务填制记账凭证。

业务题四

目的：综合练习制造业经营过程核算和成本计算。

资料：(1) 明华工厂2019年11月30日各总分类账户余额及有关账户明细资料如下。

账户名称	借方余额/元	账户名称	贷方余额/元
库存现金	1 300	短期借款	42 900
银行存款	139 200	应付账款	1 000
应收账款	3 000	其他应付款	300
原材料	125 000	应交税费	1 000
库存商品	150 000	应付利息	500
固定资产	882 000	实收资本	986 000
利润分配	326 800	盈余公积	14 000
		本年利润	427 000
		累计折旧	154 600
合 计	1 627 300	合 计	1 627 300

"库存商品"账户余额150 000元。其中，A商品4 000件，每件20元，计80 000元；B商品7 000件，每件10元，计70 000元；"应收账款"账户余额3 000元系新华工厂欠款；"应付账款"账户余额1 000元系欠八一工厂货款。

(2) 本年12月份发生下列经济业务。

① 12月1日，仓库发出材料40 000元。其中，用于生产A产品的材料21 900元；用于生产B产品的材料18 100元。

② 12月2日，仓库发出辅助材料2 000元，供车间一般使用。

③ 12月3日，从银行存款中提取现金30 000元。

④ 12月4日，向光明工厂购入甲材料14 000元，增值税税率为13%；运杂费为1 000元。贷款以银行存款支付，材料尚未到达企业。

⑤ 12月5日，向八一工厂购入材料40 000元，增值税税率为13%；运杂费为600元。款项以商业承兑汇票结算，材料已到达并验收入库。

⑥ 12月6日，收到新华工厂还来欠款3 000元。存入银行。

⑦ 12月8日，以银行存款支付上月应交税费1 000元。

⑧ 12月9日，出售商品给新华工厂。其中，A商品1 800件，每件售价28元；B商品4 400件，每件售价14元。共计售价11 200元，增值税税率为13%。货款尚未收到。

⑨ 12月10日，用现金支付销售产品的包装费、装卸费等销售费用1 100元。

⑩ 12月11日，以银行存款支付临时借款利息5 000元。

⑪ 12月12日，由于自然灾害使辅助材料损坏300千克，价值1 120元。经上级批准，

作为非常损失处理。

⑫ 12 月 13 日，没收逾期未归还包装物的押金 300 元。

⑬ 12 月 14 日，出售多余的材料 2 000 元，增值税税率为 13%。价款已存入银行。同时，结转该材料的实际成本 1 500 元。

⑭ 12 月 30 日，本月职工薪酬分配如下。

A 产品生产工人薪酬　　　　10 000 元
B 产品生产工人薪酬　　　　10 000 元
车间管理人员薪酬　　　　　 3 000 元
行政管理部门职工薪酬　　　 1 000 元
合计　　　　　　　　　　　24 000 元

⑮ 12 月 31 日，以现金支付职工薪酬 24 000 元。

⑯ 12 月 31 日，计提本月固定资产折旧 3 160 元。其中，车间用固定资产折旧 2 380 元；管理部门用固定资产折旧 780 元。

⑰ 12 月 31 日，将制造费用按生产工人工资比例摊配到 A、B 两种产品成本中。

⑱ 12 月 31 日，A 产品已全部完工，共 2 000 件。按其实际生产成本转账。

⑲ 12 月 31 日，结转上述已出售商品的生产成本。其中，A 商品每件 20 元，B 商品每件 10 元。共计 80 000 元。

⑳ 12 月 31 日，将 12 月各损益账户余额转至"本年利润"账户，结出 12 月份利润总额。

㉑ 12 月 31 日，按 12 月利润总额的 25%计算应交所得税。

㉒ 12 月 31 日，按 12 月净利润的 10%提取盈余公积金。

要求：根据以上业务填制记账凭证。

第七章 会计账簿的启用、登记与保管

职业能力目标

1. 设置、启用和保管会计账簿。
2. 能正确登记日记账、总账和明细账。
3. 能正确进行总分类账和明细分类账的平行登记。

情景导入　有一天,大海公司销售部李明东找财务部经理要求查询去年一笔销售业务的原始单据。财务部经理在询问事由后同意了他的要求。财务部人员都很忙,经理安排夏芳协助查找,夏芳根据李明东回忆的业务发生的大致时间,将去年 6 月份至 9 月份的凭证全部拿了出来准备查找。面对这 100 多本凭证,夏芳很快就找到了李明东要查的凭证。夏芳是怎样查到的呢?

第一节　会计账簿概述

微课:会计账簿的含义和分类

一、会计账簿的概念和作用

(一)会计账簿的概念

会计账簿是以会计凭证为依据,序时地、分类地记载企业、单位全部经济业务的簿籍。它由若干张具有专门格式,并以一定形式相互联结在一起的账页所组成。在会计实务中,设置和登记会计账簿是使会计资料系统化而做的进一步技术处理。账簿记录储备着大量经济信息,是编制财务报表的依据。

企业在生产经营过程中发生的经济业务是通过取得和填制原始凭证记载的,然后按照复式记账法原理对经济业务进行初步加工后再填制记账凭证。记账凭证已经能够反映每一项经济业务的内容、发生时间、影响的账户和金额,但它对经济业务的反映是分散的,而且由于会计凭证数量很多,经日积月累,如果不把它们集合在一起,就很容易散失。因为

第七章　会计账簿的启用、登记与保管

每张会计凭证只能说明个别经济业务的内容，不能全面、系统地反映一个单位同类的和全部的经济业务的完成情况，所以有必要把会计凭证所提供的大量且分散的资料加以整理，登记到有关的各种账簿中去。

（二）会计账簿的作用

登记账簿是会计循环的中心环节，对于综合反映经济活动，加强经济核算，明确经济责任，提高经营管理水平具有重要意义。

① 账簿是全面、系统、综合、连续地记录和反映会计资料的工具。由于在账簿中能够对全部经济业务按不同的性质进行归类和汇总，使某一时间段的零星的、分散的全部经济活动情况完整地、系统地反映出来，因此既可以提供各项总括分类资料，又可以提供某些明细资料。

② 账簿是正确计算经营成果，考核财务计划执行情况的依据。根据账簿提供的核算资料，采用一定的方法，就可以正确地计算企业的收入、费用、成本，确定经营成果。同时，它为收入、费用的控制提供了依据，而且也便于考核费用、成本和利润计划的完成情况。

③ 账簿是编制财务报表的主要依据。财务报表的主要依据来自账簿记录，正确设置和登记账簿有利于正确编制财务报表。财务报表编制是否及时、数据是否真实准确都与账簿设置和登记质量有密切关系。

④ 账簿是检查和分析单位经济活动的重要依据。由于账簿信息的详细程度介于会计凭证和财务报表之间，既比会计凭证的资料全面、系统，又比财务报表上的内容具体、丰富，因此分析单位的经济活动时，不仅要及时利用会计凭证、报表，还要利用会计账簿。

（三）会计账簿和账户的关系

会计账簿和账户二者的关系十分密切，是形式和内容的关系。账户存在于账簿之中，账簿中的每一个账页就是账户的存在形式和载体，没有账簿，账户不能独立存在；账簿序时、分类地记载经济业务，是在个别账户中完成的。账簿只是一个外在形式，账户才是它的真实内容。

二、会计账簿的分类

从外表看，账簿具有专门格式并且具有相互联系的账页；从内容看，账簿又对各项经济业务进行了序时、科学的分类并加以记录和反映。在实际工作中，由于各个单位的经济业务和经营管理的要求不同，因此所设置的账簿也有所不同。账簿的种类及其格式是多种多样的，但一般可以按其用途和外表形式进行分类。

（一）账簿按其用途可以分为序时账簿、分类账簿和备查账簿

1. 序时账簿

序时账簿也称日记账，是按照经济业务发生的时间先后顺序逐日逐笔登记的账簿。序

时账簿按其登记的业务范围,可以分为普通序时账簿和特种序时账簿两种。普通序时账簿即普通日记账,又称分录簿,是用来集中地、序时地登记全部经济业务的账簿。由于普通序时账簿不利于记账分工和登账,且工作量较大,难以比较清晰地反映各类经济业务的情况,因此我国各单位一般都不设置普通序时账簿。特种序时账簿是用来专门序时登记某一类经济业务的账簿。例如,现金日记账、银行存款日记账就是分别用来将与现金、银行存款收支有关的经济业务序时地登记。利用这种日记账,可以反映、监督某一类经济业务的完整情况。因为这种账簿兼有序时和分类的作用,所以叫作特种序时账簿。

2．分类账簿

分类账簿简称分类账,是用来分类登记经济业务的账簿。根据其详细程度不同可分为总分类账簿和明细分类账簿。总分类账簿简称总账,是根据一级会计科目设户,反映经济业务总括情况的账簿;明细分类账簿简称明细账,是根据二级科目或明细科目设户,反映经济业务详细情况的账簿。总分类账和明细分类账之间的关系是统御、控制与补充、说明的关系。总分类账簿用来核算总括内容,总括反映资产、发债、所有者权益、收入、费用和成本的情况;明细分类账簿用来核算明细内容,即补充和说明总分类账簿,能详细具体地反映某一种资产、负债、所有者权益、收入、费用、成本的情况。总分类账簿中总括内容所登记的金额总数,应与其有关的各明细分类账户金额相加之和相等,即总分类账簿统御和控制明细分类账簿。

3．备查账簿

备查账簿也称辅助账,是对某些在总账或明细账未能记录或记载不全的事项进行补充登记的账簿。

(二) 账簿按其外表形式可分为订本式账簿、活页式账簿和卡片式账簿

1．订本式账簿

订本式账簿是在启用前就把许多已编印页码的账页固定装订在一起的账簿。其优点是能避免账页散失和防止抽换,比较安全;缺点是不便于调整各账户页数,也不利于分工记账。

2．活页式账簿

活页式账簿是由若干零散的账页组成的账簿。其优点是可根据实际需要随时增减账页,便于分工记账;缺点是账页容易散失或被抽换,不太安全。

3．卡片式账簿

卡片式账簿是由硬纸卡片组成的装在卡片箱内保管备用的账簿。其优缺点与活页式账簿相同。

第七章　会计账簿的启用、登记与保管

（三）账簿按其账页格式可分为两栏式账簿、三栏式账簿、多栏式账簿和数量金额式账簿 4 类

1. 两栏式账簿

两栏式账簿是指其账页格式只有借方、贷方两个基本金额栏目的账簿。

2. 三栏式账簿

三栏式账簿是指其账页格式设有借方、贷方和余额 3 个金额栏目的账簿。它一般适用于只需要记录金额的账户，如库存现金日记账、银行存款总分类账，以及资本、债权债务明细账等。三栏式账页如图 7-1 所示。

图 7-1　三栏式账页

3. 多栏式账簿

多栏式账簿是指在账页的两个金额栏目（借方和贷方）按需要分设若干专栏的账簿。多栏式账簿借方和贷方栏目按照明细科目或某明细科目的各明细项下设专栏，用于反映所记经济业务或事项的构成内容，以便为经济管理提供详细资料。多栏式账簿又分为借方多栏式明细账和贷方多栏式明细账。例如，制造费用明细账、生产成本明细账等。多栏式账页如图 7-2 所示。

4. 数量金额式账簿

数量金额式账簿是指在账页借方、贷方和余额 3 个栏目内，每个栏目再分设数量、单价和金额 3 个小栏目，用以反映财产物资的实物数量和价值量的账簿。例如，原材料明细账、库存商品明细账等。数量金额式账页如图 7-3 所示。

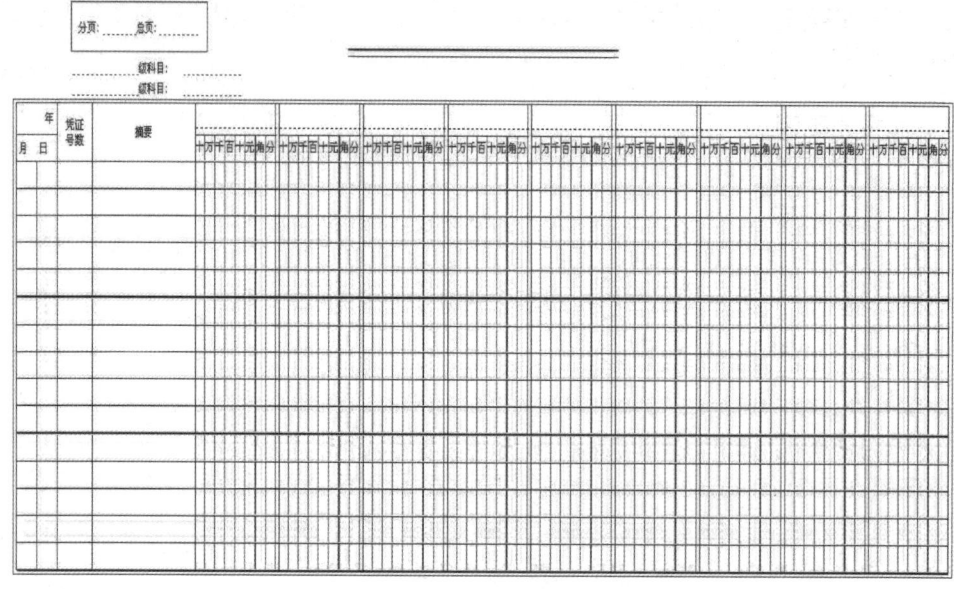

图 7-2　多栏式账页

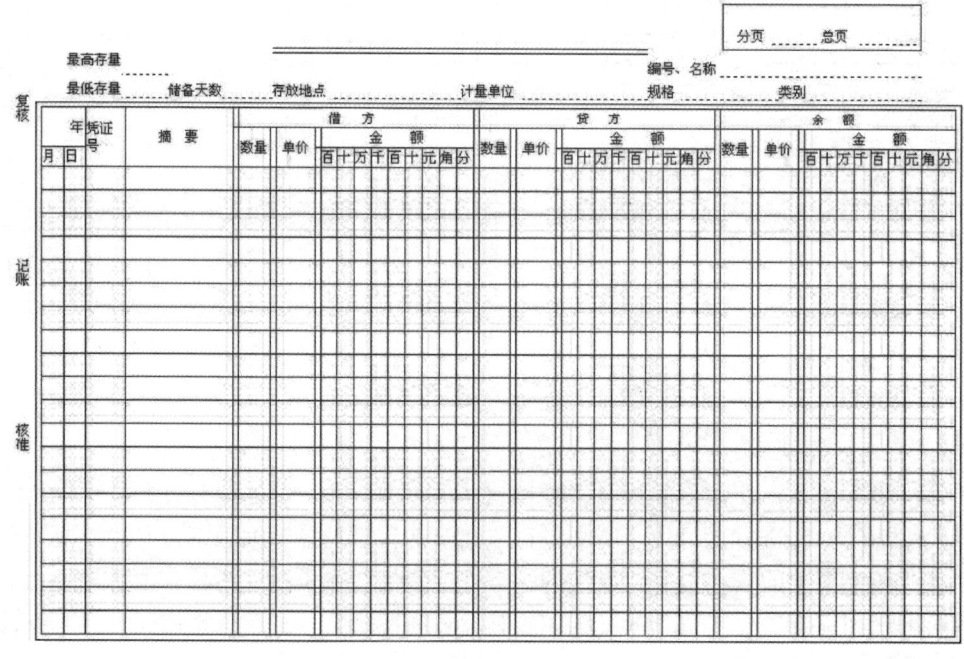

图 7-3　数量金额式账页

三、会计账簿的基本内容

在实际工作中，账簿的格式是多种多样的，不同格式的账簿所包括的具体内容也不尽相同。但各种账簿都应具备以下基本要素。

第七章　会计账簿的启用、登记与保管

（一）封面

封面主要标明账簿的名称，如总账、各种明细账、现金日记账、银行存款日记账等，如图 7-4 所示。

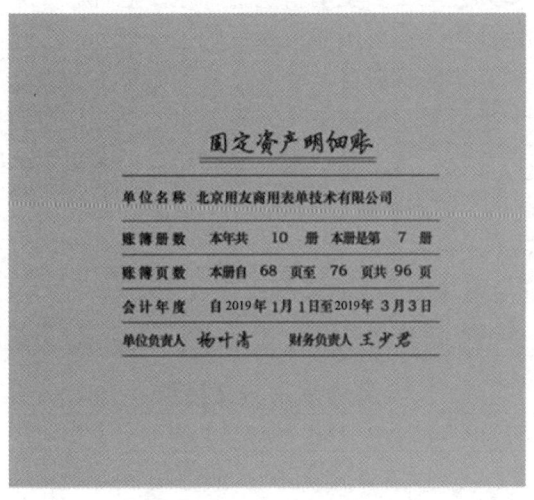

图 7-4　会计账簿的封面

（二）扉页

扉页主要列明账簿启用与交接表（活页账、卡片账在装订成册后，填列账簿启用与交接表）。

（三）账页

账页是账簿用来记录具体经济业务的载体，其格式因记录经济业务内容的不同而有所不同，但基本内容应包括以下几项。

① 账户的名称（总分类账户、二级账户或明细账户）。
② 登记账户的日期栏。
③ 凭证种类和号数栏。
④ 摘要栏（简要说明所记录经济业务的内容）。
⑤ 金额栏（记录经济业务引起账户发生额或余额增减变动的数额）。
⑥ 总页次和分页次。

第二节　会计账簿启用与登记的通用规定

一、会计账簿的启用

在启用账簿时，应在账簿的扉页填列账簿启用与交接表，详细载明单位名称、账簿名称、账簿编号、账簿页数、启用日期，并加盖单位公章，然

微课：会计账簿的内容、启用和登记规则

后由会计主管人员和记账人员签章。更换记账人员时,应办理交接手续,在账簿启用与交接表内填写交接日期和交接人、监交人姓名,并加盖人名章。在启用账簿时,还应填写账户目录表。总账账户按照科目编号和科目名称填列,写明各自的起讫页数;明细账户除按照科目编号和科目名称填列外,还要填明所属明细账户名称。如果采用的是活页式账簿,可在定期装订后再按实际使用的账页顺序编制页数进行填列。在建账或结转新账时,应根据需要选择或确定会计科目、明细科目,并在账簿的账页上开设账户。在账页眉线上的有关位置要注明账户名称,然后登记期初余额。在账页右侧,按鱼鳞参差形式粘贴口取纸,标明账户名称,以利日后查找。每个账户都应留有所需的账页数,既不能少,不够使用,也不能多,造成浪费。

业务 7-1 账簿启用与交接表的填写。

登记大海公司各账簿的账簿启用与交接表,如图 7-5 所示。该范例图省略了公司印鉴。

账簿启用与交接表

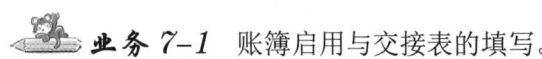

图 7-5 账簿启用与交接表

需要注意的是,实行信息化的企业不再需要填写账簿启用与交接表,而是直接采用权限变更的方式,填写财务权限新增申请单,经批准后可以获准启用不同的账簿,从而完成交接。财务权限新增申请单如图 7-6 所示。

第七章　会计账簿的启用、登记与保管

财务权限新增申请单

申请日期：　　　　　申请人：　　　　　所属公司代码：

一级部门：　　　　　二级部门：　　　　　目前所在岗位：

1. 权限使用人及账号

权限使用人	账　号	目前所在岗位

2. 目前工作岗位的岗位描述

3. 目前工作中所遇到的权限问题描述

4. 申请需要的公司代码

图 7-6　财务权限新增申请单

二、会计账簿登记的通用规定

设置账簿要能全面、系统地反映会计主体的经济活动情况，为经营管理提供必要的会计信息，贯彻统一性和灵活性原则。一般情况下，要根据会计制度、管理需要和实际业务来决定，同时也要考虑本单位所选择的会计核算形式的影响。在会计实务中，每个会计主体一般都应设置总账、明细账、日记账和备查账。账簿的设置要求体系完整、组织严密、层次分明。各账簿之间既要有明确分工，互不重复，又要密切联系，互为补充；有关账簿之间要有统属关系或平行制约关系；要既便于记账，又便于报账和查账，并要注意人力、物力和财力的节约，避免过于烦琐。

账簿设置格式要求包括账簿装订形式要求和账页格式设计要求。总账装订形式一般应选用订本式，其账页格式应采用三栏式；明细账装订形式一般应采用活页式或卡片式，其账页格式可根据需要分别采用三栏式、数量金额式、多栏式和平行式等。例如，"应收账款""应付账款"等债权债务明细账应采用三栏式；"原材料""库存成品"等存货明细账应采用数量金额式；"材料采购""生产成本""管理费用"等成本费用明细账应采用多栏式，其中"材料采购"成本费用明细账也可采用平行式。序时账装订形式一般也应采用订本式，其账页格式可采用三栏式或多栏式。备查账装订形式应采用活页式或卡片式，其账页格式可灵活设计，并注重某项经济业务的发生和注销的记录。

为了保证账簿记录的正确性，必须根据审核无误的会计凭证登记会计账簿，并符合下列要求。

（一）准确完整

登记会计账簿时，应当将会计凭证日期、编号、业务内容摘要、金额和其他有关资料

逐项记入账内，做到数字准确、摘要清楚、登记及时、字迹工整。每一项会计事项，一方面要记入有关的总账，另一方面要记入该总账所属的明细账。账簿记录中的日期，应该填写记账凭证上的日期；以自制原始凭证，如收料单、领料单等作为记账依据的，账簿记录中的日期应按有关自制凭证上的日期填列。

（二）注明记账符号

账簿登记完毕，应在记账凭证上签名或盖章，并在"过账"栏内注明账簿页数或画钩，表示记账完毕，避免重记、漏记。

（三）书写留空

账簿中书写的文字和数字上面要留有适当的空格，不要写满格，一般应占格距的1/2。这样，在发生登记错误时，能比较容易地进行更正，同时也方便查账工作。

（四）正常记账使用蓝黑墨水

为了保持账簿记录的持久性，防止涂改，登记账簿必须使用蓝黑墨水或碳素墨水并用钢笔或签字笔书写，不得使用圆珠笔（银行的复写账簿除外）或铅笔书写。

（五）特殊记账使用红墨水

可以使用红墨水记账的情况包括：按照红字冲账的记账凭证，冲销错误记录；在不设借贷等栏的多栏式账页中，登记负数；在三栏式账户的"余额"栏前，如果未印明余额方向，则在"余额"栏内登记负数余额；根据国家统一的会计制度规定可以用红字登记的其他会计记录。会计行业中的红字表示负数，因此除上述情况外，不得使用红墨水登记账簿。

（六）顺序连续登记

记账时，必须按账户页次逐页逐行登记，不得隔页、跳行。如果发生隔页、跳行现象，应在空页、空行处用红墨水画对角线注销，或者注明"此页空白"或"此行空白"字样，并由记账人员和会计机构负责人（会计主管人员）签章。

（七）结出余额

凡需要结出余额的账户，结出余额后，应当在"借或贷"栏内注明"借"或"贷"字样，以示余额的方向；对于没有余额的账户，应在"借或贷"栏内写"平"字，并在"余额"栏用"0"表示。现金日记账和银行存款日记账必须逐日结出余额。

（八）过次承前

每一账页登记完毕时，应当结出本页发生额合计及余额，在该账页最末一行"摘要"栏内注明"转次页"或"过次面"，并将这一金额记入下一页第1行有关金额栏内，在该行"摘要"栏注明"承前页"，以保持账簿记录的连续性，便于对账和结账。

（九）不得刮擦涂改

如果发生账簿记录错误，不得刮、擦、挖补或用褪色药水更改字迹，而应采用规定的方法更正。

第七章 会计账簿的启用、登记与保管

 业务7-2 账户期初余额的登记。

根据大海公司2019年11月1日各总账和明细账期初余额（见表7-1）登记各总账及各明细账。由于涉及账户比较多，现以银行存款日记账（见图7-7）、"实收资本"总账（见图7-8）、"固定资产"总账（见图7-9）及明细账（见图7-10）为例展示各总账及明细账的设置。

表7-1 2019年11月期初余额

编号	总账账户	明细账户	借方余额/元	贷方余额/元
1001	库存现金		5 000	
1002	银行存款		915 000	
1123	预付账款	广州宏达有限公司	9 998.71	
1601	固定资产		585 000	
		铅笔生产线	500 000	
		办公电脑	85 000	
2202	应付账款	广州宜升网络科技公司		24 600
4001	实收资本			5 500 000
		广东兴华有限责任公司		3 000 000
		李世海		500 000
		陈明		2 000 000
4103	本年利润		9 601.29	
	合　计		2 109 600	5 524 600

银行存款日记账

2019年		凭证		摘要	借方	贷方	借或贷	余额
月	日	字	号					
11	1			期初余额	915 000 00		借	915 000 00

图7-7 银行存款日记账

总　账

科目：实收资本

2019年		凭证		摘要	借方	贷方	借或贷	余额
月	日	字	号					
11	1			期初余额		5 500 000 00	贷	5 500 000 00

图7-8 总账——实收资本

总 账

科目：固定资产

2019年		凭证字号	摘要	借方 百十万千百十元角分	贷方 百十万千百十元角分	借或贷	余额 百十万千百十元角分
月	日						
11	1		期初余额	5 8 5 0 0 0 0 0		借	5 8 5 0 0 0 0 0

图 7-9 总账——固定资产

固定资产

明细科目：铅笔生产线

2019年		凭证字号	摘要	借方 百十万千百十元角分	贷方 百十万千百十元角分	借或贷	余额 百十万千百十元角分
月	日						
11	1		期初余额	5 0 0 0 0 0 0 0		借	5 0 0 0 0 0 0 0

图 7-10 "固定资产"明细账

第三节 会计账簿的格式和登记方法

一、日记账的格式和登记方法

如前所述，日记账可以分为普通日记账和特种日记账。在实际工作中，普通日记账较少采用，因而本节着重介绍特种日记账。常用的特种日记账主要有现金日记账和银行存款日记账。

（一）现金日记账的认识和登记方法

现金日记账是由出纳员根据审核无误的现金收、付款凭证，序时逐笔登记的账簿。它

第七章 会计账簿的启用、登记与保管

一般是指现金收付日记账,如果进一步细分,又可分为现金收入日记账和现金付出日记账。从银行提取的现金业务,由于只填制银行存款付款凭证,不填制现金收款凭证,因此现金的收入数应根据银行存款付款凭证登记。每日收付款项逐笔登记完毕后,应分别计算现金收入和现金支出的合计数及账面的结存数,并将现金日记账的账面余额与存款现金实存数相核对,借以检查每日现金收入、支出和结存的情况。现金日记账必须采用订本式账簿,账页格式一般采用借方、贷方、余额三栏式。

根据大海公司 2019 年 12 月份发生的经济业务,根据审核无误的记账凭证登记现金日记账,如图 7-11 所示。

现 金 日 记 账

2019年		凭证	摘要	对方科目	借方								贷方								借或贷	余额							
月	日	字号			百	十	万	千	百	十	元	角	分	百	十	万	千	百	十	元	角	分		百	十	万	千	百	十	元	角	分
12	1		期初余额						5	0	0	0	0										借					5	0	0	0	0
12	6		提取现金	银行存款				8	0	0	0	0										0	借				1	3	0	0	0	0
12	6		本日合计					8	0	0	0	0										0	借				1	3	0	0	0	0
12	8		支付配件费	在建工程、应交税费									0					8	1	9	0	0	借				1	2	1	8	1	0	0
12	8		本日合计										0					8	1	9	0	0	借				1	2	1	8	1	0	0
12	20		支付维修费	管理费用、应交税费									0					6	7	8	6	0	借				1	1	5	0	2	4	0
12	20		本日合计										0					6	7	8	6	0	借				1	1	5	0	2	4	0
12	21		预借差旅费	其他应收款									0				3	5	0	0	0	0	借					8	0	0	2	4	0
12	21		本日合计										0				3	5	0	0	0	0	借					8	0	0	2	4	0
12	24		报销交回现金	其他应收款					2	0	0	0	0										0	借					8	2	0	2	4	0
12	24		本日合计						2	0	0	0	0										0	借					8	2	0	2	4	0
12	26		购买办公用品	管理费用、应交税费									0					5	8	5	0	0	借					7	6	1	7	4	0
12	26		本日合计										0					5	8	5	0	0	借					7	6	1	7	4	0
12	28		代垫运费	预收账款									0					3	3	3	0	0	借					7	2	8	4	4	0
12	28		本日合计										0					3	3	3	0	0	借					7	2	8	4	4	0
12	31		本月合计					1	3	2	0	0	0				5	9	1	5	6	0	借					7	2	8	4	4	0
		|过次页|																											

图 7-11 现金日记账

(二)银行存款日记账的认识和登记方法

银行存款日记账是由出纳员根据审核无误的银行存款收、付款凭证,序时逐笔登记的账簿。它一般是指银行存款收付日记账。如果进一步细分,银行存款收付日记账又可分为银行存款收入日记账和银行存款付出日记账。对于现金存银行业务,由于只填制现金付款凭证,不填制银行存款收款凭证,因此银行存款的收入数应根据现金付款凭证登记。每日收付款项逐笔登记完毕后,应分别计算银行存款收入和银行存款支出的合计数及账面的结存数,以便检查、监督各项收支款项,定期与银行送来的对账单核对。银行存款日记账必须采用订本式账簿。其账页格式一般采用借方、贷方、余额三栏式,如图 7-12 所示。

基础会计

银行存款日记账

年		凭证字号	摘要	借方 百十万千百十元角分	贷方 百十万千百十元角分	借或贷	余额 百十万千百十元角分
月	日						
			过次页				

图 7-12　银行存款日记账

微课：总账和明细账的平行登记

二、总账和明细账的格式、登记方法及平行登记

（一）总账的认识和登记方法

总分类账簿简称总账，是按照一级账户设置的。一本总账基本包括了一个单位的所有一级账户，每个一级账户在总账上都占有独立的账页。账页的多少，应视经济业务的多少而定：经济业务少的账户，只需要一张账页；经济业务多的账户需要记多张账页。总账可以总括反映资产、负债、所有者权益、费用、成本和收入的情况，可以为编制财务报表、会计分析和检查提供资料。总分类账一般采用三栏式，这种格式是最常用的。

总账的登记方法根据采用的记账程序不同而有所不同。其一般的登记方法如下。

① 采用记账凭证账务处理程序的单位，应根据记账凭证和本单位业务量的多少每 3 天，或者每 5 天，或者每 10 天登记一次。

② 采用科目汇总表账务处理程序的单位应根据定期汇总的科目汇总表随时登记。

③ 采用汇总记账凭证账务处理程序的单位，应根据汇总收款凭证、汇总付款凭证和汇总转账凭证的合计数月终一次登记总账。

④ 月终，登记全部经济业务后，结出每个账户本期借方发生额、贷方发生额和期末余额。注意，倒数第 2 栏"借或贷"表示期末余额处于借方还是贷方。

（二）明细账的认识和登记方法

明细分类账简称明细账，是按照二级账户或明细账户设置的，采用活页账簿。明细账可以反映某些总账增减变动的详细情况，为编制账务报表、进行会计分析提供了资料。

各种明细账应根据原始凭证、原始凭证汇总表和记账凭证，每天进行登记或定期（最多 5 天）进行登记。但债权债务明细账和财产物资明细账应每天登记，以便随时核对库存余额或与对方结算。

明细账的格式通常有 3 种：三栏式明细账、数量金额式明细账和多栏式明细账。

① 三栏式明细账的格式与三栏式总账格式基本相同，设有借、贷、余 3 个金额栏，适

第七章 会计账簿的启用、登记与保管

用于应收、应付账款等的明细核算，参见图7-1。

② 数量金额式明细账设有借方、贷方和结存数量及金额栏，用来登记既要反映金额又要反映实物数量的经济业务，适用于财产物资的明细核算，参见图7-3。

③ 多栏式明细账是在一张账页内分设若干专栏，用来登记明细项目较多、借贷方向单一的经济业务。这种明细账适用于成本、费用类和收入类的明细核算，如图7-13所示。

主营业务收入 明细账

图 7-13 主营业务收入明细账

（三）总账和明细账的平行登记

总账和明细账之间的关系是统御、控制与补充、说明的关系。总账中总括内容所登记的金额总数，应与其有关的各明细账中的金额相加之和相等，即总账统御和控制明细账。

业务7-3 将大海公司2019年12月份发生的经济业务根据审核无误的记账凭证登记原材料总账和明细账，以说明总账和明细账的平行登记，如图7-14至图7-19所示。

总　账

科目：原材料

2019年		凭证字号	摘要	借方	贷方	借或贷	余额
月	日						
12	1		期初余额				0
12	9		购买黏土	1850000		借	1850000
12	10		购买铅笔柏、橡胶	1063200		借	1248200
12	12		购买石墨	600000		借	1848200
12	12		购买植物油	236000		借	2084200
12	15		生产用石墨、黏土、铅笔柏		801000	借	1283200
12	28		结转销售植物油成本		118000	借	1271400
12	31		本月合计	2084200	812000	借	1271400

图 7-14 "原材料"总账

原材料明细账

类别：
品名或规格：植物油
存放地点：
计量单位：千克

2019年		凭证字号	摘要	收入			付出			借或贷	结存		
月	日			数量	单价	金额	数量	单价	金额		数量	单价	金额
12	1		期初余额			0							0
12	12		购买植物油入库	2000	11.8	23600.00				借			23600.00
12	28		结转销售植物油成本				100	11.8	1180.00	借			22420.00
12	31		本月合计			23600.00			1180.00	借			22420.00

图 7-15 "原材料"明细账——植物油

原材料明细账

类别：
品名或规格：石墨
存放地点：
计量单位：吨

2019年		凭证字号	摘要	收入			付出			借或贷	结存		
月	日			数量	单价	金额	数量	单价	金额		数量	单价	金额
12	1		期初余额			0							0
12	10		购买石墨入库	10	6000	60000.00				借			60000.00
12	15		生产铅笔及车间消耗				10	6000	60000.00	借			0
12	31		本月合计			60000.00			60000.00				0

图 7-16 "原材料"明细账——石墨

原材料明细账

类别：
品名或规格：橡胶
存放地点：
计量单位：吨

2019年		凭证字号	摘要	收入			付出			借或贷	结存		
月	日			数量	单价	金额	数量	单价	金额		数量	单价	金额
12	1		期初余额			0			0				0
12	10		购买橡胶入库	2	15600	34320.00				借			34320.00
12	31		本月合计	2	15600	34320.00				借			34320.00

图 7-17 "原材料"明细账——橡胶

原材料明细账

类别：
品名或规格：黏土
存放地点：
计量单位：吨

2019年		凭证字号	摘要	收入			付出			借或贷	结存		
月	日			数量	单价	金额	数量	单价	金额		数量	单价	金额
12	1		期初余额						0				0
12	9		购买黏土入库	50	350	18500.00				借			18500.00
12	15		生产用黏土				6	350	2100.00	借			16400.00
12	31		本月合计	50	350	18500.00	6	350	2100.00	借	44		16400.00

图 7-18 "原材料"明细账——黏土

第七章　会计账簿的启用、登记与保管

原材料明细账

类别：　　　　　　　　　　　　　　　　　　　　存放地点：
品名或规格：铅笔柏　　　　　　　　　　　　　　计量单位：立方米

2019年		凭证字号	摘要	收入		金额	付出		金额	借或贷	结存		金额
月	日			数量	单价	百十万千百十元角分	数量	单价	百十万千百十元角分		数量	单价	百十万千百十元角分
12	1		期初余额						0				0
12	10		购买铅笔柏入库	20	3600	7 2 0 0 0 0 0				借			7 2 0 0 0 0 0
12	15		生产用铅笔柏				5	3600	1 8 0 0 0 0 0				5 4 0 0 0 0 0
12	31		本月合计	20	3600	7 2 0 0 0 0 0	5	3600	1 8 0 0 0 0 0	借	15	3600	5 4 0 0 0 0 0

图 7-19　"原材料"明细账——铅笔柏

第四节　账簿的更换与保管

微课：会计账簿的更换与保管

一、账簿的更换

为了保持会计账簿资料的连续性，在每一会计年度结束，新的会计年度开始时，应按会计制度的规定进行账簿的更换。

① 总账、日记账和大部分明细账要每年更换一次。年初，将旧账簿中各账户的余额直接记入新账簿中有关账户新账页的第 1 行"余额"栏内。同时，在"摘要"栏内加盖"上年结转"戳记，在旧账页最后一行数字下的空格画一条红斜线注销，并在旧账页最后一行"摘要"栏内加盖"结转下年"戳记，以划分新旧年度之间的转记余额——可不必填制凭证。

在年度内，订本账记满更换新账本时，办理与年初更换新账簿相似的手续。

② 部分明细账，如固定资产明细账等，因年度变动不多，年初可不必更换账簿。但在"摘要"栏内，要加盖"结转下年"戳记，以划分新旧年度之间的金额。

二、账簿的保管

会计账簿、会计凭证和财务报表等都是企业重要的经济档案及历史资料，必须妥善保管，不得随意丢失和销毁。

① 年末结账后，会计人员应在活页式账簿前面加放账簿启用与交接表，将其一起装订成册，并加上封面。统一编号后，与各种订本账一并归档。

② 各种账簿应按年度分类归档，编制目录，妥善保管——既保证在需要时能迅速查阅，又保证各种账簿的安全和完整。

③ 各种账簿的保管年限和销毁的审批程序应按会计制度的规定严格执行。

职业判断与业务操作

反映在会计凭证上的信息如同一张张图片，记录了一个个事件，需要摆放在有一定主题的画册中。会计账簿就是起到画册的作用，所以夏芳很快就找到凭证了。

本章小结

会计账簿（简称账簿）是指由一定格式账页组成的，以会计凭证为依据，全面、系统、连续地记录各项经济业务的簿籍。簿籍是账簿的外表形式，账户记录是账簿的内容。

通过会计凭证的填制和审核，可将发生的经济业务记录和反映在会计凭证上。但会计凭证数量多、资料分散，每张凭证只能记载个别的经济业务，不能连续、系统、全面地反映和监督一定时期内某类与全部经济业务的变化情况。因此，必须设置账簿，把分散在会计凭证上的大量核算资料加以集中，按照账户进行分类登记。

设置和登记账簿是编制财务报表的基础，是联结会计凭证和财务报表的中间环节，在会计核算中具有重要意义。

账簿按用途不同，分为日记账、分类账和备查簿；按格式不同，分为三栏式账簿、数量金额式账簿和多栏式账簿；按外形不同，分为订本账、活页账和卡片账。

会计账簿的设置包括确定账簿的种类，设计账页的格式、内容，以及规定账簿登记的方法等。各单位应根据经济业务的特点和管理要求，科学、合理地设置账簿。

《会计法》规定各单位发生的各项经济业务事项应当在依法设置的会计账簿上统一登记、核算，不得违反《会计法》和国家统一的会计制度的规定，私设会计账簿登记、核算。

会计账簿是企业重要的经济档案。为了保证账簿记录的合法性、合理性，保证账簿资料的完整性，防止舞弊行为，明确记账责任，会计人员在启用新的会计账簿时，应当在账簿的扉页上填制账簿启用与交接表的详细资料。

为了保持会计账簿资料的连续性，在每一个会计年度结束，新的会计年度开始时，应按会计制度的规定进行账簿的更换。

会计账簿、会计凭证和财务报表等都是企业重要的经济档案与历史资料，必须妥善保管，不得丢失和销毁。

 课后练习

试题自测

一、单项选择题

1. 制造业中的"原材料"账户不属于（　　）。
   A．总分类账户　　　　　　　　B．明细分类账户
   C．资产类账户　　　　　　　　D．一级账户
2. 总账、现金日记账和银行存款日记账应采用（　　）。
   A．活页账　　　　　　　　　　B．订本账
   C．卡片账　　　　　　　　　　D．以上均可

第七章　会计账簿的启用、登记与保管

3．下列适用于多栏式明细分类账簿的是（　　）。
　　A．序时账簿　　　　　　　　B．备查账簿
　　C．总分类账簿　　　　　　　D．成本费用明细分类账簿
4．将会计账簿划分为序时账、分类账、备查账的依据是（　　）。
　　A．会计账簿的登记方式　　　B．会计账簿的用途
　　C．会计账簿登记的内容　　　D．会计账簿的外表形式
5．下列账户的明细账采用的账页适用于三栏式账页的是（　　）。
　　A．"原材料"　B．"应收账款"　C．"管理费用"　D．"销售费用"
6．从银行提取现金，登记现金日记账的依据是（　　）。
　　A．现金收款凭证　　　　　　B．现金付款凭证
　　C．银行存款收款凭证　　　　D．银行存款付款凭证
7．现金和银行存款日记账，据有关凭证（　　）。
　　A．逐日汇总登记　　　　　　B．定期汇总登记
　　C．逐日逐笔登记　　　　　　D．一次汇总登记
8．多栏式明细分类账适用于（　　）明细账。
　　A．"应收账款"　　　　　　　B．"产成品"
　　C．"原材料"　　　　　　　　D．"生产成本"
9．应收账款明细账的格式一般采用（　　）。
　　A．数量金额式　　　　　　　B．多栏式
　　C．订本式　　　　　　　　　D．三栏式
10．多栏式明细账格式一般适用于（　　）的明细分类核算。
　　A．债权、债务类账户　　　　B．财产、物资类账户
　　C．费用成本类和收入成果类账户　D．货币资产类账户

二、多项选择题

1．会计账簿应具备的基本要素有（　　）。
　　A．封面　　　B．扉页　　　C．账页　　　D．封底
2．明细账可以根据（　　）登记。
　　A．记账凭证　　　　　　　　B．原始凭证
　　C．科目汇总表　　　　　　　D．汇总原始凭证
3．任何会计主体必须设置的账簿有（　　）。
　　A．现金日记账　　　　　　　B．银行存款日记账
　　C．备查账簿　　　　　　　　D．总分类账
4．会计账簿按用途不同可分为（　　）。
　　A．序时账簿　　B．分类账簿　　C．联合账簿　　D．备查账簿
5．企业到银行提取现金500元，此项业务应登记（　　）。
　　A．现金日记账　　　　　　　B．银行存款日记账
　　C．总分类账　　　　　　　　D．明细分类账

6. 多栏式明细分类账又可以分为（　　　）。
　　A. 借方多栏式明细账　　　　　B. 贷方多栏式明细账
　　C. 借方、贷方多栏式明细账　　D. 对方科目多栏式明细账
7. 下列各账户中，可以采用三栏式明细账的有（　　　）账户。
　　A."短期借款"　　　　　　　　B."待摊费用"
　　C."应收账款"　　　　　　　　D."其他应收款"
8. 年度结束后，对于账簿的保管，应当做到（　　　）。
　　A. 装订成册　　B. 加上封面　　C. 统一编号　　D. 当即销毁
9. 下列各项属于平行登记要点的有（　　　）。
　　A. 同一期间　　B. 方向相同　　C. 同时登记　　D. 金额相等
10. 账簿的种类很多，但一般都应具备（　　　）。
　　A. 封面　　　　B. 账夹　　　　C. 扉页　　　　D. 账页

三、判断题

1. 在整个账簿体系中，日记账和分类账是主要账簿，备查账为辅助账簿。（　）
2. 总账、现金及银行存款日记账一般都采用活页式账簿。（　）
3. 分类账簿是对全部业务按收、付、转业务进行分类登记的账簿。（　）
4. 多栏式日记账实际上是普通日记账的一种特殊形式。（　）
5. 普通日记账既可以取代记账凭证，也可以取代总分类账。（　）
6. 现金日记账和银行存款日记账必须采用订本式账簿。（　）
7. 会计年度终了，应将活页账装订成册，活页账一般只适用于总账。（　）
8. 订本式账簿是指在记完账后，把记过账的账页装订成册的账簿。（　）

三、业务题

业务题一

目的：练习登记现金和银行存款日记账。（原始凭证、记账凭证略）

资料：某工厂 2019 年 7 月 31 日银行存款日记账余额为 300 000 元；现金日记账余额为 3 000 元。8 月上旬发生下列银行存款和现金收付业务。

（1）1 日，投资者投入现金 25 000 元。存入银行（银收 801 号）。
（2）1 日，以银行存款 10 000 元归还短期借款（银付 801 号）。
（3）2 日，以银行存款 20 000 元偿付应付账款（银付 802 号）。
（4）2 日，以现金 1 000 元存入银行（现付 801 号）。
（5）3 日，用现金暂付职工差旅费 800 元（现付 802 号）。
（6）3 日，从银行提取现金 2 000 元备用（银付 803 号）。
（7）4 日，收到应收账款 50 000 元。存入银行（银收 802 号）。
（8）5 日，以银行存款 40 000 元支付购买材料款（银付 804 号）。
（9）5 日，以银行存款 10 000 元支付购入材料运费（银付 805 号）。
（10）3 日，从银行提取现金 18 000 元，准备发放工资（银付 806 号）。
（11）6 日，用现金 18 000 元发放职工工资（现付 803 号）。
（12）7 日，以银行存款支付本月电费 1 800 元（银付 807 号）。

(13) 8 日，销售产品一批，货款 51 750 元存入银行（银收 803 号）。

(14) 9 日，用银行存款支付销售费用 410 元（银付 808 号）。

(15) 10 日，用银行存款上缴销售税金 3 500 元（银付 809 号）。

要求：登记现金日记账和银行存款日记账，并结出 10 日的累计余额。

现金日记账　　　　　　第＿＿＿页

年		凭证		摘要	对方科目	票号	借方										贷方										借或贷	余额										✓
月	日	字	号				亿	千	百	十	万	千	百	十	元	角	分	亿	千	百	十	万	千	百	十	元	角	分		亿	千	百	十	万	千	百	十	元	角	分	

银行存款日记账

年		凭证		摘要	借方									贷方									借或贷	余额									
月	日	字	号		百	十	万	千	百	十	元	角	分	百	十	万	千	百	十	元	角	分		百	十	万	千	百	十	元	角	分	

业务题二

目的：练习总账的登记。（原始凭证、记账凭证略）

资料：某企业 2019 年 7 月发生经济业务如下。

(1) 4 日，用银行存款支付前欠甲单位的购料款 50 000 元。

(2) 10 日，从银行借入偿还期为 3 年的借款 100 000 元。款项已收存银行。

(3) 12日,向乙单位销售产品一批,货款120 000元已收存银行。(不考虑增值税)

(4) 17日,将一台拟报废的固定资产转入清理。其原价为80 000元,已计提折旧为65 000元。

(5) 18日,向丙单位采购材料一批,材料已验收入库,货款150 000元尚未支付。(不考虑增值税)

(6) 20日,从丁单位购入一项专利技术,价款200 000元已用银行存款支付。

(7) 26日,接受投资者作为资本投入的不需安装设备一台,双方确认的价值为176 000元。

(8) 30日,按本月应付职工薪酬总额的14%计提职工福利费25 800元。其中,按生产工人薪酬计提21 000元,按车间管理人员薪酬计提1 900元,按厂部管理人员薪酬计提2 400元,按福利人员薪酬计提500元。

(9) 30日,结转本月销售A产品的销售成本95 000元。

要求:(1) 填制记账凭证。

(2) 登记"固定资产""应付账款"总账,并于月末结账。固定资产期初余额为867 000元,应付账款期初余额为70 000元。

总 账

科目:_____ 户名:_____ 第 页

第七章 会计账簿的启用、登记与保管

总　账　　　　　　　　　　　　第　页

科目：_____　　　　　　　　　　　　　户名：_____

年		凭证		摘　要	借方											贷方											借或贷	余额										
月	日	字	数		十	亿	千	百	十	万	千	百	十	元	角	分	十	亿	千	百	十	万	千	百	十	元	角	分		十	亿	千	百	十	万	千	百	十	元	角	分

第八章
对账与结账

职业能力目标

1. 能正确进行期末对账、结账。
2. 能规范进行错账更正。
3. 掌握财产清查的分类及一般程序。
4. 能运用正确的方法进行货币资金、实物资产和往来款项的清查。
5. 能正确编制银行存款余额调节表。
6. 能正确进行财产清查结果的账务处理。

情景导入　大海公司2019年11月30日计提本月长期借款利息，会计人员编制了转账凭证（见图8-1），并据以登记入账。在结账前发现，根据转账凭证第100号登记"应付利息"时将3 520元误记为3 250元，如图所示。会计人员应如何更正错账呢？

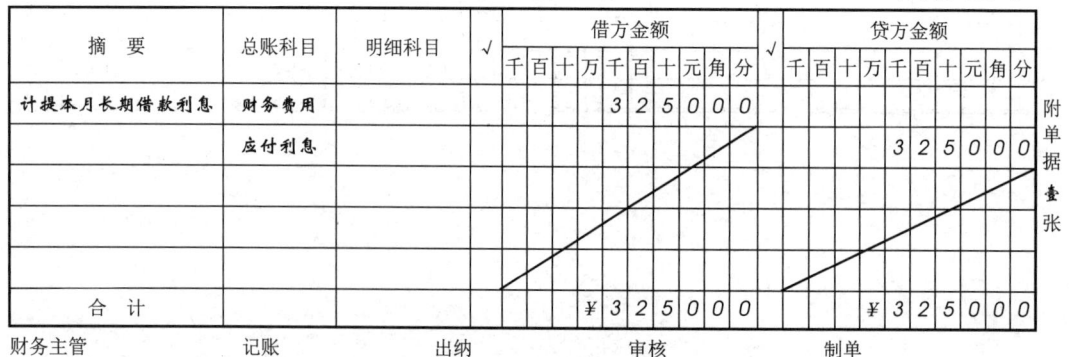

图8-1　填错的转账凭证

第八章 对账与结账

经过一段时间的经营,大海公司需要"摸清家底"。"摸清家底"就是要清查企业实际拥有的财产物资,也就是财产清查。通过财产清查可查明各项财产物资的实际结存数,并与账簿记录相核对,以发现记账中的错误,确定账实是否相符。如果不相符,要查明原因,分清责任,并按规定的手续及时调整账面数字,直至账实相符。只有这样才能保证根据账簿信息编制的财务报表真实可靠,从而提高会计信息质量。

第一节 对账

由于各种原因,如财产物资本身的自然属性和管理不善会引起升溢或损耗,或者由于人为原因造成记账、算账错误等都会引起账实不符,因此为了保证账簿记录的真实可靠,对账簿和账户所记录的有关数据应加以检查及核对。这种核对工作,在会计上叫对账,是会计核算的一项重要内容。

账簿记录的准确与真实可靠,不仅取决于账簿的本身,还涉及账簿与凭证的关系、账簿记录与实际情况是否相符的问题等。因此,对账应包括账簿与凭证的核对、账簿与账簿的核对、账簿与实物的核对、账簿与款项的核对。这种核对要建立定期的对账制度,在结账前和结账过程中,把账簿记录的数字核对清楚,做到账证相符、账账相符和账实相符。

一、账证核对

账证核对是指账簿记录与记账凭证及其所附原始凭证的核对。这主要是账簿记录与原始凭证、记账凭证的时间、凭证字号、记账内容、记账金额及记账方向等的核对。将账簿记录与会计凭证相核对,是保证账账相符、账实相符的基础。账证核对工作平常是通过编制凭证和记账中的"复核"环节进行的,结账时须对主要内容有疑问之处进行重点抽查与核对。

二、账账核对

账账核对是指各种账簿之间的有关数字应核对相符。其主要有以下几项。
① 总账中,全部账户的借方余额合计数应同贷方余额合计数相符。
② 总账中,"现金""银行存款"账户的余额数应同相对应的日记账余额数核对相符。
③ 总账中,各账户的月末余额应与所属明细账月末余额之和核对相符。
④ 会计部门有关财产物资的明细账的余额应与账产物资保管部门或使用部门相应的明细账核对相符。
以上各种账簿间的核对可以直接进行,对内容较多的核对可以通过编表进行。

三、账实核对

账实核对是指各种财产物资、债权债务等账面余额和实有数额之间应核对相符。其主要内容有以下几项。

① 现金日记账的账面余额应同现金的实际库存数每日核对相符。

② 银行存款日记账的账面余额应同银行对账单核对相符,每月至少核对一次。

③ 各种应收、应付款项等明细账各账户的余额应定期与有关单位或个人核对相符;已上缴的税金及其他预交款应按规定时间与有关监交部门核对相符。

在上述账实(包括账物、账款)核对工作中,结算款项一般通过对账单的方式进行核对,各种财产物资一般通过财产清查来进行核对。

第二节 错账更正法

微课:错账的更正方法

一、错账产生的原因

由于各种主客观原因的存在,在实际工作中账簿的记录难免会有错漏。当发生记账错误时,必须予以更正,但必须遵循一定的规则。

这里,首先总结一下错账产生的原因。归纳起来主要有以下几点。

① 记账凭证错误。这种类型的错误往往是在填写记账凭证时把凭证中应借、应贷的账户或金额写错,从而导致账簿记录发生错误。

② 记账错误。这种类型的错误一般是原记账凭证记录正确,只是在将其过入账簿记录时发生了差错,如记错了账户、记错了金额、记反了方向、结错了账户等。

③ 记账凭证和账簿记录均有错误。这种类型的错误是指填制凭证时就已经发生,或者是填错了金额,或者是填错了应借、应贷账户。而在登记账簿时,不仅没能发现这些问题,而且在记账中又产生了新的问题,如记错了账户,或者是记错了金额等。

二、错账更正的方法

一旦发生错账,会计人员必须根据错账的具体情况,按照规定并使用相应的方法对其正确进行更正。一般常用的错账更正方法有划线更正法、红字更正法和补充登记法3种。

(一)划线更正法

划线更正法是指用画红线的办法来更正错账。它适用于结账前发现原记账凭证的记录本身没有错误,而是账簿中所记录的内容发生错误的更正。例如,账簿中所记录的文字或数字错误、过账时的计算错误等,都应当采用划线更正法予以更正。更正时,先将错误的文字或数字用一条红线注销,但必须使原有字迹仍可辨认,然后在红线上面的空白处写出正确的记录并由记账人员在更正处盖章。对于错误的数字,应当作为一个整体全部画去,不能只画线更正其中个别错误的数字。

第八章 对账与结账

(二) 红字更正法

红字更正法又称红字冲销法或红字订正法,是指用红字的记账凭证来订正错账的一种方法。这种方法一般适用于两种情况的错账更正:一是在记账以后发现记账凭证中应借、应贷的账户或金额有错误;二是在记账以后发现记账凭证的应借、应贷的账户正确,但是所记的金额大于应记的金额。当发生第 1 种情况后,在更正时应用红字填写一份与原填写错误的凭证完全一样的记账凭证,以冲销原来错误的记录。然后,再用蓝字重新填写一份正确的记账凭证,一并入账。

业务 8-1 2019 年 5 月 30 日,大海公司发现 2019 年 5 月 1 日车间生产产品领用原材料 3 500 元相应的记账凭证编制有误(见图 8-2),将"生产成本"误记为"制造费用"并入账,这时就须填制红字记账凭证进行冲销。(凭证编号:100 号)

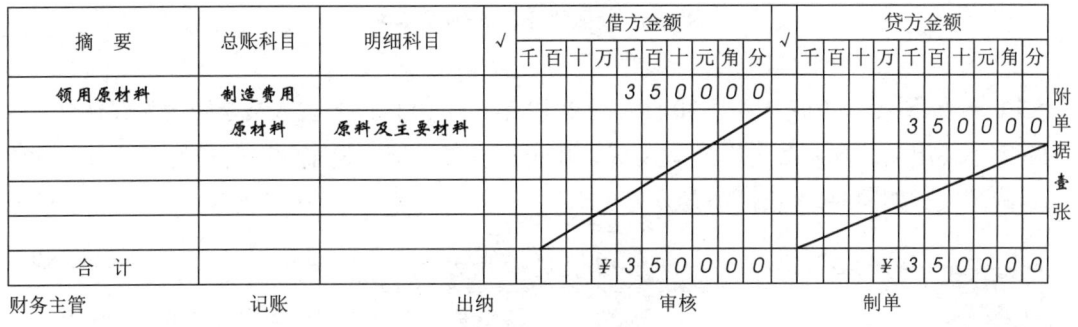

图 8-2 转账凭证 1——业务 8-1

步骤 1 当发现记账错误后,应先按照以上原会计分录用红字做一笔同样的记账凭证冲销原错误记录,并在"摘要"栏内注明"冲销 2019 年 5 月 30 日转字第 100 号凭证",如图 8-3 所示。

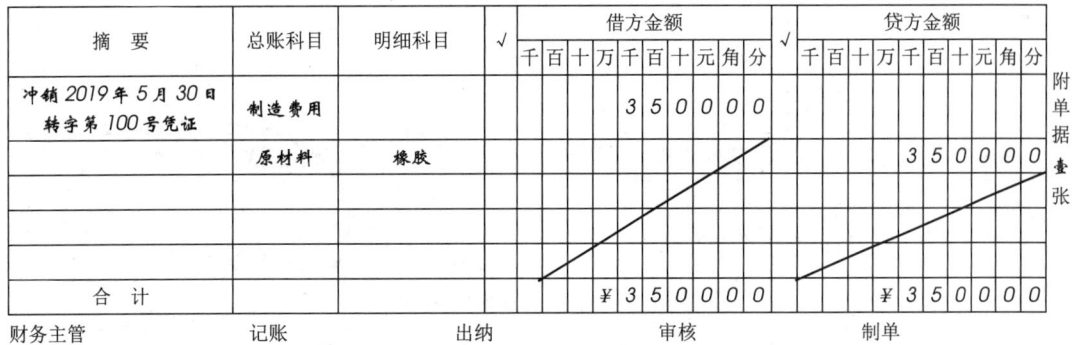

图 8-3 转账凭证 2——业务 8-1

步骤 2 用蓝字填制一张如图 8-4 所示的正确记账凭证，并在"摘要"栏内注明"更正 2019 年 5 月 30 日转字第 100 号凭证"。

转 账 凭 证

2019 年 05 月 30 日　　　　　　　　　　　　　　　转字第 100 号

摘 要	总账科目	明细科目	√	借方金额 千百十万千百十元角分	√	贷方金额 千百十万千百十元角分	
更正 2019 年 5 月 30 日转字第 100 号凭证	生产成本			3 5 0 0 0 0			附单据壹张
	原材料	橡胶				3 5 0 0 0 0	
合 计				¥ 3 5 0 0 0 0		¥ 3 5 0 0 0 0	

财务主管　　　　　记账　　　　　出纳　　　　　审核　　　　　制单

图 8-4　转账凭证 3——业务 8-1

业务 8-2　2019 年 6 月 30 日发现 2019 年 6 月 10 日办公室人员李明用库存现金 423 元购买办公用品，到财务科报销 423 元，用现金支付，填制记账凭证时误将金额填为 432 元。详细资料如图 8-5 和图 8-6 所示。

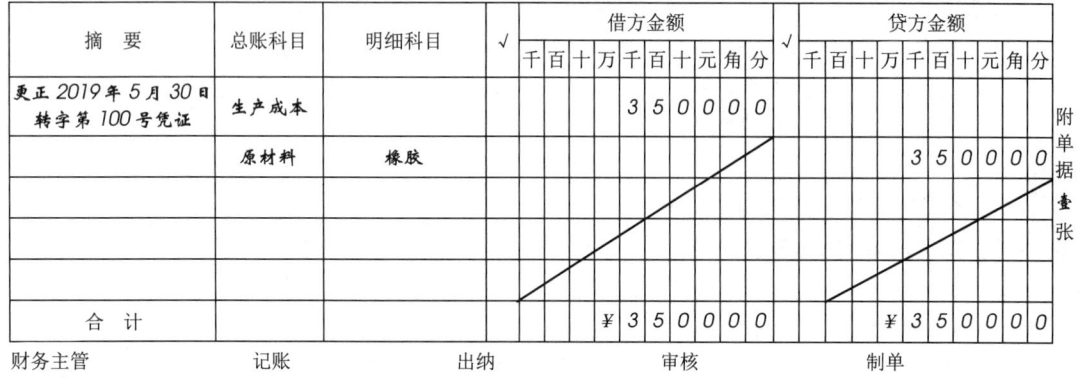

图 8-5　报销用发票

第八章 对账与结账

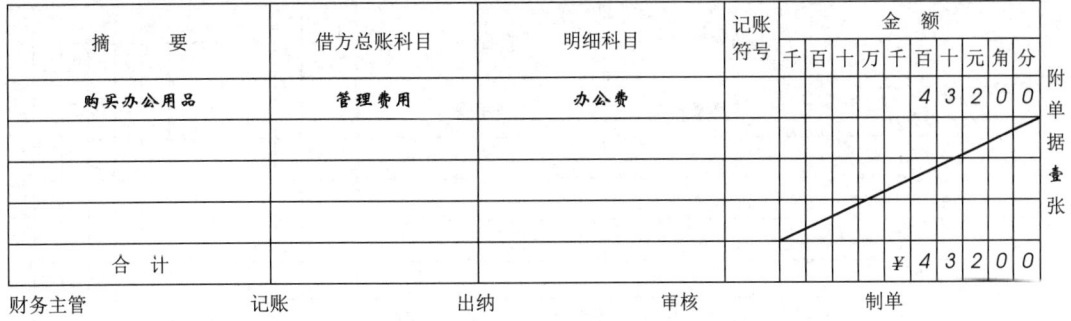

图 8-6 付款凭证 1——业务 8-2

为了更正上述账户中多记的 9 元，应用红字金额填制一张记账凭证，在"摘要"栏注明"冲销付款凭证第 24 号多记金额"，如图 8-7 所示。

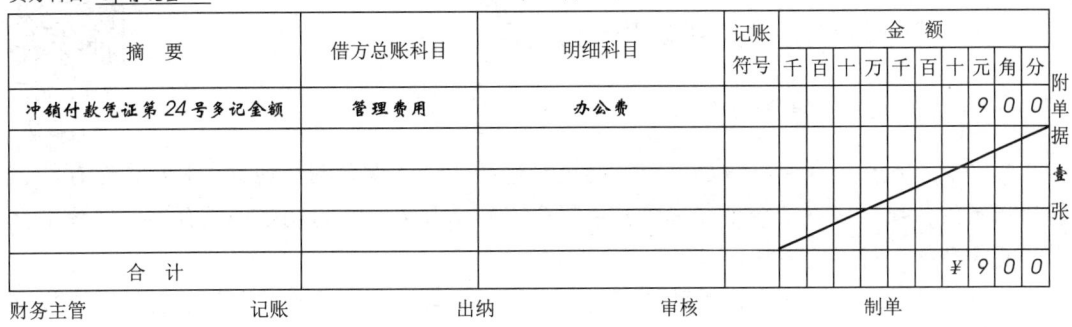

图 8-7 付款凭证 2——业务 8-2

（三）补充登记法

补充登记法是对记账凭证少记金额进行补充登记的一种方法。它适用于记账以后发现记账凭证中应借、应贷账户正确，只是所记金额数小于应记数错误的更正。采用补充登记法时，应将少记的金额用蓝字填制一张记账凭证并据以登记入账，以此补记少记的金额，同时在"摘要"栏中注明"补充登记第×号凭证少记金额"的字样。

业务 8-3 承业务 8-2，如果正确的金额为 423，而实际的凭证及入账金额为 403 元，则只要用蓝字填制一张 20 元的记账凭证并据以入账，即可将错误更正，如图 8-8 所示。

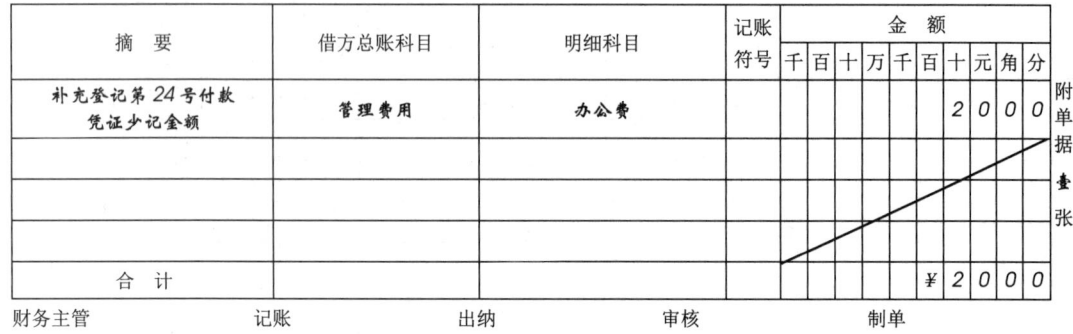

图 8-8 付款凭证——业务 8-3

第三节　财产清查

一、财产清查的意义、种类和一般程序

（一）财产清查的意义

财产清查是指企业、行政事业单位通过对财产物资、现金的实地盘点和对银行存款、债权债务的查对，以确定企事业单位各项财产实际结存数，并查明账面结存数与实际结存数是否相符的一种专门方法。

会计核算的任务之一是反映和监督财产物资的保管及使用情况，以提高各项财产物资的使用效果。企业的财产包括现金、银行存款等各项货币资金，以及固定资产、原材料、在产品、库存商品等各项财产物资和应收、应付结算款项等。根据企业会计制度的要求，各经济单位应通过账簿记录来反映和监督各项财产的增减变化及结存情况。为了保证账簿记录的正确性，应加强对会计凭证的日常审定，定期核对账簿记录，做到账证相符、账账相符。

从理论上讲，账实之间应该是相符的。但是，在实际会计核算工作中，往往会因为各种原因发生差异。财产清查的关键就是要解决账实不符的问题。造成账存与实存不符的原因，一般有以下几个方面。

① 财产物资在收发过程中，由于计量器具精度和检验器具不完备的限制，会在数量、质量上发生差错，使得账簿记录与实际情况不符。

② 财产物资在保管过程中发生自然损耗，发生了数量上或质量上的变化。例如，露天堆放的煤炭、可挥发性气体的损耗或挥发等。

③ 由于保管不善，发生财产物资的损坏、霉烂、变质，或者工作人员的失职造成现金、往来款项的短缺等。

微课：财产清查概述

④ 由于贪污、盗窃、舞弊等造成财产物资的损失、流失。

⑤ 由于风、水、火等自然灾害，造成财产物资毁损。

⑥ 在结算过程中，由于账单未到或拒付等原因造成企业与其他单位的结算账款上的不相符。

⑦ 在编制记账凭证、登记账簿时，发生漏记、错记和计算的差错等。

在会计核算工作中，上述任何一种情况都可能引起账实的不符。为此，必须在账簿记录的基础上，采用财产清查的方法，对各项财产物资进行定期与不定期的盘点和核对，以做到账实相符，保证会计资料的客观真实性。

财产清查是发挥会计监督职能的一种必要手段，对正确组织经营活动、改善经营管理、维护财经纪律、保护企业财产等都具有重要的意义。

1．保证会计资料的真实可靠

通过财产清查，可以查明各项财产物资的实存数，将其与账存数进行核对，以查明账实是否相符，以及账实不符的原因，并按照规定程序调整账存数，做到账实相符，从而保证会计资料的客观真实性。

2．加强对财产物资的管理和利用

通过财产清查，可以发现财产物资的短缺、毁损、霉烂、变质的情况，以及是否存在营私舞弊、贪污盗窃等犯罪行为，以确保企业财产的安全完整。通过财产清查，还可查明各项财产物资的储备和利用情况，对储备过多、长期积压不用的物资，要按规定及时处理；对不配套的物资，应及时补缺配套，形成生产能力，或者调剂给其他单位使用等，从而做到合理储备，物尽其用，充分挖掘物资潜力，加速资金周转，提高财产物资的利用效果。

3．健全财产物资收发保管制度

对财产清查中发现的问题，有的是核算的上差错，要加强对核算工作的指导；有的是规章制度不够健全，要逐步建立和健全财产物资的收发保管制度，完善岗位责任制；还有的是度量衡的问题，要及时补足需要，或者及时加以校正，等等。因此，通过财产清查，能够查明对各项财产保管制度的执行情况，以便及时发现问题，采取措施，进一步建立健全各种物资的收发保管制度及会计核算制度，加强经济责任制，以提高经营管理水平。

4．维护财经纪律

通过财产清查，可以查明各企业、单位执行财经法令和遵守财经纪律的情况。例如，各种往来款项是否符合国家财政、信贷制度，有无不合法的债权、债务；货币资金的收付是否正常；物资供应渠道是否符合规定，等等。通过财产清查，可以查明原因，分清责任，采取措施，及时改进，促进企业、单位严格遵守财经纪律。

我国《会计法》明确规定："各单位应当定期将会计账簿记录与实物、款项及有关资料相互核对，保证会计账簿记录与实物及款项的实有数相符。"

（二）财产清查的种类

1．按清查的对象和范围划分

账产清查按清查的对象和范围划分，可分为全面清查和局部清查。

（1）全面清查

全面清查是指对全部财产进行盘点和核对。就企业而言，全面清查的内容一般包括以下几项。

① 库存现金、银行存款、短期借款和各种有价证券等。

② 所有的在途物资、材料、在产品、库存商品及其他物资等。

③ 各种有价证券。

④ 各种固定资产、在建工程、无形资产和其他长期资产。

⑤ 各项债权、债务及预算缴拨款项。

⑥ 各种专项物资。

⑦ 委托其他单位加工或保管的材料、商品及物资。

⑧ 受其他单位委托加工或保管的材料、商品及物资。

⑨ 出租、出借和租入、借入的固定资产。

全面清查范围广，涉及的部门和人员多，一般在年终决算前，单位撤销、合并或改变隶属关系，中外合资、国内联营开展清产核资，以及单位主要负责人调离等情况下需要进行全面清查。

（2）局部清查

局部清查是企业根据需要对一部分财产物资进行的清查。其清查的主要对象是流动性较大的和贵重的财产物资。在企业里，一般主要对以下物资进行局部清查。

① 流动性较大的财产物资，如原材料、在产品、产成品、库存商品等，除了年终进行全面清查外，年度内还要轮流盘点或重点抽查。

② 各种贵重物资，每月都要进行清查，以防损失或破坏。

③ 对于现金，应由出纳员在每日业务终了时点清，做到日清月结。

④ 对于银行存款、借款，应由出纳员每月与银行至少核对一次。

⑤ 其他各种债权、债务，应在年度内至少核对一两次。

通过局部清查，可以做到对重要物资、货币资金进行重点管理，对流动性大的物资进行经常管理，以确保企业财产物资的安全完整。

2．按财产清查的时间划分

财产清查按财产清查的时间划分，可分为定期清查和不定期清查。

（1）定期清查

定期清查是指根据管理制度的规定和预先计划安排的时间，对各项财产所进行的清查。其清查的目的在于保证会计核算资料的真实准确。定期清查一般在年末、季末或月末结账时进行。

（2）不定期清查

不定期清查是指事前不规定清查日期，而是根据需要临时进行的清查。就其清查对象和范围来讲，不定期清查既可以是全面清查，也可以是局部清查。不定期定清查一般在以下几种情况下进行。

① 更换财产物资的经管人员。
② 根据上级要求进行临时性的财产清查。
③ 因自然灾害和意外事故导致了财产物资的非常损失。
④ 主管部门、财政审计和银行有关部门对单位会计工作进行检查。
⑤ 会计主体发生变化和隶属关系发生变动。

（三）财产清查的一般程序

财产清查既是会计核算的一种专门方法，又是财产物资管理的一项重要制度，企业必须有组织、有计划地进行财产清查。

1. 建立财产清查小组

财产清查小组负责财产清查的组织和管理。其主要职责是：实施清查以前，合理安排清查工作；在清查过程中，进行监督、检查和指导；清查结束后，提出处理意见和建议。清查小组既要有会计部门人员参加，又要有实物保管人员参加。清查人员应定期学习有关政策规定，掌握国家有关法律法规和相关业务知识，以提高财产清查工作的质量。

2. 做好财产清查前的业务准备

① 确定清查对象、范围，明确清查任务。
② 制订清查方案，确定清查的具体内容、时间、步骤、方法，以及清查前的准备工作。
③ 会计部门提供完整、正确的会计记录，财产管理部门将各种手续办理齐全，将实物整理整齐，并准备有关的衡量器具及清查所需的盘存表等。

3. 进行财产清查

① 清查时本着先清查数量，核对有关账簿记录，再认定质量的原则进行。
② 清查时要填写盘存表。
③ 根据盘存表，填制各种实物、往来款项的清查结果报告表。

4. 对财产清查结果进行处理

对账产清查结果的处理要求与会计处理在后续内容中进行学习。

二、财产清查的方法

微课：货币资金的清查

（一）货币资金的清查方法

货币资金的清查主要包括对库存现金的清查和对各种存款的清查。这里介绍对库存现金和银行存款的清查。

1. 对库存现金的清查

对库存现金的清查是通过实地盘点的方法进行的。清点库存现金时，出纳人员必须在场，以明确责任。将库存现金实地清点后，确定库存现金的实际结存数，并将其与现金日记账的账面结存数额进行核对，确定库存现金长短款的数额。清点时应注意一切收据、借据均不得抵充现金，并注意库存现金是否超过规定的限额、有无坐支现金的现象等。

清点现金后，将清查结果填入库存现金盘点表，由盘点人员会同出纳人员签字盖章。库存现金盘点表的一般格式如表8-1所示。

表 8-1

库存现金盘点表

年　月　日　　　　　　　　　　　　　　　编号：　　　元

库存金额	实存金额	盘　盈	盘　亏	备　注

盘点人：（签章）　　　　　　　　　　　　　　　　出纳员：（签章）

在实际工作中，现金的收支业务很频繁，且容易出错，出纳人员应每日进行库存现金的清查，做到日清月结。这种清查一般由出纳人员在每日工作结束之前，将现金日记账当日账面结存数额与库存现金实际盘点数额进行核对，以此检查当日工作准确与否，确保每日账实相符。

2．对银行存款的清查

对银行存款的清查是通过与单位开户银行核对账目记录的方法进行的，即将从银行取回来的对账单与本单位银行存款日记账逐笔进行核对，以查明其是否相符。

在同银行核对账目以前，应先检查本单位银行存款日记账，力求正确与完整，然后与从银行取回来的银行对账单逐笔核对。在银行对账单上登记有本单位有关存款的存入、支用和结余的全部记录。必须指出，在实际工作中，银行对账单与本单位银行存款日记账的余额往往不相符。造成不相符的原因主要有两个方面：一是双方记账可能有差错；二是有未达账项。未达账项是因为银行存款日常的收付业务频繁，开户银行和企业办理结算手续与凭证传递、入账的时间不一致造成的。未达账项主要有以下 4 种情况。

① 企业已入账，银行尚未入账的收款业务，即企业收到或已送存银行的款项企业已入账，但银行尚未入账。

② 企业已入账，银行尚未入账的付款业务，即企业开出各种付款凭证已入账，但银行尚未入账。

③ 银行已入账，企业尚未入账的收款业务，即银行代企业收进的款项银行已入账，但企业尚未收到有关凭证，未能登记入账。

④ 银行已入账，企业尚未入账的付款业务，即银行代企业支付的款项银行已入账，但企业尚未收到有关凭证，未能登记入账。

以上任何一种情况的存在都将导致企业银行存款日记账的余额与银行对账单的余额不一致。因此，在清查中，除了对发现的错账应按规定的程序报请更正外，对于已发现的未达账项也要通过编制银行存款余额调节表来检查双方调整后的账面余额是否相符。

编制银行存款余额调节表的依据是银行对账单上银行存款余额和企业银行存款日记账账面余额及其与未达账项之间的关系。清除未达账项的影响后，双方银行存款的余额应该相等。

业务 8-4　某企业 2019 年 6 月 30 日银行存款款账面余额是 37 万元，银行对账单上账面余额是 39 万元。经逐笔核对，发现以下几笔未达账项。

① 企业于月末存入从其他单位收到的转账支票 36 000 元。企业已入账，而银行因内部手续尚未办妥，尚未入账。

② 企业于月末开出现金支票 6 000 元。企业已入账，因持票人尚未到银行办理取款手续，银行尚未入账。

③ 企业委托银行向外单位收回的销货款 9 万元。银行已入账，而企业尚未收到有关通知，尚未入账。

④ 银行代企业支付的水电费 4 万元。银行已入账，而企业尚未收到有关通知，尚未入账。

应编制银行存款余额调节表，如表 8-2 所示。

表 8-2

银行存款余额调节表

2019 年 06 月 30 日　　　　　　　　　　　　　　　　　　　元

项目	金额	项目	金额
企业银行存款日记账账面余额	370 000	银行对账单余额	390 000
加：银行已收，企业未收	90 000	加：企业已收，银行未收	36 000
减：银行已付，企业未付	40 000	减：企业已付，银行未付	6 000
调节后的存款余额	420 000	调节后的存款余额	420 000

从表 8-2 可见，双方余额经调节后是相等的，表明双方的账簿记录没有差错，调节前之所以不相等，完全是由未达账项所致。另外，调节之后的银行存款余额，既不等于企业存款日记账账面余额，也不等于企业银行对账单余额，这个数字是企业当日银行存款的真正实有数额，即企业实际可动用的存款数额。需要注意的是，由于未达账项不是错账、漏账，因此不需要做任何账务调整处理，双方账面仍应保持原来的余额，待收到有关凭证之后，与正常业务一样处理。

（二）实物与往来款项的清查方法

1．财产物资的盘存制度

财产清查的盘存制度也就是会计实务中财产物资的盘存制度，主要有永续盘存制和实地盘存制。

微课：实物与往来款项的清查

（1）永续盘存制

永续盘存制也称账面盘存制，是以账簿记录为依据来确认财产物资结存数量的一种方法。

采用永续盘存制，平时对各项财产物资的增加数和减少数都要根据会计凭证连续记入有关账簿中，并根据"账面期初余额+本期增加额－本期减少额"随时结出账面期末余额。采用这种盘存制要求财产物资的增减变动都要有严格的手续，以便随时掌握财产物资的占用情况，便于加强会计监督。存货和固定资产均采用这种盘存制度。

永续盘存制的不足之处在于账簿中记录的财产物资的增减变动及结存情况都是根据有关会计凭证登记的，有可能会发生账实不符的情况。因此，需要对各项资产物资进行定期财产清查，以查明账实是否相符并找出账实不符的原因。

（2）实地盘存制

实地盘存制就是对各项财产物资平时在账簿中只登记其增加数，不登记其减少数，月

末根据实地盘点的结存数来倒挤财产物资的减少数,并据以登记有关账簿的一种盘存制度。其计算公式为:

$$本期减少数=期初结存数+本期增加数-期末实存数$$

这种方法简单、工作量小,但不能随时掌握财产物资的占用情况及动态,不便于实行会计监督。而且,倒挤出的各项财产物资的减少数中成分比较复杂,除了正常耗用以外,可能还有毁损和丢失等具体情况,不利于保护企业财产物资的安全与完整。因此,这种方法一般只适用于价值低、数量多的低值易耗品,如橡皮筋、大头针等。

采用实地盘存制的单位对各项财产物资进行实地盘点的结果只能作为登记财产物资账面减少数的依据,不能用于核对账实是否相符。

2. 财产物资的清查方法

财产物资实物的清查主要是指对存货(原材料、辅助材料、低值易耗品、在产品、库存商品等)和固定资产等的清查。清查应从数量和质量上进行,并核定其实际价值,针对财产物资种类多、数量多、品种规格多、储备状态复杂、计量单位不统一、价值大小不均匀等特点,在清查中要做到:一方面要分清轻重缓急,合理分配时间;另一方面,针对不同的清查对象,应选择不同的清查方法。清查方法通常有以下几种。

① 实地盘点法。实地盘点法是通过点数、过磅、量尺等方法确定财产物资实有数的方法。这种方法计量准确、直观,适用范围较广,对大多数财产物资的清查都可以采用这种方法。

② 技术推算法。技术推算法是利用科学技术方法,对财产物资的实存数进行推算的一种方法。这种方法适用于那些大量成堆、难以逐一清点的物资,如散装的化肥、棉花等。

③ 对于委托外单位加工、保管的材料、商品等实物应采用查询核对法,即采用去函、去人调查,并与本单位账存数相核对的方法进行清查。

为了明确经济责任,便于查核,在实地盘点时,必须要有实物保管人员在场并参与盘点工作。但保管人员不宜单独承担财产物资的清查工作。

盘点后,应及时将盘点结果如实记载在盘存单上,并由盘点人员和保管、使用人员签字盖章。盘存单是记录财产物资盘点结果的书面证明,是反映财产物资实有数额的原始凭证。盘存单的一般格式如表 8-3 所示。

表 8-3

盘 存 单

单位名称:
财产类别:　　　　　　　　　　　　　年　月　日　　　　　　　　　　　　第　　页

编　号	名　称	规格型号	计量单位	数　量	单　价	金　额	备　注

盘存单内的编号、规格、名称、计量单位、单价各栏所填写的内容应与对应账簿上记载的内容相同,以便核对。

第八章 对账与结账

为了进一步查明实际盘点后的结果与对应账簿的账面结存数额是否一致，在盘存单填制审核完毕后应将其与有关账簿记录进行核对。然后，将核对结果填入账存实存对比表中，通过对比确定实物的盈亏情况。账存实存对比表也是用于调整有关账簿记录的原始单据，是确定有关人员经济责任的依据。账存实存对比表的一般格式如表8-4所示。

表8-4

账存实存对比表

年 月 日

金额单位：元

编号	名称及规格	计量单位	单价	实存		账存		盘盈		盘亏		备注
				数量	金额	数量	金额	数量	金额	数量	金额	

3．往来款项的清查方法

往来款项主要包括各种应收账款、应付账款、预收账款、预付账款。往来款项的清查采用与对方单位或个人通过对账单核对账簿记录的方法进行。

清查之前，首先要检查本单位各种往来款项账簿上的记录是否登记完整、正确。确定无误后，再编制往来款项对账单送交对方单位进行核对。对账单通常一式两联，其中一联作为回执联。如果对方单位核对相符，应在对账单上签章退回本单位；如果不符，应在对账单上注明不符情况或另抄对账单退回，以便进一步核对。在查核过程中，如果发现未达账项，双方应编制往来款项账面余额调节表予以调整。

对于往来款项的清查除了查对往来结算款项数额是否相等外，还应注意清查往来款项的结算时间，从中掌握往来款项的拖欠情况，以便加强债权债务的管理，减少呆账、坏账损失。

三、财产清查结果的处理

（一）财产清查结果处理的要求

各单位通过财产清查，必然会发现财产物资管理工作、会计工作乃至整个经营管理工作中的问题，妥善地处理好这些问题是财产清查工作的重要环节。同时，清查中发现的问题，也往往为以后改进工作做出了提示。为了充分发挥财产清查的作用，促进企业、单位进一步管好财产物资，必须对财产清查的结果在认真分析和调查研究的基础上，以有关法令制度为依据，按照规定的程序，严肃、正确地加以处理。

1．分析、查明账实不符的原因和性质，按照规定采用相应的处理方法

企业应认真核准财产清查中所发现的盘盈、盘亏、毁损和其他损失的数字，并查明其性质和发生的原因，明确经济责任，提出妥善的处理意见，报领导审批。领导批准前，盘

盈的各种材料、产成品、库存商品、生物资产等，借记"原材料""库存商品""消耗性生物资产"等账户，贷记"待处理财产损溢"账户；盘亏的各种材料、产成品、库存商品、生物资产、固定资产等，借记"待处理财产损溢"账户，贷记"原材料""库存商品""消耗性生物资产""固定资产"等账户。领导批准后，由于个人工作失误造成的损失，应由当事人负责赔偿；由于经营管理不善造成的损失，属于流动资产短缺或毁损的，列入"管理费用"账户核算，属于固定资产短缺的或毁损的，列入"营业外支出"账户核算；由于自然灾害造成的损失，列入"营业外支出"账户核算。盘盈的除固定资产以外的其他资产，借记"待处理财产损溢"账户，贷记"管理费用""营业外收入"等账户。

2．处理积压物资和清理长期不清的债权债务

企业应如实反映清查中所发现的积压、滞销和霉变的物资及长期拖欠或有争议的往来款项，查明原因，提出处理意见。对清查中发现的积压、滞销或不需要的物资，应建议有关部门改进推销技巧，调整销售计划与措施；对于长期拖欠的及发生争议的往来款项都应指定专人负责查明原因，限期清查解决；对于物资储备不足或半成品不配套的情况，也要建议有关领导和内部有关部门注意改进，从而既能保证生产的需要，做到物尽其用，又能节约资金，加速资金周转。

3．总结经验教训，完善财产管理制度

对于清查中发现的经营和会计核算方面的问题，应及时总结经验教训，提出改进措施，从而建立健全财产管理制度，提高经营管理水平。

4．调整账簿记录，做到账实相符

对于财产清查中发现的账实不符的情况，应按照有关规定，调整账簿记录，做到账实相符。

（二）财产清查结果的账务处理方法

对财产清查所发现的各种差异及对差异的处理，都应当及时地进行账务处理，调整账簿记录，以达到账实相符。由于清查结果的处理须报有关部门审批，因此在账务处理上要分以下两步进行。

首先，在审批之前，根据账存实存对比表中所确定的财产物资盘盈、盘亏和毁损数额，编制记账凭证，据以登记有关账簿，使各项财产物资的账面结存数额与实存数额一致，做到账实相符。

其次，在审批之后，根据发生差异的性质和原因及上报批复的处理意见，编制记账凭证，据以登记有关账簿。

为了反映和监督财产清查中所查明的财产物资的盘盈、盘亏和毁损及其处理情况，应设置和运用"待处理财产损溢"账户。"待处理财产损溢"账户是资产类账户，用以核算企业在财产清查过程中查明的各种财产物资的盘盈、盘亏和毁损及其处理情况。对于发生的待处理财产的盘亏、毁损数，记入该账户的借方，按照规定程序批准转销财产物资的盘亏和毁损数，记入该账户的贷方；对于发生的待处理财产物资的盘盈数，记入该账户的贷方，按照规定程序批准转销财产物资的盘盈数时，记入该账户的借方；期末如果为借方余额，

即为尚未处理的各种财产物资的净损失；如果为贷方余额，是尚未处理的各种财产物资的净溢余。

在该账户下设置"待处理固定资产损溢"和"待处理流动资产损溢"两个明细账户，进行明细分类核算。

1. 盘盈、盘亏的财产物资的账务处理

企业财产物资经盘点后发生盈亏的财产可分为流动资产和固定资产两大类。其中，流动资产盘点后的盈亏有库存现金和银行存款的长款与短款、存货的盘盈和盘亏。

《企业会计准则》规定，企业在财产清查中发现的现金短缺或溢余应当计入损溢。在清查时发现库存现金短缺，查明原因报领导审批时，借记"待处理财产损溢——待处理流动资产损溢"账户，贷记"库存现金"账户。经领导批准后，如果为责任人赔偿的短缺，应借记"其他应收款"或"库存现金"账户，扣除由责任人赔偿的现金短缺后的金额，借记"管理费用"账户，按全部现金短缺数贷记"待处理财产损溢——待处理流动资产损溢"账户。在清查时发现库存现金溢余，查明原因报领导审批时，应按实际溢余的金额，借记"库存现金"账户，贷记"待处理财产损溢——待处理流动资产损溢"账户。经领导批准后，按全部溢余数借记"待处理财产损溢——待处理流动资产损溢"账户，属于应支付给有关单位或人员的部分，贷记"其他应付款"账户，现金溢余金额超过应付给有关单位或人员的部分，贷记"营业外收入"账户。

企业清查盘点中发现的存货盘盈，查明原因报领导审批时，应按该存货的市价或同类商品的市场价格作为实际成本，借记有关存货账户，贷记"待处理财产损溢——待处理流动资产损溢"账户；发现库存商品盘亏或毁损，查明原因报领导审批时，借记"待处理财产损溢——待处理流动资产损溢"账户，贷记有关存货账户。经领导批准后，在减去过失人或保险公司等赔款和残料价值之后，属于自然灾害造成的，借记"营业外支出"账户；属于其他情况的，借记"管理费用"账户，贷记"待处理财产损溢——待处理流动资产损溢"账户。

企业在财产清查中盘亏的固定资产，按盘亏固定资产的账面价值，借记"待处理财产损溢——待处理固定资产损溢"账户，按已计提的累计折旧，借记"累计折旧"账户，按已计提的减值准备，借记"固定资产减值准备"账户；按固定资产的原价，贷记"固定资产"账户。按管理权限报经批准后处理时，按可收回的保险赔偿或过失人赔偿，借记"其他应收款"账户，按应计入营业外支出的金额，借记"营业外支出——盘亏损失"账户，贷记"待处理财产损溢——待处理固定资产损溢"账户。

企业在财产清查中盘盈的固定资产，作为前期差错处理。企业在财产清查中盘盈的固定资产，在按管理权限报经批准前应先通过"以前年度损益调整"账户核算。盘盈的固定资产，应按重置成本确定其入账价值，借记"固定资产"账户，贷记"以前年度损益调整"账户。

2. 举例说明财产清查结果的账务处理

业务8-5 某企业在现金清查中发现库存现金长款600元。经核查，上述长款中属于少付长风公司款项400元。在报领导审批时，应做如下会计处理。

① 批准处理前，编制会计分录如下。

借：库存现金　　　　　　　　　　　　　　　　　　　　　600
　　贷：待处理财产损溢——待处理流动资产损溢　　　　　　　　600

② 经领导批准后，编制会计分录如下。

借：待处理财产损溢——待处理流动资产损溢　　　　　　600
　　贷：其他应付款——长风公司　　　　　　　　　　　　　　　400
　　　　营业外收入　　　　　　　　　　　　　　　　　　　　　200

业务 8-6　某企业在清查盘点中盘盈 Q 材料一批。该类商品市场价格为 9 000 元，经查属于材料收发计量方面的错误。应做如下会计处理。

① 批准处理前，编制会计分录如下。

借：原材料——Q 材料　　　　　　　　　　　　　　　　9 000
　　贷：待处理财产损溢——待处理流动资产损溢　　　　　　　9 000

② 批准处理后，编制会计分录如下。

借：待处理财产损溢——待处理流动资产损溢　　　　　　9 000
　　贷：管理费用　　　　　　　　　　　　　　　　　　　　　9 000

业务 8-7　某企业在清查盘点中盘亏 K 材料一批，价值 10 000 元，经查属于一般经营损失。应做如下会计处理。

① 批准处理前，编制会计分录如下。

借：待处理财产损溢——待处理流动资产损溢　　　　　　10 000
　　贷：原材料——K 材料　　　　　　　　　　　　　　　　　10 000

② 批准处理后，编制会计分录如下。

借：管理费用　　　　　　　　　　　　　　　　　　　　10 000
　　贷：待处理财产损溢——待处理流动资产损溢　　　　　　　10 000

业务 8-8　某企业进行财产清查时发现短缺一台笔记本电脑，原价为 5 500 元，已计提折旧 2 000 元。应做如下会计处理。

① 盘亏固定资产时，编制会计分录如下。

借：待处理财产损溢——待处理固定资产损溢　　　　　　3 500
　　累计折旧　　　　　　　　　　　　　　　　　　　　2 000
　　贷：固定资产　　　　　　　　　　　　　　　　　　　　　5 500

② 报经批准转销时，编制会计分录如下。

借：营业外支出——盘亏损失　　　　　　　　　　　　　3 500
　　贷：待处理财产损溢——待处理固定资产损溢　　　　　　　3 500

业务 8-9　丁公司在财产清查过程中，发现一台未入账的设备，重置成本为 30 000 元。根据《企业会计准则第 28 号——会计政策、会计估计变更和差错更正》的规定，该盘盈固定资产作为前期差错进行处理。假定丁公司适用的所得税税率为25%，按净利润的10%计提法定盈余公积。应做如下会计处理。

① 盘盈固定资产时，编制会计分录如下。

借：固定资产　　　　　　　　　　　　　　　　　　　　30 000
　　贷：以前年度损益调整　　　　　　　　　　　　　　　　30 000

② 确定应缴纳的所得税时，编制会计分录如下。

借：以前年度损益调整　　　　　　　　　　　　　　　　7 500
　　贷：应交税费——应交所得税　　　　　　　　　　　　7 500

③ 结转为留存收益时，编制会计分录如下。

借：以前年度损益调整　　　　　　　　　　　　　　　　22 500
　　贷：盈余公积——法定盈余公积　　　　　　　　　　　2 250
　　　　利润分配——未分配利润　　　　　　　　　　　　20 250

第四节　结账

微课：结账

结账是指在将本期所发生的经济业务全部登记入账的基础上，于会计期末（月末、季末、年末）按照规定的方式结算账目，并做出结账记录的一项工作。结账包括月结、季结和年结。结账的内容包括两个方面：一是结清各种损益类账户，并据以计算确定本期利润；二是结出资产、负债和所有者权益账户的本期发生额合计——期末余额。

一、结账的程序

步骤1　结账前，必须将本期内发生的各项经济业务全部登记入账，并在对账的基础上，做到账证、账账、账实核对。如果发现错账，应在结账前及时更正。

步骤2　按照权责发生制的要求，及时调整需要进行期末调整的账项，合理确定本期应计的收入和费用。编制有关调整账项的会计分录，并据以登记入账。

步骤3　在结账前，应认真核对和及时清理往来账目，妥善处理应收、应付及暂收、暂付款项的清偿事宜，力争减少呆账和坏账损失的发生。

步骤4　在确认当期发生的经济业务、调整账项及有关转账业务已全部登记入账后，可办理结账手续。

二、结账的主要方法

结账时，对不同的账户记录应分别采用不同的方法。

（一）月结

每月结账时，应在各账户本月最后一笔记录下面画一条通栏红线，表示本月结束。然后，在红线下面结出本月发生额和月末余额。如果没有余额，在"余额"栏内写上"平"或"0"符号。同时，在"摘要"栏内注明"本月合计"或"×月份发生额及余额"字样。最后，在下面画一条通栏红线，表示完成月结工作。

（二）季结

季结的结账方法与月结基本相同，应在各账户本季度最后一个月月结红线下结出本季度发生额和季末余额。如果没有余额，在"余额"栏内写上"平"或"0"符号，并在"摘要"栏内注明"本季合计"或"第×季度发生额及余额"字样。最后，在下面画一条通栏红线，表示完成季结工作。

（三）年结

办理年结时，应在12月份月结下面（需要办理季结的，应在第四季度的季结下面）结算填列全年12个月的月结发生额和年末余额。如果没有余额，在"余额"栏内写上"平"或"0"符号，并在"摘要"栏内注明"本年累计"或"年度发生额及余额"字样。最后，在合计数下面画通栏双红线表示封账，完成年结工作。需要更换新账的，有余额的账户应将其余额结转至下年，在"摘要"栏注明"结转下年"字样，并在新账有关账户的第1行"摘要"栏内注明"上年结转"或"年初余额"字样，将上年的年末"余额"以相同方向记入新账中的"余额"栏内。

职业判断与业务操作

大海公司要采用补充登记法，补充270（3 520-3 250）元。在出现登账错误时，应按规定的错账更正方法进行更正，不能随意销毁、撤换。

本章小结

在记账过程中，如果账簿记录发生错误，应区分不同情况，按规定的方法进行更正。由于记账差错的具体情况不同，所以更正错账的方法也不同，一般常用的更正错误的方法有划线更正法、红字更正法和补充登记法3种。

登记账簿作为会计核算的专门方法之一，包括记账、对账和结账3个相互联系不可分割的工作环节。

财产清查是通过对现金、银行存款、财产物资和往来款项的盘点或核对，确定其实存数，查明账存数与实存数是否相符的一种专门方法。加强财产清查，对于保护财产物资的安全和完整、加强企业管理、充分发挥会计的监督作用具有重要意义。

财产清查可以按不同的标准分类，按清查范围划分可分为全面清查和局部清查；按清查时间划分可分为定期清查和不定期清查。两种分类不是相互独立的，全面清查可以是定期清查，也可以是不定期清查，反之亦然。

财产物资的盘存制度有两种，即永续盘存制和实地盘存制。两种制度在一个企业中可

第八章　对账与结账

同时应用，但适用范围不同。

对于在清查过程中出现的盘盈、盘亏或毁损情况，应填制相关的会计凭证，并按规定的审批程序进行账务处理。

 课后练习

试题自测

一、单项选择题

1. 下列各项中对账簿记录进行核对工作的是（　　）。
   A. 对账　　　B. 结账　　　C. 错账更正　　　D. 试算平衡

2. 银行存款日记账和银行对账单之间的核对属于（　　）。
   A. 账证核对　　　B. 账账核对　　　C. 账实核对　　　D. 余额核对

3. 下列关于银行存款账实核对的表述中，正确的是（　　）。
   A. 将银行存款日记账的余额与银行存款的收付款凭证核对
   B. 将银行存款日记账的余额与总账中的银行存款账核对
   C. 将银行存款日记账的余额与银行对账单核对
   D. 将银行存款日记账的余额与银行金库中存款的实有数核对

4. 对账就是核对账目，其主要内容是（　　）。
   A. 账实核对、账表核对、账账核对
   B. 账账核对、账证核对、账表核对
   C. 账账核对、账证核对、表表核对
   D. 账证核对、账账核对、账实核对

5. 记账以后，发现记账凭证中科目正确，但所记金额小于应记金额，应采用（　　）进行更正。
   A. 红字更正法　　　B. 平行更正法
   C. 补充登记法　　　D. 划线更正法

6. 某企业材料总账中本期借方发生额为 3 200 元，本期贷方发生额为 3 000 元。其有关明细账的发生额分别为：甲材料本期借方发生额 700 元，贷方发生额 900 元；乙材料本期借方发生额 2 100 元，贷方发生额 1 800 元。那么，丙材料本期为（　　）。
   A. 借方发生额 2 700 元，贷方发生额 2 800 元
   B. 借方发生额 400 元，贷方发生额 300 元
   C. 借方发生额 200 元，贷方发生额 400 元
   D. 因不知各账户期初余额，故无法计算

7. 全面清查和局部清查划分的依据是（　　）。
   A. 财产清查的方法　　　B. 财产清查的对象和范围
   C. 财产清查的时间　　　D. 财产清查的性质

185

8. 下列各项中，企业不需要对其财产物资进行全面清查的是（   ）。
   A．年终决算前　　　　　　　　B．企业进行股份制改制前
   C．更换仓库保管员　　　　　　D．企业破产

9. 按清查的时间划分，单位在发生贪污盗窃、营私舞弊等事件时所进行的清查属于（   ）。
   A．全面清查　　B．局部清查　　C．定期清查　　D．不定期清查

10. 按清查的时间划分，单位在发生撤销、合并、重组等事项时所进行的清查属于（   ）。
    A．定期清查　　B．不定期清查　　C．全面清查　　D．局部清查

二、多项选择题

1．账实核对是指核对账簿与财产物资实有数额是否相符。其具体核对内容包括（   ）。
   A．库存现金日记账余额与实际库存数
   B．银行存款日记账余额与银行对账单余额
   C．各种财物明细账余额与实存额
   D．债权、债务明细账余额与对方单位或个人的记录（往来对账）

2．库存现金日记账对账的内容包括（   ）。
   A．账证核对　　B．账账核对　　C．账表核对　　D．账实核对

3．下列关于账户结计发生额的说法中，正确的有（   ）。
   A．需要结计本月发生额的账户，结计"过次页"的本页合计数应当为自本月初起至本页末止的发生额合计数
   B．需要结计本年累计发生额的账户，结计"过次页"的本页合计数应当为自年初起至本页末止的累计数
   C．既不需要结计本月发生额，也不需要结计本年累计发生额的账户，可以只将每页末的余额结转至次页
   D．既不需要结计本月发生额，也不需要结计本年累计发生额的账户，结计"过次页"的本页合计数应当为自年初起至本页末止的发生额合计数

4．下列各项需要画双红线的有（   ）。
   A．在本月合计的下面　　　　　B．在本年累计的下面
   C．在12月末本年累计的下面　　D．在本年合计的下面

5．结账的内容通常包括（   ）。
   A．在会计期末将本期所有发生的经济业务事项全部登记入账
   B．结清各种损益类账户，并据以计算确定本期利润
   C．结清各资产、负债和所有者权益账户，分别结出本期发生额合计和余额
   D．期末有余额的账户，要将其余额结转下一期间

6．红墨水登记账簿只能用于（   ）。
   A．采用红字冲销法更正错误　　B．在不设减少栏的账页中，登记减少金额
   C．采用划线更正法更正错误　　D．采用补充登记法更正错误

第八章　对账与结账

7．下列业务中，不需要编制记账凭证的有（　　）。
　　A．采用划线更正法更正错账　　B．采用红字冲销法更正错账
　　C．采用补充登记法更正错账　　D．年终新旧账户余额的转让事项
8．全面清查的具体对象包括（　　）。
　　A．货币资金　　B．存货　　C．固定资产　　D．往来款项
9．下列情况需要进行全面清查的有（　　）。
　　A．年终决算之前
　　B．企业股份制改制前
　　C．更换财产物资、库存现金保管人员时
　　D．单位财务科长调离时
10．关于局部清查，正确的做法有（　　）。
　　A．现金每月清点一次　　B．银行存款每月同银行核对一次
　　C．贵重物品每月至少盘点一次　　D．债权债务每年至少核对一两次

三、判断题

1．往来款项的清查一般采用发函询证的方法。（　　）
2．在进行财产物资盘点时，实物保管员必须在场。（　　）
3．对委托外单位加工的材料、在途材料物资等，可以采用发函询证的方法与有关单位进行核对，来查明账实是否相符。（　　）
4．现金应该每月清查一次。（　　）
5．银行存款余额调节表的编制方法一般是在企业和银行双方账面余额的基础上，各自加上对方已收而己方未收的款项，减去对方已付而己方未付的款项。经过调节后，双方的余额应一致。（　　）
6．库存现金的清查包括出纳人员每日的清点核对及清查小组定期和不定期的清查。（　　）
7．未达账项是指由于存款单位和银行取得凭证的时间不同，导致记账时间不一致而发生的一方已取得结算凭证且已登记入账，而另一方尚未取得结算凭证从而尚未入账的款项。（　　）
8．技术推算盘点法运用度、量、衡等工具，通过点数，逐一确定被清查实物实有数。（　　）
9．实存账存对比表是财产清查的重要报表，是调整账面记录的原始凭证。（　　）
10．白条抵库是指用不具有法律效力的借条、收据等抵充库存现金。（　　）

四、业务题

业务题一

目的：练习错账更正方法。
资料：2019 年 5 月 13 日，公司法人代表李明报销部分出差费用。出纳以现金支付，计 569 元。（原始凭证略）
要求：用正确的方法更正下面的做法。

付款凭证

贷方科目：库存现金　　　2019年05月13日　　　现付字第25号

摘要	借方总账科目	明细科目	记账符号	金额
付李明差旅费	管理费用			￥5 690.00
合计				￥5 690.00

附单据 壹 张

财务主管 黄瑜　　记账 陈少军　　出纳 严闯　　审核 黄瑜　　制单 陈少军

总 账

科目：库存现金　　　　　　　　　　　　户名：

2019年 月 日	凭证 字 号	摘要	借方	贷方	借或贷	余额
5　1		期初余额	20 000.00		借	20 000.00
5　13	现付25	付李明差旅费		5 690.00	借	14 310.00

总 账

科目：管理费用　　　　　　　　　　　　户名：

2019年 月 日	凭证 字 号	摘要	借方	贷方	借或贷	余额
5　10	银付20	行政部门办公费	35 000.00		借	35 000.00
5　13	现付25	付李明差旅费	5 690.00		借	40 690.00

业务题二

资料：胜利工厂某年6月30日银行存款日记账借方余额为526 000元，银行对账单余额为585 000元。经查，发现有以下未达账项。

（1）6月1日，委托银行收取的货款120 000元。银行已收妥入账，而收账通知尚未送达企业。

（2）6月2日，企业以转账支票支付材料运费15 000元。企业已入账，而银行尚未记账。

（3）6月3日，银行为企业代付电费6 000元。企业尚未记账。

（4）6月4日，企业收到外单位转账支票一张，归还前期欠货款70 000元。企业已收账，银行尚未记账。

要求：根据上述资料编制银行存款余额调节表。

第八章　对账与结账

业务题三

资料：某企业月末财产清查发现下列账实不符情况。
（1）11月2日，甲材料盘盈1 800元。
（2）11月3日，乙材料盘亏240元。
（3）11月4日，库存产成品溢余240元。
（4）11月5日，低值易耗品的实存额5 800元，账面余额为6 000元。
（5）11月10日，发现账外车床一台，重置的价值60 000元，估计已提折旧18 000元。
（6）11月12日，盘亏机器一台，其账面原值为50 000元，已提折旧48 000元。
（7）11月15日，短缺仪器一台，其账面原值为4 000元，已提折旧2 500元。
以上账项报经批准后处理如下。
（1）盘盈的甲材料冲减管理费用。
（2）盘亏的乙材料中，60元属自然耗损，作为管理费用处理；180元属保管责任造成，应赔偿。
（3）溢余产成品，冲减管理费用。
（4）低值易耗品缺少200元，为厂部管理部门损坏报废，经批准作为管理费用处理。
（5）盘亏固定资产。经批准，转作营业外收支处理。
（6）盘盈固定资产。经批准，作为前期差错处理。
要求：编写处理的会计分录。

业务题四

资料：星辰公司是一个家电制造企业，拥有大量的厂房、设备、原材料、外购零配件、在产品和产成品。其原材料价值大小各异，有在仓库存放的，也有在外部堆放的；产品有自销的，也有委托代销的；结算过程中存在大量的债权、债务，主要包括应收账款、应收票据、应付账款和预付账款。同时，企业还有大量的现金、银行存款、银行贷款和股票及债券投资，企业购买的股票和债券全部由投资公司托管。现年终将至，公司将要进行年终决算，需要对公司的财产物资进行全面清查。
要求：起草一份财产清查方案。

第九章

财务报表的编制

职业能力目标

1. 掌握资产负债表的编制方法。
2. 掌握利润表的编制方法。
3. 提高学生对会计信息的认识和会计实务专业技能。
4. 使学生知道财务报表的重要性,培养学生的责任意识。

情景导入 大海公司经营到了月末,作为会计,需要为投资者及其他人提供精简的会计信息。而保存在会计账簿中的信息仍然是分散的,不能全面反映企业的财务状况、经营成果等情况。为此,要把分散在会计账簿中的信息进行集中整理,形成有用的信息。这个集中企业财务状况、经营成果等信息的载体就是财务报表。在第二章中,我们学习了资产负债表和利润表的概念、作用、结构与内容,那么资产负债表和利润表又是怎样编制的呢?

第一节 财务报表的基本编制要求及准备工作

一、财务报表的基本编制要求

(一)以持续经营为基础

持续经营是会计的一个基本前提(基本假设),是会计确认、计量及编制财务报表的基础。

(二)编表期间

企业至少应按年编制财务报表。年度财务报表涵盖的期间短于一年的,应当披露年度财务报表的涵盖期间,以及短于一年的原因。

第九章　财务报表的编制

（三）一致性原则

一致性原则是指财务报表项目的列报各期应保持一致，除非准则要求改变或主要经营业务发生了重大变化。

（四）重要性原则

重要性原则是新会计准则体系中的一个重要概念。其基本含义是：财务报表某项目的省略或错误会影响使用者据此做出经济决策，则该项目具有重要性。

（五）不能相互抵销

这是指财务报表中所列示项目的金额不能抵销，但以扣除减值后的净额列报资产不属于抵销项。这实质上是要求财务报表应以总额列报，不得以净额列报。

（六）可比性原则

可比性原则是指企业列报当期报表时至少应当列报上一可比期间的比较数据，目的是向信息使用者提供对比数据，以反映企业财务状况、经营成果和现金流量的发展趋势，提高信息使用者的判断与决策能力。

（七）相关披露

企业应当在财务报表的显著位置披露编报企业的名称、资产负债表日或财务报表涵盖的会计期间、人民币金额单位和财务报表是否为合并财务报表。

二、财务报表编制前的准备工作

（一）全面财产清查

企业在编制年度财务会计报告前，应当按照下列规定全面清查资产、核实债务。

① 结算款项（即债权债务），包括应收款项、应付款项、应交税费等是否存在，与债务、债权单位的相应债务、债权金额是否一致。

② 原材料、在产品、自制半成品、库存商品等各项存货的实存数量与账面数量是否一致，是否有报废损失和积压物资等。

③ 各项投资是否存在、投资收益是否按照国家统一的会计制度规定进行确认和计量。

④ 房屋建筑物、机器设备、运输工具等各项固定资产的实存数量与账面数量是否一致。

⑤ 在建工程的实际发生额与账面记录是否一致。

⑥ 需要清查、核实的其他内容。

（二）检查会计事项的处理结果

企业在编制财务会计报告前，除了应当全面清查资产、核实债务之外，还应完成下列工作。

① 核对各会计账簿记录与会计凭证的内容、金额等是否一致，记账方向是否相符。

② 依照规定的结账日进行结账，结出有关会计账簿的余额和发生额，并核对各会计账簿之间的余额。

③ 检查相关的会计核算是否按照国家统一的会计制度的规定进行。

④ 对于国家统一的会计制度没有规定统一核算方法的交易、事项，检查其是否按照会计核算的一般原则进行了确认和计量，以及相关账务处理是否合理。

⑤ 检查是否存在因会计差错、会计政策变更等原因需要调整前期或本期的相关项目。

第二节　资产负债表的编制

一、资产负债表的数据来源

通常，资产负债表的各项目均须填列"年初余额""期末余额"两栏。

① 资产负债表的"年初余额"栏内各项数字应根据上年末资产负债表的"期末余额"栏内所列数字填列。

② 资产负债表的"期末余额"栏内各项数字，应根据会计账簿填列，即应根据总账和明细账（资产、负债、所有者权益类账户）的期末余额填列。

资产负债表"年初余额""期末余额"栏填列数据如图 9-1 所示。

	资产负债表		会企01表	
编制单位：	年　月　日		单位：元	
资　产	期末余额	年初余额	负债和所有者权益	期末余额	年初余额
流动资产：			流动负债：		
货币资金	★根据上年末资产负债表上的"期末余额"填列		短期借款	★根据有关总分类账户和明细分类账户的期末余额直接或计算填列	
交易性金融资产			交易性金融负债		
衍生金融资产			衍生金融负债		
应收票据及应收账款			应付票据及应付账款		
预付款项			预收款项		
（略）			（略）		

图 9-1　资产负债表"年初余额""期末余额"栏的数据来源

二、资产负债表的编制方法

（一）资产负债表的"年初余额"栏内各项数字的填列方法

资产负债表的"年初余额"栏内各项数字通常根据上年末资产负债表的"期末余额"栏内所列数字填列，即本年度资产负债表"年初余额"与上年末资产负债表的各项目对应的"期末余额"栏数字一致。如果本年度资产负债表规定的各项目的名称和内容与上年度资产负债表不一致，则应对上年度资产负债表各项目的名称和数字按照本年度的规定进行调整，填入"年初余额"栏。

第九章　财务报表的编制

例如，2019 年度，大海公司年末资产负债表的"应收票据及应收账款"项目"期末余额"为 20 000 元，那么 2020 年度的资产负债表的"应收票据及应收账款"项目"年初余额"栏应填列 20 000 元。资产负债表的其他项目均是如此。

（二）资产负债表的"期末余额"栏内各项数字的填列方法

1．根据一个或几个总账账户的期末余额直接填列

此填列方法包含以下两种情况。

（1）根据某个总账账户的期末余额直接填列

资产负债表中的大部分项目，都可以根据相应总账账户余额直接填列。例如，资产负债表中的"递延所得税资产""短期借款""应付职工薪酬""应交税费""实收资本（或股本）""资本公积""盈余公积"等项目应直接根据总账账户的期末余额填列。

> **特别提示**
>
> 余额在相反方向时以"-"号填列，不能用红字填列（报表中不能出现红字）。例如，资产负债表中的有些负债项目，如果其相应账户出现借方金额，应以"-"加上期末余额的方式填列。

 业务 9-1　2019 年 11 月 30 日，大海公司结账后有关总账账户余额如表 9-1 所示。

表 9-1　结账后有关总账账户余额——业务 9-1　　　　　　　　　　　　元

总账账户名称	借方余额	贷方余额
应付职工薪酬		140 000
应交税费	51 000	
实收资本		6 000 000
盈余公积		3 000 000

试计算在资产负债表中，"应付职工薪酬""应交税费""实收资本""盈余公积"项目的金额。

计算过程：

"应付职工薪酬"项目金额=140 000（元）

"应交税费"项目金额=-51 000（元）

"实收资本"项目金额=6 000 000（元）

"盈余公积"项目金额=3 000 000（元）

（2）根据若干个总账账户期末余额分析计算填列

资产负债表中的一些项目需要根据多个总账账户的余额计算填列。

① 资产负债表中的"货币资金"项目应根据"库存现金""银行存款""其他货币资金" 3 个总账账户的期末余额的合计数填列。

 业务 9-2　2019 年 11 月 30 日，大海公司结账后有关总账账户的余额如表 9-2 所示。

表 9-2　结账后有关总账账户余额——业务 9-2　　　　　　　　　　　　　元

总账账户名称	借方余额	贷方余额
库存现金	5 000	
银行存款	460 000	
其他货币资金	300 000	

试计算资产负债表中"货币资金"项目的金额。

计算过程：

"货币资金"项目金额=5 000+460 000+300 000=765 000（元）

归纳总结：货币资金=库存现金+银行存款+其他货币资金

② 资产负债表中的"存货"项目应根据"在途物资""材料采购""原材料""材料成本差异""库存商品""生产成本""周转材料""委托加工物资"等账户余额合计减去"存货跌价准备"账户期末余额后的金额填列。

特别提示

"生产成本"账户余额表示的是尚未完工的产品成本。如果期末有余额，应填列在资产负债表"存货"项目中。

 业务 9-3　2019 年 11 月 30 日，大海公司结账后有关存货总账账户的余额如表 9-3 所示。

表 9-3　结账后有关总账账户余额——业务 9-3　　　　　　　　　　　　　元

总账账户名称	借方余额	贷方余额
在途物资	100 000	
原材料	286 000	
周转材料	221 500	
库存商品	395 000	
发出商品	150 000	
生产成本	135 000	
存货跌价准备		3 200
工程物资	300 000	

试计算资产负债表中"存货"项目的金额。

计算过程：

"存货"项目金额=100 000+286 000+221 500+395 000+150 000+135 000-3 200
　　　　　　=1 284 300（元）

第九章 财务报表的编制

> **思考**
>
> 某企业 2019 年 12 月 31 日，各账户期末余额为："生产成本"借方余额 50 000 元；"原材料"借方余额 30 000 元；"材料成本差异"贷方余额 500 元；"委托代销商品"借方余额 40 000 元；"工程物资"借方余额 10 000 元；"存货跌价准备"贷方余额 3 000 元。该企业 2019 年 12 月 31 日资产负债表"存货"项目的金额是（　　）元。
> A. 130 000　　B. 127 000　　C. 126 500　　D. 116 500
> 答案选 D，计算过程：50 000+30 000−500+40 000−3 000=116 500（元）。工程物资不属于存货，材料成本差异在贷方以"−"号表示。

③ 资产负债表中的"其他应收款"项目，应根据"应收利息""应收股利"和"其他应收款"总账账户的期末余额合计数，减去"坏账准备"账户中相关坏账准备（坏账准备——其他应收账款）期末余额后的金额填列。

业务 9-4　2019 年 11 月 30 日，假设大海公司结账后有关总账账户的余额如表 9-4 所示。已知坏账准备下的明细账户"其他应收款"账户余额为 0。

表 9-4　结账后有关总账账户余额——业务 9-4　　　　　　　　　　　　元

总账账户名称	借方余额	贷方余额
应收股利	10 000	
应收利息	50 000	
其他应收款	60 000	

试计算资产负债表中"其他应收款"项目的金额。

计算过程：

"其他应收款"项目金额=10 000+50 000+60 000=120 000（元）

④ 资产负债表中的"其他应付款"项目应根据"应付利息""应付股利"和"其他应付款"总账账户的期末余额合计数填列。

业务 9-5　2019 年 11 月 30 日，假设大海公司结账后有关总账账户的余额如表 9-5 所示。

表 9-5　结账后有关总账账户余额——业务 9-5　　　　　　　　　　　　元

总账账户名称	借方余额	贷方余额
应付股利		20 000
应付利息		40 000
其他应付款		50 000

试计算资产负债表中"其他应付款"项目的金额。

计算过程：

"其他应付款"项目金额=20 000+40 000+50 000=110 000（元）

⑤ 资产负债表"未分配利润"项目应根据"本年利润"和"未分配利润"账户期末余

额计算填列。具体来说，又分为两种情况。

1> 平时（1—11月），本项目应根据"本年利润"和"利润分配"账户的余额计算填列，未弥补的亏损在本项目内以"-"号填列。

"本年利润"和"未分配利润"的余额均在贷方的，用二者余额之和填列；余额均在借方的，将二者余额之和在本项目内以"-"号填列；二者余额一个在借方一个在贷方，用二者余额互相抵减后的差额填列，如果为借方差额，则在本项目内以"-"号填列。

业务9-6 2019年11月30日，假设大海公司结账后有关本年利润和利润分配总账账户的余额如表9-6所示。

表9-6 结账后有关总账账户余额——业务9-6　　　　　　　　　　元

总账账户名称	借方余额	贷方余额
本年利润		20 000
利润分配		10 000

试计算资产负债表中"未分配利润"项目的金额。

计算过程：

"未分配利润"项目金额=20 000+10 000=30 000（元）

业务9-7 2019年11月30日，假设大海公司结账后有关本年利润和利润分配总账账户的余额如表9-7所示。

表9-7 结账后有关总账账户余额——业务9-7　　　　　　　　　　元

总账账户名称	借方余额	贷方余额
本年利润	20 000	
利润分配		10 000

试计算资产负债表中"未分配利润"项目的金额。

计算过程：

"未分配利润"项目金额=-20 000+10 000=-10 000（元）

业务9-8 2019年11月30日，假设大海公司结账后有关本年利润和利润分配总账账户的余额如表9-8所示。

表9-8 结账后有关总账账户余额　　　　　　　　　　元

总账账户名称	借方余额	贷方余额
本年利润		20 000
利润分配	10 000	

试计算资产负债表中"未分配利润"项目的金额。

计算过程：

"未分配利润"项目金额=20 000-10 000=10 000（元）

业务9-9 2019年11月30日，假设大海公司结账后有关本年利润和利润分配总账账户的余额如表9-9所示。

第九章 财务报表的编制

表9-9 结账后有关总账账户余额——业务9-9 元

总账账户名称	借方余额	贷方余额
本年利润	20 000	
利润分配	10 000	

试计算资产负债表中"未分配利润"项目的金额。

计算过程：

"未分配利润"项目金额=-20 000-10 000=-30 000（元）

2> 年度终了的12月份，因本年实现的利润和已分配的利润已经结转，该项目可以只根据"利润分配"账户的期末余额填列。余额在贷方（正数）的直接填列，表示未分配利润；余额在借方（负数）的，在本项目内以"-"号填列，表示未弥补的亏损。

业务9-10 2019年12月31日，假设大海公司结账后有关本年利润和利润分配总账账户的余额如表9-10所示。

表9-10 结账后有关总账账户余额——业务9-10 元

总账账户名称	借方余额	贷方余额
本年利润		
利润分配		80 000

试计算资产负债表中"未分配利润"项目的金额。

计算过程：

"未分配利润"项目金额=80 000（元）

特别提示

如果利润分配账户的余额在借方，那么资产负债表中"未分配利润"项目应该填列-80 000元。

2. 根据相关明细账户的余额分析计算填列

资产负债表中的部分项目需要根据相关明细账户的期末余额计算分析填列。

① 资产负债表中的"应收票据及应收账款"项目应根据"应收票据"总账账户余额加上"应收账款"和"预收账款"账户（以下简称两收）所属明细账户借方余额之和减去相对应的"坏账准备"账户账面余额后的金额填列。

**思考**

资产负债表中的"应收票据及应收账款"项目="应收票据"总账账户余额+"应收账款"明细账户借方余额+"预收账款"明细账户借方余额-相应"坏账准备"账户余额。此处为什么是借方之和呢？

原因：由于"应收账款"是资产类账户，真实反映资产的余额应该在借方。

② 资产负债表中的"预收款项"项目应根据"应收账款"和"预收账款"账户（以下简称两收）所属明细账户贷方余额之和填列。

 **思考**

资产负债表的"预收款项"项目＝"应收账款"明细账户贷方余额＋"预收账款"明细账户贷方余额。此处为什么是贷方之和呢？为什么不减去坏账准备？

原因：由于考虑到"预收账款"是负债类账户，所以真实反映负债的余额应该在贷方；因为负债没有坏账准备，只有资产才有坏账准备，所以不需要减去坏账准备。

③ 资产负债表中的"应付票据及应付账款"项目应根据"应付票据"总账账户余额加上"应付账款"和"预付账款"账户（以下简称两付）所属明细账户贷方余额之和填列。

 **思考**

资产负债表中的"应付票据及应付账款"项目＝"应付票据"总账账户余额＋"应付账款"明细账户贷方余额＋"预付账款"明细账户贷方余额。此处为什么是贷方之和呢？为什么不减去坏账准备？

原因：与"预收款项"项目一样，由于考虑到"应付账款"是负债类账户，所以真实反映负债的余额应该在贷方；因为负债没有坏账准备，只有资产才有坏账准备，所以不需要减去坏账准备。

④ 资产负债表中的"预付款项"项目应根据"应付账款"和"预付账款"账户所属明细账户借方余额之和填列。

 **思考**

资产负债表的"预付款项"项目＝"应付账款"明细账户借方余额＋"预付账款"明细账户借方余额。此处为什么是借方之和呢？为什么不减去坏账准备？

原因：与"应收账款及应付账款"项目一样，由于考虑到"预付账款"是资产类账户，所以真实反映负债的余额应该在借方；不是不减去坏账准备，而是在基础会计课程的学习中，"预付款项"往往不考虑坏账准备。

业务 9-11 2019年11月30日，大海公司结账后有关总账账户所属明细账户的余额如表9-11所示。

第九章 财务报表的编制

表 9-11 结账后有关总账账户及所属明细账户余额   元

总账账户名称	明细账户名称	借方余额	贷方余额
应收票据		20 000	
应收账款		350 000	
	A 公司	450 000	
	B 公司		100 000
预付账款		210 000	
	C 公司	270 000	
	D 公司		60 000
应付账款			315 000
	E 公司		360 000
	F 公司	45 000	
预收账款			450 000
	G 公司		300 000
	H 公司	250 000	
	I 公司		400 000
坏账准备	应收账款		4 500
	应收票据		2 500

注意,"应收票据"明细账户没有余额。

试计算资产负债表中"应收票据及应收账款""预付账款""应付票据及应付账款""预收账款"项目的金额。

计算过程:

"应收票据及应收账款"项目金额=20 000+450 000+250 000-4 500-2 500=713 000(元)

"预付款项"项目金额=270 000+45 000=315 000(元)

"应付票据及应付账款"项目金额=360 000+60 000=420 000(元)

"预收款项"项目金额=100 000+300 000+400 000=800 000(元)

3. 根据总账账户及其相关的明细账户余额分析计算填列

① 资产负债表中的"长期应收款""长期股权投资"和"长期待摊费用"项目,应该分别根据"长期应收款"和"长期待摊费用"总账账户的余额减去"将于一年内收回的长期应收款"及"将于一年内摊销的长期待摊费用"明细账户金额计算填列,如表 9-12 所示。

表 9-12 有关资产项目及其计算方法

资产负债表(资产类项目)	账户(资产类账户)
长期应收款	="长期应收款"总账账户期末借方余额-"将于一年内收回的长期应收款"明细账户余额
长期股权投资	="长期股权投资"总账账户期末借方余额-"将于一年内收回的长期股权投资"明细账户余额
长期待摊费用	="长期待摊费用"总账账户期末借方余额-"将于一年内摊销的长期待摊费用"明细账户余额

思考

为什么资产负债表的"长期应收款"和"长期待摊费用"项目在账户计算时要减去将于一年内收回的长期应收款和将于一年内摊销的长期待摊费用?

原因:将于一年内收回的长期应收款和将于一年内摊销的长期待摊费用之和应该记入资产负债表"一年内到期的非流动资产"项目,属于流动资产。

业务9-12 2019年12月31日,大海公司结账后"长期待摊费用"总账账户的期末借方余额为437 000元。其中,将于一年内摊销的金额为200 000元。

大海公司"长期待摊费用"总账账户余额中,将于一年内摊销的数额为200 000元,应填列在资产负债表中的流动资产下"一年内到期的非流动资产"项目中。因此,该企业2019年12月31日的资产负债表中,"长期待摊费用"项目的金额=437 000-200 000=237 000(元)。

② 资产负债表中的"长期借款""长期应付款"和"应付债券"项目应该分别根据"长期借款""长期应付款"和"应付债券"总账账户的余额扣除其中资产负债表日起一年内到期的需要清偿的长期借款/长期应付款/应付债券明细账户金额计算填列,如表9-13所示。

表9-13 有关负债类项目及其计算方法

资产负债表(负债类项目)	账户(负债类账户)
长期借款	="长期借款"总账账户期末借方余额-资产负债表日起"一年内到期的需要清偿的长期借款"明细账户余额
长期应付款	="长期应付款"总账账户期末借方余额-资产负债表日起"一年内到期的需要清偿的长期应付款"明细账户余额
应付债券	="应付债券"总账账户期末借方余额-资产负债表日起"一年内到期的需要清偿的应付债券"明细账户余额

思考

为什么资产负债表中的"长期借款""长期应付款"和"应付债券"项目在账户计算时要分别减去资产负债表日起一年内到期的需要清偿的长期借款、长期应付款和应付债券?

原因:资产负债表日起一年内到期的需要清偿的长期借款、长期应付款和应付债券之和应该记入资产负债表"一年内到期的非流动负债"项目,属于流动负债。

特别提示

除了以上负债项目,资产负债表里需要考虑一年内是否需要偿还的项目还包括预计负债等负债。

第九章 财务报表的编制

业务9-13 2019年11月30日,大海公司结账后,"长期借款"总账账户余额为4 400 000元。其长期借款情况如表9-14所示。

表9-14 长期借款情况 元

借款起始日期	借款期限	金额
2019年1月1日	5	1 800 000
2018年5月1日	3	1 600 000
2017年4月1日	3	1 000 000

大海公司"长期借款"总账账户余额=1 800 000+1 600 000+1 000 000
=4 400 000(元)

其中,2017年4月1日所借的款项将于一年内到期,金额为1 000 000元,应填列在资产负债表"一年内到期的非流动负债"项目中。因此,该企业2019年11月30日的资产负债表中:

"长期借款"项目的金额=4 400 000−1 000 000=3 400 000(元)
或   =1 800 000+1 600 000=3 400 000(元)

4. 根据有关资产账户与其备抵账户抵销后的净额填列

凡是涉及资产减值的项目都应按照此办法填列,如"长期应收款""长期股权投资""无形资产"等项目均需要考虑资产的减值准备和累计折旧(摊销、折耗)。

业务9-14 2019年11月30日,大海公司结账后有关账户的余额如表9-15所示。

表9-15 结账后有关总账账户余额——业务9-14 元

总账账户名称	借方余额	贷方余额
无形资产	480 000	
长期股权投资	420 000	
累计摊销		220 000
无形资产减值准备		18 000
长期股权投资减值准备		41 000

试计算资产负债表中"无形资产"和"长期股权投资"项目的金额。

计算过程:

"无形资产"项目金额=480 000−220 000−18 000=242 000(元)

"长期股权投资"项目金额=420 000−41 000=379 000(元)

不只是上面提到的几个项目,资产负债表的很多资产类项目都需要根据有关资产类账户及其备抵账户填列,但它们涉及其他计算方法。其有关被调整和调整账户如表9-16所示。

表9-16 有关资产类账户与其备抵账户

被调整账户	调整账户(备抵账户)
应收账款、其他应收款、应收票据	有关的坏账准备
长期股权投资	长期股权投资减值准备
固定资产	累计折旧、固定资产减值准备
无形资产	累计摊销、无形资产减值准备
在建工程	在建工程减值准备
存货(原材料等)	存货跌价准备

201

5．综合运用上述方法分析填列

①"存货"项目。应根据"材料采购""原材料""发出商品""库存商品""周转材料""生产成本"等账户期末余额合计减去"存货跌价准备"等账户期末余额后的金额填列。材料采用计划成本核算及库存商品采用计划成本核算或售价核算的企业，还应按加减材料成本差异、商品进销差价后的金额填列。参见业务 9-3。

②"其他应收款"项目。应根据"应收利息""应收股利"和"其他应收款"总账账户的期末余额合计数减去"坏账准备"账户中相关坏账准备（坏账准备-其他应收账款）期末余额后的金额填列。参见业务 9-4。

③"应收票据及应收账款"项目。应根据"应收票据"总账账户余额加上"应收账款"和"预收账款"账户(以下简称两收)所属明细账户借方余额之和减去相对应"坏账准备"账户账面余额后的金额坏账准备填列。参见业务 9-11。

④"固定资产"项目。应根据"固定资产"账户的期末余额减去"累计折旧"和"固定资产减值准备"账户的期末余额后的金额，以及"固定资产清理"账户的期末余额填列。

⑤"在建工程"项目。应根据"在建工程"账户的期末余额减去"在建工程减值准备"账户的期末余额后的金额，以及"工程物资"账户的期末余额减去"工程物资减值准备"账户的期末余额后的金额填列。

业务 9-15 2019 年 11 月 30 日，大海公司结账后有关总账账户的余额如表 9-17 所示。

表 9-17 结账后有关总账账户余额——业务 9-15 元

总账账户名称	借方余额	贷方余额
固定资产	4 600 000	
固定资产清理	15 000	
在建工程	2 000 000	
工程物资	100 000	
累计折旧		1 430 000
固定资产减值准备		350 000
在建工程减值准备		20 000
工程物资减值准备		5 000

试计算资产负债表中"固定资产"和"在建工程"项目的金额。

计算过程：

"固定资产"项目金额=4 600 000-1 430 000-350 000+15 000=2 835 000（元）

"在建工程"项目金额=2 000 000-20 000+（100 000-5 000）=2 075 000（元）

⑥"长期应付款"项目。应根据"长期应付款"总账账户的期末余额减去相关的"未确认融资费用"总账账户的期末余额后的金额，加上"专项应付款"总账账户的期末余额填列。

第九章 财务报表的编制

> **特别提示**
>
> 2018年6月,为解决执行企业会计准则的企业在财务报告编制中的实际问题,规范企业财务报表列报,提高会计信息质量,针对2018年1月1日起分阶段实施的《企业会计准则第22号——金融工具确认和计量》(财会〔2017〕7号)、《企业会计准则第23号——金融资产转移》(财会〔2017〕8号)、《企业会计准则第24号——套期会计》(财会〔2017〕9号)、《企业会计准则第37号——金融工具列报》(财会〔2017〕14号)(以上4项简称新金融准则)和《企业会计准则第14号——收入》(财会〔2017〕22号)(简称新收入准则),以及企业会计准则实施中的有关情况,对一般企业财务报表格式进行了修订。
>
> ① "应收票据"及"应收账款"项目归并至新增的"应收票据及应收账款"项目。
> ② "应收利息"及"应收股利"项目归并至"其他应收款"项目。
> ③ "固定资产清理"项目归并至"固定资产"项目。
> ④ "工程物资"项目归并至"在建工程"项目。
> ⑤ "应付票据"及"应付账款"项目归并至新增的"应付票据及应付账款"项目。
> ⑥ "应付利息"及"应付股利"项目归并至"其他应付款"项目。
> ⑦ "专项应付款"项目归并至"长期应付款"项目。
> ⑧ "持有待售资产"项目及"持有待售负债"项目核算内容发生变化。

6. 根据本表中有关数字计算填列

报表中各合计、总计数项目根据所属项目之和计算填列,如"流动资产合计""非流动资产合计""资产总计"等。

三、资产负债表编制举例

(一)资料

2019年12月31日,大海公司结账后有关总账和所属明细账的期末余额如表9-18和表9-19所示。

表9-18 结账后所有总账账户余额   元

总账账户	借方余额	总账账户	贷方余额
库存现金	3 000	短期借款	100 000
银行存款	250 000	应付账款	100 000
其他货币资金	20 000	预收账款	50 000
交易性金融资产	80 000	其他应付款	10 000
应收账款	50 000	应付职工薪酬	40 000
预付账款	15 000	应交税费	100 000

(续表)

总账账户	借方余额	总账账户	贷方余额
其他应收款	10 000	应付利息	14 000
应收票据	60 000	长期借款	150 000
原材料	188 000	实收资本	800 000
生产成本	18 000	资本公积	60 000
库存商品	60 000	盈余公积	100 000
低值易耗品	20 000	利润分配	60 000
长期股权投资	300 000	本年利润	271 500
固定资产	800 000	坏账准备	10 000
无形资产	100 000	存货跌价准备	8 500
长期待摊费用		累计折旧	100 000
合　计	1 974 000	合　计	1 974 000

表9-19　结账后有关总账账户及所属明细账户余额　　　　　　　　　　　元

总账账户名称	明细账户名称	借方余额	贷方余额
应收账款		50 000	
	A公司	20 000	
	B公司	60 000	
	甲公司		30 000
预付账款		15 000	
	C公司	8 000	
	D公司	10 000	
	乙公司		3 000
应付账款			100 000
	E公司		60 000
	F公司		80 000
	丙公司	40 000	
预收账款			50 000
	G公司		40 000
	H公司		20 000
	丁公司	10 000	
坏账准备	应收账款		10 000

已知"长期借款"账户期末余额中将于一年内到期归还的长期借款数为10 000元。

（二）编制资产负债表

根据上述资料，归纳分析整理相关账户余额，填入资产负债表，如表9-20所示。

表 9-20

资产负债表

编制单位：大海公司　　　　　　　　2019年12月31日　　　　　　　　会企01表
　　　　　　　　　　　　　　　　　　　　　　　　　　　　　　　　　　元

资　产	期末余额	年初余额	负债及所有者权益	期末余额	年初余额
流动资产：		（略）	流动负债：		（略）
货币资金	273 000		短期借款	100 000	
交易性金融资产	80 000		交易性金融负债		
衍生金融资产			衍生金融负债		
应收票据及应收账款	140 000		应付票据及应付账款	143 000	
预付款项	58 000		预收款项	90 000	
其他应收款	10 000		合同负债		
存货	277 500		应付职工薪酬	40 000	
合同资产			应交税费	100 000	
持有待售资产			其他应付款	24 000	
一年内到期的非流动资产			持有待售负债		
其他流动资产			一年内到期的非流动负债	10 000	
流动资产合计	838 500		其他流动负债		
非流动资产：			流动负债合计	507 000	
债权投资			非流动负债：		-
其他债权投资			长期借款	140 000	
长期应收款			应付债券		
长期股权投资	300 000		长期应付款		
其他权益工具投资			预计负债		
其他非流动金融资产			递延收益		
投资性房地产			递延所得税负债		
固定资产	700 000		其他非流动负债		
在建工程			非流动负债合计	140 000	
生产性生物资产			负债合计	647 000	
油气资产			所有者权益（或股东权益）：		
无形资产	100 000		实收资本（或股本）	800 000	
开发支出			其他权益工具		
商誉			资本公积	60 000	
长期待摊费用			减：库存股		
递延所得税资产			其他综合收益		
其他非流动资产			盈余公积	100 000	
非流动资产合计	1 100 000		未分配利润	331 500	
			所有者权益（或股东权益）合计	1 291 500	
资产总计	1 938 500	资产总计	负债及所有者权益总计	1 938 500	

表 9-20 中各项目的填写计算过程如下。

步骤 1　资产负债表中"年初余额"栏的数字根据上年度企业 12 月份资产负债表中的"期末余额"栏中的数字直接填列。

步骤 2 "货币资金"项目金额=库存现金+银行存款+其他货币资金
=3 000+250 000+20 000=273 000（元）

步骤 3 "应收票据及应收账款"项目金额=应收票据+应收 A 公司账款+应收 B 公司账款+预收丁公司账款-坏账准备
=60 000+20 000+60 000+10 000-10 000
=140 000（元）

步骤 4 "预付款项"项目金额=应付丙公司账款+预付 C 公司账款+预付 D 公司账款
=40 000+8 000+10 000=58 000（元）

步骤 5 "应付票据及应付账款"项目金额=应付票据+应付 E 公司账款+应付 F 公司账款+预付乙公司账款
=0+60 000+80 000+3 000=143 000（元）

步骤 6 "预收款项"项目金额=应收甲公司账款+预收 G 公司账款+预收 H 公司账款
=30 000+40 000+20 000=90 000（元）

步骤 7 "存货"项目金额=原材料+生产成本+库存商品+低值易耗品-存货跌价准备
=188 000+18 000+60 000+20 000-8 500=277 500（元）

步骤 8 "其他应付款"项目=其他应付款+应付股利+应付利息
=10 000+0+14 000=24 000（元）

步骤 9 "固定资产"项目金额=固定资产-累计折旧=800 000-100 000=700 000（元）

步骤 10 "长期借款"项目金额=长期借款-一年内到期数额
=150 000-10 000=140 000（元）

步骤 11 "一年内到期的非流动负债"项目金额=10 000（元）

步骤 12 "未分配利润"项目金额=利润分配+本年利润
=60 000+271 500=331 500（元）

步骤 13 资产负债表其他各项目的数额可以根据该公司总账账户的余额直接填列。

第三节　利润表的编制

一、利润表的编制方法

（一）利润表"上期金额"栏的填列方法

利润表"上期金额"栏内各个项目的数字，通常应根据上年同期（即指上一年度的同一月份）利润表各个项目"本期金额"栏的数字对应填列。如果本期利润表规定的各项目的名称和内容与上年同期利润表不一致，则应对上年同期利润表各项目的名称和数字按照本年度的规定进行调整，填入利润表"上期金额"栏。

例如，2019 年 7 月，大海公司年利润表的"营业收入"项目"本期金额"为 200 000 元，那么 2020 年 7 月利润表的"营业收入"项目"上期金额"栏应填列 200 000 元，利润表其他项目均如此。2019年7月的利润表的"本期金额"栏是多少,2020年7月的利润表的"上期金额"栏就应填列多少。

(二)利润表"本期金额"栏的填列方法

利润表的"本期金额"栏数据来源于各损益类账户,根据损益类账户中的本期发生额分析计算填列。其具体方法如下。

1. 根据相关总账账户的本期发生额分析计算填列

① "营业收入"项目反映企业经营活动所取得的收入总额。本项目应根据"主营业务收入""其他业务收入"账户的发生额分析计算。其计算公式为:

营业收入=主营业务收入+其他业务收入

② "营业成本"项目反映企业经营活动发生的实际成本。本项目应根据"主营业务成本""其他业务成本"账户的发生额分析计算填列。其计算公式为:

营业成本=主营业务成本+其他业务成本

业务9-16 大海公司2019年9月部分有关损益类账户的发生额如表9-21所示。

表9-21 有关损益类账户发生额

元

账户名称	借方发生额	贷方发生额
主营业务收入		782 700
主营业务成本	476 000	
其他业务收入		38 470
其他业务成本	15 600	

试计算利润表中"营业收入"项目和"营业成本"项目的金额。

计算过程:

"营业收入"项目金额=782 700+38 470=821 170(元)

"营业成本"项目金额=476 000+15 600=491 600(元)

业务9-17 大海公司2019年10月"主营业务收入"账户的贷方发生额为560 000元,借方发生额为150 000元(购买方退货),"其他业务收入"账户的贷方发生额为30 000元,无借方发生额;"主营业务成本"账户的借方发生额为400 000元,贷方发生额为75 000元(购买方退货),"其他业务成本"账户的借方发生额为18 000元,无贷方发生额。试计算利润表"营业收入"项目和"营业成本"项目的金额。

计算过程:

"营业收入"项目金额=560 000-150 000+30 000=440 000(元)

"营业成本"项目金额=400 000-75 000+18 000=343 000(元)

2. 根据对应总账账户的本期发生额直接分析填列

① "税金及附加"项目反映企业经营活动应负担的消费税、城市维护建设税、资源税、土地增值税、教育费附加、印花税及房产税、土地使用税、车船税等相关税费。本项目应根据"税金及附加"总账账户的发生额分析填列。

② "销售费用"项目反映企业在销售商品过程中发生的包装费、广告费等费用和为销

售本企业商品而专设的销售机构的职工薪酬、业务费等经营费用。本项目应根据"销售费用"总账账户的发生额分析填列。

③"管理费用"项目反映企业为组织和管理生产经营发生的管理费用。本项目应根据"管理费用"总账账户的发生额分析填列。

④"研发费用"项目反映企业进行研究与开发过程中发生的费用化支出。本项目应根据"管理费用"总账账户下的"研发费用"明细账户的发生额分析填列。

⑤"财务费用"项目反映企业为筹集生产经营所需资金而发生的财务费用。本项目应根据"财务费用"总账账户的发生额分析填列。

⑥"其中：利息费用"项目反映企业为筹集生产经营所需资金等而发生的应予费用化的利息支出。本项目应根据"财务费用"总账账户的相关明细账户的发生额分析填列。

⑦"利息收入"项目反映企业确认的利息收入。本项目应根据"财务费用"总账账户的相关明细账户的发生额分析填列。

⑧"资产减值损失"项目反映企业确认的资产减值损失。本项目应根据"资产减值损失"总账账户的发生额分析填列。

⑨"其他收益"项目反映计入其他收益的政府补助等。本项目应根据"其他收益"总账账户的发生额分析填列。

⑩"投资收益"项目反映企业以各种方式对外投资所取得的收益。本项目应根据"投资收益"总账账户的本期发生额分析填列。如果本期发生额最终是一个贷方的发生额，为投资收益，则以"+"号填列；如果本期发生额最终是一个借方的发生额，为投资损失，则以"-"号填列。

⑪"公允价值变动收益"项目反映企业确认的交易性金融资产或交易性金融负债的公允价值变动额。本项目应根据"公允价值变动损益"总账账户的本期发生额分析填列。如果本期发生额最终是一个贷方的发生额，为净收益，则以"+"号填列；如果本期发生额最终是一个借方的发生额，为净损失，则以"-"号填列。

⑫"资产处置收益"项目反映企业出售划分为持有待售的非流动资产（金融工具、长期股权投资和投资性房地产除外）或处置组（子公司和业务除外）时确认的处置利得或损失，以及处置未划分为持有待售的固定资产、在建工程、生产性生物资产及无形资产而产生的处置利得或损失。债务重组中因处置非流动资产产生的利得或损失和非货币性资产交换中换出非流动资产产生的利得或损失也包括在本项目内。本项目应根据"资产处置损益"账户的发生额分析填列。如果为处置损失，则以"-"号填列。

⑬"营业外收入"项目反映企业发生的除营业利润以外的收益，主要包括债务重组利得、与企业日常活动无关的政府补助、盘盈利得、捐赠利得（企业接受股东或股东的子公司直接或间接的捐赠，在经济实质上属于股东对企业的资本性投入的除外）等。本项目应根据"营业外收入"总账账户的发生额分析填列。

⑭"营业外支出"项目反映企业发生的除营业利润以外的支出，主要包括债务重组损失、公益性捐赠支出、非常损失、盘亏损失、非流动资产毁损报废损失等。本项目应根据"营业外支出"总账账户的发生额分析填列。

第九章 财务报表的编制

⑮"所得税费用"项目反映企业按规定从当期利润总额中减去的所得税费用。本项目应根据"所得税"总账账户的发生额分析填列。

业务9-18 大海公司2019年11月部分有关损益类账户发生额如表9-22所示。

表9-22 部分有关损益类账户发生额　　　　　　　　　　　　　　　　　　　　元

账户名称	借方发生额	贷方发生额
税金及附加	30 000	
销售费用	40 000	
财务费用	25 000	10 000
公允价值变动损益		8 000
投资收益	5 000	
资产处置收益		7 000

试计算利润表中"税金及附加"项目、"销售费用"项目、"财务费用"项目、"公允价值变动收益"项目和"投资收益"项目和"资产处置收益"项目的金额。

计算过程为：

"税金及附加"项目金额=30 000（元）

"销售费用"项目金额=40 000（元）

"财务费用"项目金额=25 000-10 000=15 000（元）

"公允价值变动收益"项目金额=8 000（元）

"投资收益"项目金额=-5 000（元）（投资损失）

"资产处置收益"项目金额=7 000（元）

3．根据利润表中相关项目的金额分析计算填列

①"营业利润"项目反映企业实现的营业利润。如果为亏损，则本项目以"-"号填列。本项目以利润表"营业收入"项目为基础，减去"营业成本""税金及附加""销售费用""管理费用""财务费用""资产减值损失"项目再加上"其他收益"项目、"公允价值变动收益"项目（减去公允价值变动损失）、"投资收益"项目（减去投资损失）和"资产处置收益"项目（减去处置损失）的金额填列。其计算公式为：

营业利润=营业收入-营业成本-税金及附加-销售费用-管理费用-
财务费用-资产减值损失+其他收益+公允价值变动收益（-
公允价值变动损失）+投资收益（-投资损失）+
资产处置收益（-资产处置损失）

②"利润总额"项目反映企业实现的利润总额。如果为亏损，则本项目以"-"号填列。本项目以利润表"营业利润"项目为基础，加上"营业外收入"项目，减去"营业外支出"项目的金额填列。其计算公式为：

利润总额=营业利润+营业外收入-营业外支出

③"净利润"项目反映企业实现的净利润。如果为亏损，则本项目以"-"号填列。本项目应根据利润表"利润总额"项目减去"所得税费用"项目的金额填列。其计算公式为：

净利润=利润总额-所得税费用

> **特别提示**
>
> ① "持续经营利润"和"终止经营利润"项目分别反映净利润中与持续经营相关的净利润和与终止经营相关的净利润。如果为净亏损,则以"–"号填列。
>
> ② "基本每股收益"和"稀释每股收益"项目反映普通股股东每持有一股所能享有的企业利润或须承担的企业亏损。不存在稀释性潜在普通股的企业应当单独列示基本每股收益;存在稀释性潜在普通股的企业应当单独列示基本每股收益和稀释每股收益。在基础会计课程中,暂时不需要掌握其计算填列方法。

业务 9-19 大海公司 2019 年 12 月发生的营业收入为 160 000 元,营业成本为 86 000 元,销售费用为 15 000 元,管理费用为 54 000 元,财务费用为 8 000 元,投资收益为 3 600 元,资产减值损失为 7 400 元,公允价值变动收益为 8 600 元,其他收益和资产处置收益均为 0,营业外收入为 3 200 元,营业外支出为 1 800 元。试计算该企业 2019 年利润表中的"营业利润"项目和"利润总额"项目的金额。

计算过程:

"营业利润"项目金额=160 000–86 000–15 000–54 000–8 000+3 600–7 400+8 600=1 800(元)

"利润总额"项目金额=1 800+3 200–1 800=3 200(元)

> **特别提示**
>
> 营业外收入和营业外支出不影响营业利润,影响利润总额和净利润。

二、利润表编制举例

(一)资料

2019 年 12 月 31 日,大海公司损益类账户的发生额如表 9-23 和表 9-24 所示。

表 9-23 损益类账户发生额 元

账户名称	借方发生额	贷方发生额
主营业务收入		1 600 000
主营业务成本	700 000	
税金及附加	17 000	
其他业务收入		100 000
其他业务成本	65 000	
销售费用	160 000	
管理费用	200 000	
财务费用	32 000	
投资收益		110 000
营业外收入		10 000
营业外支出	9 000	
所得税费用	210 210	

第九章 财务报表的编制

表 9-24 相关明细账户发生额　　　　　　　　　　　　　　　　　　　　　　　　　　元

总账账户	明细账户	借方发生额	贷方发生额
管理费用	研发费用	6 000	
财务费用	利息收入		2 000
财务费用	利息支出	29 000	

（二）编制利润表

根据上述资料编制大海公司 2019 年 12 月份的利润表，如表 9-25 所示。

表 9-25

利润表

会企 02 表

编制单位：大海公司　　　　　　　2019 年 12 月　　　　　　　　　　　　　　　　元

项　目	本期金额	上期金额
一、营业收入	1 700 000	略
减：营业成本	765 000	
税金及附加	17 000	
销售费用	160 000	
管理费用	200 000	
研发费用	6 000	
财务费用	32 000	
其中：利息收入	-2 000	
利息支出	29 000	
资产减值损失		
加：其他收益		
投资收益（损失以"-"号填列）		
其中：对联营企业和合营企业的投资收益		
公允价值变动收益（损失以"-"号填列）	110 000	
资产处置收益（损失以"-"号填列）		
二、营业利润（亏损以"-"号填列）	636 000	
加：营业外收入	10 000	
减：营业外支出	9 000	
三、利润总额（亏损总额以"-"号填列）	637 000	
减：所得税费用	210 210	
四、净利润（净亏损以"-"号填列）	426 790	
（一）持续经营净利润（亏损以"-"号填列）	426 790	
（二）终止经营净利润（亏损以"-"号填列）		
五、其他综合收益的税后净额		
（一）以后不能重分类进损益的其他综合收益		
1. 重新计量设定受益计划变动额		
2. 权益法下不能转损益的其他综合收益		
（二）以后将重分类进损益的其他综合收益		
1. 权益法可转损益的其他综合收益		

(续表)

项　　目	本期金额	上期金额
2. 可供出售金融资产公允价值变动损益		
3. 持有至到期投资重分类为可供出售金融资产损益		
4. 现金流经套期损益的有效部分		
5. 外币财务报表折算差额		
6. 其他		
六、综合收益总额		
七、每股收益：		
（一）基本每股收益		
（二）稀释每股收益		

表 9-25 中各项目的填写计算过程如下。

步骤 1　"营业收入"项目金额=1 600 000+100 000=1 700 000（元）

步骤 2　"营业成本"项目金额=700 000+65 000=765 000（元）

步骤 3　"营业利润"项目金额=1 700 000-765 000-17 000-160 000-200 000-32 000+110 000=636 000（元）

步骤 4　"利润总额"项目金额=636 000+10 000-9 000=637 000（元）

步骤 5　"净利润"项目金额=637 000-210 210=426 790（元）

步骤 6　利润表其他各项目的数额可以根据该公司损益类账户的发生额直接计算填列。

职业判断与业务操作

根据本章所学内容，编制资产负债表和利润表。

本章小结

本章是本书的重点与难点。本章的主要内容是资产负债表和利润表的编制，学习时应在理解的基础上记忆，着重加强财务报表的编制练习。

课后练习

试题自测

一、单项选择题

1. 以下不属于财务报表编制要求的是（　　）。
   A. 不能相互抵销　　　　　　B. 相关可比
   C. 一致性　　　　　　　　　D. 节约成本

2. 在资产负债表中，资产按照其流动性排列时，下列排列正确的是（　　）。
   A. 存货、无形资产、货币资金、交易性金融资产

第九章　财务报表的编制

   B．交易性金融资产、存货、无形资产、货币资金
   C．无形资产、货币资金、交易性金融资产、存货
   D．货币资金、交易性金融资产、存货、无形资产
3．下列资产负债表项目中，（　　）项目直接根据一个总分类账户就能填列。
   A．"货币资金"　　　　　　　　B．"应收票据及应收账款"
   C．"短期借款"　　　　　　　　D．"预收款项"
4．资产负债表中的"货币资金"项目不包括（　　）账户的余额。
   A．"库存现金"　　　　　　　　B．"银行存款"
   C．"其他货币资金"　　　　　　D．"交易性金融资产"
5．下列各项目中，不应列示在资产负债表中的"流动资产"部分的是（　　）。
   A．"货币资金"　　　　　　　　B．"应收票据及应收账款"
   C．"预付款项"　　　　　　　　D．"在建工程"
6．下列各账户的期末余额，不应在资产负债表"存货"项目列示的是（　　）。
   A．"库存商品"　B．"生产成本"　C．"工程物资"　D．"委托加工物资"
7．某公司"原材料"账户期末余额为150万元，"库存商品"账户期末余额为220万元，"材料采购"账户期末余额为25万元，"存货跌价准备"账户期末余额为12万元。编制资产负债表时，"存货"项目应填列（　　）万元。
   A．383　　　　　B．395　　　　　C．407　　　　　D．360
8．某企业"应付票据"账户月末贷方余额20 000元，"应付账款"账户月末贷方余额40 000元，其中："应付账款——甲公司"明细账贷方余额35 000元，"应付账款——乙公司"明细账贷方余额5 000元；"预付账款"账户月末贷方余额30 000元，其中："预付账款——A工厂"明细账贷方余额50 000元，"预付账款——B工厂"明细账借方余额20 000元。该企业月末资产负债表中"应付票据及应付账款"项目的金额为（　　）元。
   A．110 000　　　B．50 000　　　C．60 000　　　D．90 000
9．"应收账款"账户所属明细账如有贷方余额，应在资产负债表（　　）项目中反映。
   A．"预付款项"　　　　　　　　B．"预收款项"
   C．"应收票据及应收账款"　　　D．"应付票据及应付账款"
10．编制资产负债表时，根据总账余额和明细账余额计算填列的项目是（　　）。
    A．"应交税费"　B．"短期借款"　C．"长期借款"　D．"应付职工薪酬"
11．某企业2019年12月31日"固定资产"账户余额为1 000万元，"累计折旧"账户余额为300万元，"固定资产减值准备"账户余额为50万元，固定资产清理账户余额为0元。该企业2019年12月31日资产负债表"固定资产"的项目金额为（　　）万元。
    A．650　　　　　B．700　　　　　C．950　　　　　D．1 000
12．编制财务报表时，以"资产=负债+所有者权益"这一会计恒等式作为编制依据的财务报表是（　　）。
    A．利润表　　　　　　　　　　B．所有者权益变动表
    C．资产负债表　　　　　　　　D．现金流量表
13．编制财务报表时，以"收入-费用=利润"这一会计恒等式作为编制依据的财务报表是（　　）。
    A．利润表　　　　　　　　　　B．所有者权益变动表
    C．资产负债表　　　　　　　　D．现金流量表

14. 编制利润表主要是根据（　　）。
    A. 资产、负债及所有者权益各账户的本期发生额
    B. 资产、负债及所有者权益各账户的期末余额
    C. 损益类各账户的本期发生额
    D. 损益类各账户的期末余额
15. 某企业2019年12月31日编制的年度利润表中"本期金额"一栏反映了（　　）。
    A. 12月31日利润或亏损的形成情况
    B. 12月累计利润或亏损的形成情况
    C. 本年度利润或亏损的形成情况
    D. 第四季度利润或亏损的形成情况
16. 利润表中，与计算营业利润无关的项目是（　　）。
    A. "营业外收入"　　　　　　　B. "投资收益"
    C. "营业收入"　　　　　　　　D. "资产减值损失"
17. 下列各项中，利润表无法直接反映的是（　　）。
    A. 主营业务利润　　　　　　　B. 营业利润
    C. 利润总额　　　　　　　　　D. 净利润
18. 企业本月利润表中的营业收入为450 000元，营业成本为216 000元，税金及附加为9 000元，管理费用为10 000元，财务费用为5 000元，销售费用为8 000元，则其营业利润为（　　）元。
    A. 217 000　　B. 225 000　　C. 234 000　　D. 202 000
19. 某公司本会计期间的主营业务收入为1 700万元，主营业务成本为1 190万元，税金及附加为170万元，销售费用为110万元，管理费用为100万元，财务费用为19万元，营业外收入为16万元，营业外支出为25万元，其他业务收入为200万元，其他业务成本为100万元。应交所得税按利润总额的25%计算，则其营业利润、利润总额、企业净利润分别为（　　）。
    A. 111万元、232万元、174万元　　B. 211万元、202万元、151.5万元
    C. 356万元、232万元、74万元　　　D. 111万元、202万元、151.5万元

二、多项选择题

1. 下列关于资产负债表数据来源的表述中，正确的有（　　）。
    A. 根据明细账余额计算填列　　　B. 根据记账凭证直接填列
    C. 根据总账余额直接填列　　　　D. 根据总账余额计算填列
2. 以下属于资产负债表项目的有（　　）。
    A. "营业成本"　B. "在建工程"　C. "实收资本"　D. "未分配利润"
3. 根据总账直接填列的资产负债表项目有（　　）。
    A. "短期借款"　　　　　　　　B. "应收票据及应收账款"
    C. "货币资金"　　　　　　　　D. "资本公积"
4. 下列各项中，应在资产负债表"应收票据及应收账款"项目列示的有（　　）。
    A. "预付账款"账户所属明细账的借方余额
    B. "应收账款"账户所属明细账的借方余额

第九章　财务报表的编制

C．"应收账款"账户所属明细账的贷方余额

D．"预收账款"账户所属明细账的借方余额

5．下列资产负债表项目中，应根据有关账户余额减去备抵账户余额后的净额填列的有（　　）。

A．"存货"　　　　　　　　　　B．"无形资产"

C．"应收票据及应收账款"　　　　D．"长期股权投资"

6．下列资产负债表项目中，（　　）需要根据其明细账户余额计算填列。

A．"其他应收款"　　　　　　　　B．"预付款项"

C．"预收款项"　　　　　　　　　D．"货币资金"

7．下列应记入资产负债表中"流动负债合计"的项目是（　　）。

A．"其他应收款"　　　　　　　　B．"应付账款"

C．"一年内到期的非流动负债"　　D．"预付款项"

8．资产负债表中的"存货"项目反映的内容包括（　　）。

A．发出商品　　　　　　　　　　B．材料成本差异

C．委托加工物资　　　　　　　　D．生产成本

9．以下选项正确的有（　　）。

A．净利润=利润总额-所得税费用

B．营业利润=营业收入-营业成本-税金及附加-销售费用-管理费用-财务费用-资产减值损失+其他收益+公允价值变动收益+投资收益+资产处置收益

C．营业收入=主营业务收入+其他业务收入

D．营业成本=主营业务成本+税金及附加

10．利润表中的"营业成本"项目填列的依据有（　　）。

A．"营业外支出"发生额　　　　　B．"主营业务成本"发生额

C．"其他业务成本"发生额　　　　D．"税金及附加"发生额

11．下列各项中，属于利润表提供的信息有（　　）。

A．实现的营业收入　　　　　　　B．发生的营业成本

C．营业利润　　　　　　　　　　D．企业的净利润或亏损总额

12．多步式利润表可以反映企业的（　　）等项目。

A．"所得税费用"　　　　　　　　B．"营业利润"

C．"利润总额"　　　　　　　　　D．"净利润"

13．下列各项中，会影响营业利润金额的是（　　）。

A．资产减值损失　　　　　　　　B．财务费用

C．投资收益　　　　　　　　　　D．营业外收入

14．下列各项中，（　　）会影响企业利润总额的增减变化。

A．销售费用　　B．管理费用　　C．所得税费用　　D．营业外支出

15．以下计算利润表中净利润的公式，错误的有（　　）。

A．净利润=利润总额-所得税费用

B．净利润=利润总额+所得税费用

C．净利润=营业利润+营业外收入-营业外支出-所得税费用

D．净利润=营业利润+营业外收入-营业外支出

三、判断题

1. 资产负债表各项的期末余额根据总账和有关明细账的期末余额直接填列。（ ）
2. 资产负债表中的"在建工程"项目属于存货类项目，属于流动资产类。（ ）
3. 编制资产负债表的依据是"利润=收入-费用"。（ ）
4. 未弥补亏损在资产负债表的"未分配利润"项目内以"-"号填列。（ ）
5. 资产负债表中的"长期待摊费用"项目应根据"长期待摊费用"账户的余额直接填列。（ ）
6. 资产负债表的"期末余额"栏各项目主要是根据总账或有关明细账本期发生额直接填列的。（ ）
7. 利润表中的大部分项目都可以根据资产负债账户的发生额填列。（ ）
8. 营业利润减去管理费用、销售费用、财务费用和所得税费用后得到净利润。（ ）
9. 利润表中的"营业成本"项目反映企业销售产品和提供劳务等主要经营业务的各项销售费用与实际成本。（ ）
10. 利润表中的各项目应根据有关损益类账户的本期发生额或余额分析计算填列。（ ）
11. 利润表的"上期金额"栏应根据当年上期利润表"本期金额"内所列数字填列。（ ）

四、业务题

业务题一

目的：练习资产负债表的编制方法。

资料：甲公司 2019 年 6 月 30 日有关总账和明细账的余额如表 9-26 所示。

表 9-26　有关总账和明细账的余额　　　　　　　　　　　　　　　　　　　　　元

资产账户	借或贷	余额	负债和所有者权益账户	借或贷	余额
库存现金	借	2 100	短期借款	贷	249 800
银行存款	借	803 770	应付票据	贷	19 600
其他货币资金	借	91 560	应付账款	贷	71 400
交易性金融资产	借	114 140	——丙企业	贷	73 000
应收票据	借	20 000	——丁企业	借	1 600
应收账款	借	77 000	预收账款	贷	14 700
——甲公司	借	80 000	——C 公司	贷	14 700
——乙公司	贷	3 000	其他应付款	贷	5 000
坏账准备	贷	2 000	应付职工薪酬	贷	7 000
——应收账款	贷	2 000			
预付账款	借	36 160	应交税费	贷	6 580
——A 公司	借	36 000	应付股利	贷	22 434
——B 公司	借	160			
其他应收款	借	5 510	长期借款	贷	340 000
应收股利	借	3 000	应付债券	贷	63 700

(续表)

资产账户	借或贷	余 额	负债和所有者权益账户	借或贷	余 额
材料采购	借	3 500	其中：一年到期的应付债券	贷	23 000
原材料	借	813 127	长期应付款	贷	165 900
周转材料	借	117 600	实收资本	贷	3 518 830
材料成本差异	贷	32 277	资本公积	贷	110 000
生产成本	借	265 485	盈余公积	贷	71 100
库存商品	借	75 600	利润分配	贷	2 961
存货跌价准备	贷	10 000	——未分配利润	贷	2 961
持有至到期投资	借	174 200	本年利润	贷	30 000
固定资产	借	2 887 800			
累计折旧	贷	1 034 920			
在建工程	借	251 760			
固定资产清理	借	6 875			
无形资产	借	24 015			
长期待摊费用	借	5 000			
其中：将于一年内摊销	借	1 000			
资产合计		4 699 005	负债及所有者权益合计		4 699 005

要求：根据上述资料编制甲公司 2019 年 6 月 30 日的资产负债表。

业务题二

目的：练习利润表的编制方法。

资料：甲公司所得税税率为 25%，该公司 2019 年 6 月 30 日转账前各损益类账户的发生额如表 9-27 所示。

表 9-27　各损益类账户的发生额　　　　　　　　　　　　　　　　　　　　　　　元

账户名称	借 方	贷 方
主营业务收入		208 000
主营业务成本	132 000	
销售费用	2 000	
税金及附加	1 000	
其他业务成本	7 500	
营业外支出	2 000	
财务费用	3 000	
管理费用	3 400	
其他业务收入		9 000
营业外收入		1 000
投资收益	10 000	

要求：根据上述资料编制甲公司 2019 年 6 月的利润表。

第十章 会计账务处理程序

职业能力目标

1. 能熟练运用记账凭证账务处理程序全面处理企业的经济业务。
2. 能熟练运用汇总记账凭证账务处理程序全面处理企业的经济业务。
3. 能熟练运用科目汇总表账务处理程序全面处理企业的经济业务。
4. 能熟练运用多栏式日记账账务处理程序全面处理企业的经济业务。

情景导入　到了年末，大海公司需要对一年来公司的财务状况和经营情况以报表的形式报给税务局及公司总经理。那么，如何将平时的单据经过加工变成财务报表呢？要经过哪几个步骤？具体怎样操作？通过本章的学习就可以解决这个问题了。

第一节　会计账务处理程序的意义和种类

一、会计账务处理程序的概念和意义

（一）会计账务处理程序的概念

会计账务处理程序也称会计核算程序或会计核算形式，是指规定凭证、账簿的种类、格式和登记方法及各种凭证之间、账簿之间和报表之间，以及各种凭证和账簿之间、各种账簿和报表之间的相互联系及编制的程序。它包括了会计凭证怎样编制、审核和传递，各种账簿根据什么来登记，财务报表又根据什么来编制等一系列的方法和程序。

会计凭证、会计账簿、财务报表等会计核算工具之间有着密切的联系，会计账务处理程序规定了它们之间的处理过程。每个单位由于其单位的性质、规模和业务复杂程度不同，会计账务处理程序也有差异，但都包含审核原始凭证、编制记账凭证、登记账簿和编制报表这些基本内容。

第十章　会计账务处理程序

（二）会计账务处理程序的意义

会计账务处理程序是会计制度设计的一项重要内容。合理的会计账务处理程序对于科学地组织会计核算工作，充分发挥会计的职能作用，提高会计工作的质量和效率，更好地完成会计任务有着十分重要的意义。其主要体现在以下几个方面。

① 有利于会计工作程序规范化。确定合理的凭证、账簿和报表之间的联系方式，采用适当的账务处理程序，科学组织记账工作，可以使企业的日常会计核算工作按规定程序有条不紊地进行，并且有利于会计合理分工，加强岗位责任制，健全企业内部的控制制度，保证会计信息加工过程的严密性，提高会计信息的质量。

② 有利于保证会计记录的完整性、正确性。会计账务处理程序是会计制度设计的一个重要内容，规定了设置会计凭证、账簿及财务报表的种类和格式；规定了各种凭证之间、账簿之间、报表之间的关系；规定了其填制方法和登记程序，使凭证、账簿和报表之间产生相互制约作用，增强了会计信息的可靠性。

③ 有利于减少不必要的会计核算环节。会计账务处理程序解决了从记账的准备到编制财务报表这一过程中会计工作的技术组织问题，通过科学、合理的会计财务处理程序可以在保证对企业经济活动做出及时、客观的反映的前提下，尽可能地简化会计核算手续，提高会计工作效率，保证会计信息的及时性。

④ 有利于提高会计工作的管理水平。恰当地选用科学合理的会计账务处理程序，对提高会计的效率、保证会计工作质量、改善企业经营管理必然带来积极的影响。一方面，由于能够及时进行信息反馈和内部会计控制，可以加强对企业经济活动及其结果的反映和监督、计划和控制及决策；另一方面，有利于会计工作的合理分工协作，切实加强会计工作，从而提高会计工作的管理水平。

二、会计账务处理程序的种类和处理程序的基本要求

（一）会计账务处理程序的种类

在会计实践中，不同的会计凭证、会计账簿、记账程序和记账方法，以及它们不同的结合方式，形成了不同种类的会计账务处理程序。目前，我国多数企事业单位通常采用的会计账务处理程序主要有以下几种。

① 记账凭证账务处理程序。
② 汇总记账凭证账务处理程序。
③ 科目汇总表账务处理程序。
④ 多栏式日记账账务处理程序。

上述各种会计账务处理程序中有许多共同点，即日记账和明细账都是根据原始凭证或记账凭账逐笔登记的，财务报表都是根据总账和明细账编制的。

但各种会计账务处理程序又各有其特点，主要表现在登记总账的依据和方法有所不同。这是区别各种会计账务处理程序的主要标志。一般情况下，以登记总账的依据和方法作为会计账务处理程序的命名依据。例如，如果根据记账凭证登记总账，就把这种账务处理程

序命名为记账凭证账务处理程序;如果根据科目汇总表登记总账,就把这种账务处理程序命名为科目汇总表账务处理程序等。

(二)会计账务处理程序的基本要求

会计账务处理程序是做好会计工作的基本前提。各企事业单位应从实际出发,结合本企业、本单位的特点,设计、制定出合理的会计账务处理程序。合理的会计账务处理程序一般应符合以下要求。

① 要与本单位经济业务的性质、规模大小和经济业务繁简程度相适应。

② 要保证能正确、全面、及时和系统地提供会计信息使用者所需要的各种会计信息,使之既能满足国家宏观经济调控的需要,又能满足企业投资者、债权人及外部信息使用者和企业内部管理的需要。

③ 要在保证会计核算工作质量的前提下,尽可能简化会计核算手续,提高会计工作的效率,节约人力、物力和财力。

第二节 记账凭证账务处理程序

一、记账凭证账务处理程序的特点和核算要求

(一)记账凭证账务处理程序的特点

记账凭证账务处理程序是根据原始凭证(或原始凭证汇总表)填制记账凭证,并根据记账凭证直接登记总账的一种账务处理程序。这种账务处理程序的主要特点是根据记账凭证逐笔登记总账。

记账凭证账务处理程序是最基本的账务处理程序,其他各种账务处理程序都是在此基础上根据经济管理的需要发展形成的。

(二)记账凭证账务处理程序的核算要求

在记账凭证账务处理程序下,记账凭证既可采用通用记账凭证,也可分别设置收款凭证、付款凭证和转账凭证3种格式。在记账凭证账务处理程序下,账簿的登记一般有日记账(现金日记账和银行存款日记账一般采用三栏式账页格式)、明细账(按其所属总分类账户设置,可采用三栏式、数量金额式、多栏式3种账页格式)和总账(一般根据总账科目采用三栏式账页格式)3种。

二、记账凭证账务处理程序的核算步骤和适用范围

(一)记账凭证账务处理程序的核算步骤

记账凭证账务处理程序如图10-1所示。其一般程序如下。

步骤1 根据原始凭证或原始凭证汇总表填制记账凭证。

第十章 会计账务处理程序

步骤 2 根据收款凭证和付款凭证逐笔登记现金日记账与银行存款日记账。
步骤 3 根据原始凭证、原始凭证汇总表或记账凭证登记各种明细账。
步骤 4 根据记账凭证逐笔登记总账。
步骤 5 月末,将现金日记账、银行存款日记账的余额,以及各种明细账的余额合计数分别与总账中相关账户的余额核对相符。
步骤 6 月末,根据核对无误的总账和明细账的相关资料编制财务报表。

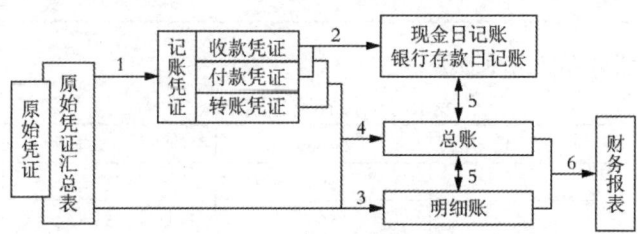

图 10-1 记账凭证账务处理程序

(二)记账凭证账务处理程序的适用范围

记账凭证账务处理程序简单明了,易于理解,总账可以较详细地反映经济业务的发生情况。其缺点是:登记总账的工作量较大。该账务处理程序适用于规模较小、经济业务量较少的单位。

此账务处理程序特别适用于计算机处理,因为利用计算机可以弥补其工作量大的缺点。同时,在手工记账方式下,为了减少记账凭证的数量和登记总账的工作量,可以尽量将同类经济业务的原始凭证进行汇总,编制原始凭证汇总表,再根据原始凭证汇总表编制记账凭证。

下面以大海公司为例来说明记账凭证账务处理程序的应用。

大海公司采用记账凭证账务处理程序进行会计核算。该公司 2019 年 11 月 30 日总账和有关明细账的余额如下。

1. 总账余额(见表 10-1)

表 10-1 总账余额 元

账户名称	借方金额	账户名称	贷方金额
库存现金	5 000	短期借款	60 000
银行存款	250 000	应付账款	15 000
交易性金融资产	200 000	应交税费	3 500
应收账款	8 900	应付利息	4 500
原材料	82 240	长期借款	50 000
库存商品	11 600	累计折旧	50 000
预付账款	30 000	实收资本	598 900
固定资产	281 160	盈余公积	87 000
合 计	868 900	合 计	868 900

2. 有关明细账余额

（1）原材料明细账（见表10-2）

表10-2 原材料明细账   金额单位：元

品　名	单　位	数　量	单　价	金　额
颗粒硫黄	千克	10 400	7	72 800
植物油	千克	8 000	11.8	94 400
合　计				167 200

（2）库存商品明细账（见表10-3）

表10-3 库存商品明细账   金额单位：元

品　名	单　位	数　量	单位成本	金　额
石墨铅笔 HB-101	盒	500	1	500
橡皮擦 4B-301	盒	800	5	4 000
合　计				4 500

（3）应收账款明细账

开元公司　　　　　　　5 000元
明达公司　　　　　　　3 900元

（4）应付账款明细账

富力公司　　　　　　　6 000元
吉昌公司　　　　　　　9 000元

（5）预付账款明细账

预付待摊费用　　　　　30 000元

3. 该公司12月份发生的经济业务

① 1日，公司购买办公用品700元。以现金支付。

② 1日，购买生产用设备一台，购入价30 000元，运杂费200元。均以银行存款支付。（增值税略）

③ 1日，收到东大公司投入资金30 000元。存入银行。

④ 2日，从吉昌公司购进颗粒硫黄9 100千克，单价7元，共计70 000元，专用发票列明增值税税额9 100元。款项以银行存款支付，材料尚未到达企业。

⑤ 2日，从富力公司购进植物油2 500千克，单价11.8元，共计29 500元，专用发票列明增值税税额3 835元。材料尚未到达企业，款项尚未支付。

⑥ 3日，从工商银行借入为期6个月的借款50 000元。存入银行。

⑦ 3日，2日购买的材料验收入库。

⑧ 3日，出售废旧报纸800元。收到现金。

⑨ 3日，向开元公司销售石墨铅笔HB-101 150盒，单位售价4元，共计600元，专用发票列明增值税税额为78元。账款全部收到，存入银行。

⑩ 4日，向明达公司销售橡皮擦4B-301 750盒，单位售价12元，共计9 000元，专用发票列明增值税税额为1 170元。账款尚未收到。

⑪ 4日，出租包装物收取押金500元，收到转账支票一张。款项存入银行。

第十章　会计账务处理程序

⑫ 6 日，开出支票支付上月应交增值税 2 000 元，应交所得税 1 500 元。

⑬ 6 日，开出支票支付前欠富力公司的购料款 14 625 元。

⑭ 8 日，仓库发出材料供有关部门使用。其中，生产铅笔耗用颗粒硫黄 4 000 千克，单价 7 元，共计 28 000 元，植物油 3 000 千克，单价 11.8 元，共计 35 400 元；生产橡皮擦耗用颗粒硫黄 3 000 千克，单价 7 元，共计 21 000 元，植物油 2 000 千克，单价 11.8 元，共计 23 600 元；车间一般耗用植物油 1 600 千克，单价 11.8 元，共计 18 880 元，行政管理部门领用植物油 500 千克，单价 11.8 元，共计 5 900 元。

⑮ 8 日，职工李云兵预借差旅费 2 000 元。以现金支付。

⑯ 11 日，明达公司交来前欠货款 3 900 元。存入银行。

⑰ 12 日，以银行存款 2 500 元，预订明年上半年的报刊。

⑱ 13 日，摊销以往支付，但应由本月管理部门负担的费用 3 000 元。

⑲ 14 日，以银行存款 1 560 元，支付销售铅笔广告费。

⑳ 15 日，向开元公司销售铅笔 80 000 盒，单价 4 元，共计 320 000 元，专用发票列明增值税税额为 41 600 元。账款全部收到，存入银行。

㉑ 18 日，职工李云兵回来报销差旅费 1 700 元。余款退回现金。

㉒ 24 日，以现金 2 000 元捐赠给福利院。

㉓ 26 日，计提本月固定资产折旧费。其中，车间计提折旧费 3 210 元，管理部门计提折旧费 1 300 元。

㉔ 28 日，以现金支付困难职工王元补助费 425 元。

㉕ 28 日，结转本月发生的制造费用（按工人工资比例分配）。

㉖ 30 日，本月生产的石墨铅笔 109 047 盒、橡皮擦 13 485 盒全部完工，结转其实际生产成本。

㉗ 31 日，分配结转本月职工工资 60 000 元。其中，生产铅笔工人工资 20 000 元，生产橡皮擦工人工资 10 000 元，车间管理人员工资 13 500 元，行政管理部门人员工资 16 500 元。

㉘ 31 日，以银行存款 60 000 元发放本月职工工资。

㉙ 31 日，按工资总额的 14%计提社会保险费。

㉚ 31 日，预提本月银行短期借款利息 1 500 元。

㉛ 31 日，接银行通知本季度实际借款利息 6 000 元已扣除。

㉜ 31 日，结转已销铅笔、橡皮擦的实际产生成本。

㉝ 31 日，按本月应交增值税的 7%计算应交城建税，按 3%计算应交教育费附加。

㉞ 31 日，结转本月销售收入。

㉟ 31 日，结转本月销售成本、费用和销售税金及附加。

㊱ 31 日，按本月实现利润的 25%计算本月应交所得税。

㊲ 31 日，月末将所得税转入本年利润。

㊳ 31 日，按税后利润的 10%计算提取法定盈余公积。

㊴ 31 日，按税后利润的 50%计算应付投资者利润。

根据 12 月份发生的经济业务编制相应的记账凭证，如表 10-4 至表 10-43 所示（将本章后面有关凭证简化）。

表 10-4

付 款 凭 证

贷方科目：库存现金　　　　　2019年12月01日　　　　　　　　　现付字第 1 号

摘　要	借方总账科目	明细科目	记账符号	金额/元
购买办公用品	管理费用	办公费		
合　计				700

表 10-5

付 款 凭 证

贷方科目：银行存款　　　　　2019年12月01日　　　　　　　　　银付字第 1 号

摘　要	借方总账科目	明细科目	记账符号	金额/元
购买设备一台	固定资产			30200
合　计				30200

表 10-6

收 款 凭 证

借方科目：银行存款　　　　　2019年12月01日　　　　　　　　　银收字第 1 号

摘　要	贷方总账科目	明细科目	记账符号	金额/元
投入货币资金	实收资本	东大公司		30000
合　计				30000

表 10-7

付 款 凭 证

贷方科目：银行存款　　　　　2019年12月02日　　　　　　　　　银付字第 2 号

摘　要	借方总账科目	明细科目	记账符号	金额/元
购入材料一批	在途物资	颗粒硫黄		70000
	应交税费	应交增值税		9100
合　计				79100

表 10-8

转 账 凭 证

2019年12月02日　　　　　　　　　转字第 1 号

摘　要	总账科目	明细科目	√	借方金额/元	√	贷方金额/元
购入材料一批	在途物资	植物油		29500		
	应交税费	应交增值税		3835		
	应付账款	富力公司				33335
合　计				33335		33335

表 10-9

收 款 凭 证

借方科目：银行存款　　　　　2019年12月03日　　　　　　　　　银收字第 2 号

摘　要	贷方总账科目	明细科目	记账符号	金额/元
借入短期借款	短期借款			50000
合　计				50000

表 10-10

转 账 凭 证

2019年 12月 03日

转字第 2 号

摘 要	总账科目	明细科目	√	借方金额/元	√	贷方金额/元
材料验收入库	原材料	颗粒硫黄		70000		
		植物油		29500		
	在途物资	颗粒硫黄				70000
		植物油				29500
合 计				99500		99500

表 10-11

收 款 凭 证

借方科目：库存现金　　　　　　2019年 12月 03日　　　　　　现收字第 1 号

摘 要	贷方总账科目	明细科目	记账符号	金额/元
出售废旧报纸	管理费用			800
合 计				800

表 10-12

收 款 凭 证

借方科目：银行存款　　　　　　2019年 12月 03日　　　　　　银收字第 3 号

摘 要	贷方总账科目	明细科目	记账符号	金额/元
销售产品一批	主营业务收入	开元公司		600
	应交税费	应交增值税		78
合 计				678

表 10-13

转 账 凭 证

2019年 12月 04日

转字第 3 号

摘 要	总账科目	明细科目	√	借方金额/元	√	贷方金额/元
销售产品，款未收	应收账款	明达公司		10170		
	主营业务收入					9000
	应交税费	应交增值税				1170
合 计				10170		10170

表 10-14

收 款 凭 证

借方科目：银行存款　　　　　　2019年 12月 04日　　　　　　银收字第 4 号

摘 要	贷方总账科目	明细科目	记账符号	金额/元
收取包装物押金	其他应付款			500
合 计				500

表 10-15

付 款 凭 证

贷方科目：银行存款 2019年12月06日 银付字第 3 号

摘要	借方总账科目	明细科目	记账符号	金额/元
上交上月税金	应交税费	未交增值税		2000
		应交所得税		1500
合 计				3500

表 10-16

付 款 凭 证

贷方科目：银行存款 2019年12月06日 银付字第 4 号

摘要	借方总账科目	明细科目	记账符号	金额/元
支付前欠购料款	应付账款	富力公司		14625
合 计				14625

表 10-17

转 账 凭 证

2019年12月08日 转字第 4 号

摘 要	总账科目	明细科目	√	借方金额/元	√	贷方金额/元
有关部门领料	生产成本	铅笔		63400		
		橡皮擦		44600		
	制造费用			18880		
	管理费用			5900		
	原材料	颗粒硫黄				49000
		植物油				83780
合 计						

表 10-18

付 款 凭 证

贷方科目：库存现金 2019年12月08日 现付字第 2 号

摘要	借方总账科目	明细科目	记账符号	金额/元
职工李云兵预借差旅费	其他应收款	李云兵		2000
合 计				2000

表 10-19

收 款 凭 证

借方科目：银行存款 2019年12月11日 银收字第 5 号

摘要	贷方总账科目	明细科目	记账符号	金额/元
收回前欠货款	应收账款	明达公司		3900
合 计				3900

第十章　会计账务处理程序

表 10-20

付 款 凭 证

贷方科目：**银行存款**　　　　　2019 年 12 月 12 日　　　　　　　　　　银付字第 5 号

摘　要	借方总账科目	明细科目	记账符号	金额/元
预付明年上半年报刊费	预付账款			2500
合　计				2500

表 10-21

转 账 凭 证

2019 年 12 月 13 日　　　　　　　　　　　　　　　　　　　　　　转字第 5 号

摘　要	总账科目	明细科目	√	借方金额/元	√	贷方金额/元
摊销本月负担的费用	管理费用			3000		
	预付账款	预付摊销费用				3000
合　计				3000		3000

表 10-22

付 款 凭 证

贷方科目：**银行存款**　　　　　2019 年 12 月 14 日　　　　　　　　　　银付字第 6 号

摘　要	借方总账科目	明细科目	记账符号	金额/元
支付广告费	销售费用	广告费		1560
合　计				1560

表 10-23

收 款 凭 证

借方科目：**银行存款**　　　　　2019 年 12 月 15 日　　　　　　　　　　银收字第 6 号

摘　要	贷方总账科目	明细科目	记账符号	金额/元
销售铅笔	主营业务收入	铅笔		320000
	应交税费	应交增值税		51200
合　计				371200

表 10-24

收 款 凭 证

借方科目：**库存现金**　　　　　2019 年 12 月 18 日　　　　　　　　　　现收字第 2 号

摘　要	贷方总账科目	明细科目	记账符号	金额/元
李云兵报销差旅费退回余款	其他应收款	李云兵		300
合　计				300

表 10-25

转 账 凭 证

2019 年 12 月 18 日　　　　　　　　　　　　　　　　　　　　　　转字第 6 号

摘　要	总账科目	明细科目	√	借方金额/元	√	贷方金额/元
李云兵报销差旅费	管理费用			1700		
	其他应收款	李云兵				1700
合　计				1700		1700

表 10-26

付 款 凭 证

贷方科目：**库存现金**　　　　2019 年 12 月 24 日　　　　现付字第 *4* 号

摘要	借方总账科目	明细科目	记账符号	金额/元
捐赠	营业外支出	捐赠支出		2000
合计				2000

表 10-27

转 账 凭 证

2019 年 12 月 26 日　　　　转字第 *7* 号

摘要	总账科目	明细科目	√	借方金额/元	√	贷方金额/元
计提本月折旧	制造费用			3210		
	管理费用			1300		
	累计折旧					4510
合计				4510		4510

表 10-28

付 款 凭 证

贷方科目：**库存现金**　　　　2019 年 12 月 28 日　　　　现付字第 *5* 号

摘要	借方总账科目	明细科目	记账符号	金额/元
支付困难补助	应付职工薪酬	王元		425
合计				425

表 10-29

转 账 凭 证

2019 年 12 月 28 日　　　　转字第 *8* 号

摘要	总账科目	明细科目	√	借方金额/元	√	贷方金额/元
结转本月制造费用	生产成本	铅笔		22847		
		橡皮擦		11423		
	制造费用					34270
合计				34270		34270

表 10-30

转 账 凭 证

2019 年 12 月 30 日　　　　转字第 *9* 号

摘要	总账科目	明细科目	√	借方金额/元	√	贷方金额/元
产品完工验收入库	库存商品	铅笔		109047		
		橡皮擦		67423		
	生产成本	铅笔				109047
		橡皮擦				67423
合计				176470		176470

表10-31

转 账 凭 证

2019年12月31日　　　　　　　　　　　　　　　　　　　转字第 10 号

摘　要	总账科目	明细科目	√	借方金额/元	√	贷方金额/元
分配本月应付工资	生产成本	铅笔		20000		
		橡皮擦		10000		
	制造费用			13500		
	管理费用			16500		
	应付职工薪酬	工资				60000
合　计				60000		60000

表10-32

付 款 凭 证

贷方科目：银行存款　　　　　2019年12月31日　　　　　　　　　　银付字第 7 号

摘　要	借方总账科目	明细科目	记账符号	金额/元
发放本月工资	应付职工薪酬	工资		60000
合　计				60000

表10-33

转 账 凭 证

2019年12月31日　　　　　　　　　　　　　　　　　　　转字第 11 号

摘　要	总账科目	明细科目	√	借方金额/元	√	贷方金额/元
计提职工社会保险费	生产成本	铅笔		2800		
		橡皮擦		1400		
	制造费用			1890		
	管理费用			2310		
	应付职工薪酬	社会保险费				8400
合　计				8400		8400

表10-34

转 账 凭 证

2019年12月31日　　　　　　　　　　　　　　　　　　　转字第 12 号

摘　要	总账科目	明细科目	√	借方金额/元	√	贷方金额/元
预提本月短期借款利息	财务费用			1500		
	应付利息					1500
合　计				1500		1500

表10-35

付 款 凭 证

贷方科目：银行存款　　　　　2019年12月31日　　　　　　　　　　银付字第 8 号

摘　要	借方总账科目	明细科目	记账符号	金额/元
支付本季度利息	应付利息			6000
合　计				6000

表 10-36

转 账 凭 证
2019 年 12 月 31 日   转字第 13 号

摘 要	总账科目	明细科目	√	借方金额/元	√	贷方金额/元
结转已销产品成本	主营业务成本	铅笔		80150		
		橡皮擦		6750		
	库存商品	铅笔				80150
		橡皮擦				6750
合 计				86900		86900

表 10-37

转 账 凭 证
2019 年 12 月 31 日   转字第 14 号

摘 要	总账科目	明细科目	√	借方金额/元	√	贷方金额/元
计算本月应交城建税和教育费附加	税金及附加			6393.6		
	应交税费	应交城建税				4475.5
		应交教育费附加				1918.1
合 计				6393.6		6393.6

表 10-38

转 账 凭 证
2019 年 12 月 31 日   转字第 15 号

摘 要	总账科目	明细科目	√	借方金额/元	√	贷方金额/元
结转本月收入	主营业务收入			329600		
	本年利润					329600
合 计				329600		329600

表 10-39

转 账 凭 证
2019 年 12 月 31 日   转字第 16 号

摘 要	总账科目	明细科目	记 账	借方金额	贷方金额
结转本月费用、支出	本年利润			128963.6	
	主营业务成本				86900
	税金及附加				6393.6
	财务费用				1500
	销售费用				1560
	管理费用				30610
	营业外支出				2000
合 计				128963.6	128963.6

表10-40

转 账 凭 证

2019年12月31日　　　　　　　　　　　　　　　　　　　　　转字第17号

摘　要	总账科目	明细科目	√	借方金额/元	√	贷方金额/元
计算本月所得税	所得税费用			50159.1		
	应交税费	应交所得税				50159.1
合　计				50159.1		50159.1

表10-41

转 账 凭 证

2019年12月31日　　　　　　　　　　　　　　　　　　　　　转字第18号

摘　要	总账科目	明细科目	√	借方金额/元	√	贷方金额/元
结转本月所得税费用	本年利润			50159.1		
	所得税费用					50159.1
合　计				50159.1		50159.1

表10-42

转 账 凭 证

2019年12月31日　　　　　　　　　　　　　　　　　　　　　转字第19号

摘　要	总账科目	明细科目	√	借方金额/元	√	贷方金额/元
计提盈余公积金	利润分配	提取盈余公积		15047.7		
	盈余公积					15047.7
合　计				15047.7		15047.7

表10-43

转 账 凭 证

2019年12月31日　　　　　　　　　　　　　　　　　　　　　转字第20号

摘　要	总账科目	明细科目	√	借方金额/元	√	贷方金额/元
计算应付给投资者利润	利润分配	应付股利		75238.7		
	应付股利					75238.7
合　计				75238.7		75238.7

　　根据收款凭证及付款凭证逐日逐笔登记现金日记账和银行存款日记账，如表10-44和表10-45所示。

　　根据原始凭证和记账凭证登记原材料和库存商品明细账，如表10-46至表10-49（其他明细账从略）。

表 10-44

库存现金日记账

元

2019年		凭证		摘要	对方科目	收入	支出	结余
月	日	字	号					
12	1			期初余额				5000
12	1	现付	1	购买办公用品	管理费用		700	4300
12	3	现收	1	出售废旧报纸	管理费用	800		5100
12	8	现付	2	职工李云兵预借差旅费	其他应收款		2000	3100
12	18	现收	2	李云兵报销退回余款	其他应收款	300		3400
12	24	现付	4	捐赠	营业外支出		2000	1400
12	28	现付	5	支付困难补助	应付职工薪酬		425	975
12	31			本期发生额及余额		1100	5125	975

表 10-45

银行存款日记账

元

2019年		凭证		摘要	对方科目	收入	支出	结余
月	日	字	号					
12	1			期初余额				250000
12	1	银付	1	购买机器一台	固定资产		30200	219800
12	1	银收	1	投入货币资金	实收资本	30000		249800
12	2	银付	2	购入材料一批	在途物资等		81200	168600
12	3	银收	2	借入短期借款	短期借款	50000		218600
12	3	银收	3	销售产品一批	主营业务收入等	696		219296
12	4	银收	4	收取包装物押金	其他应付款	500		219796
12	6	银付	3	上交上月税金	应交税费		3500	216296
12	6	银付	4	支付前欠购料款	应付账款		14625	201671
12	11	银收	5	收回前欠货款	应收账款	3900		205571
12	12	银付	6	预付明年上半年报刊费	预付账款		2500	203071
12	14	银付	7	支付广告费	销售费用		1560	201511
12	15	银收	6	销售铅笔	主营业务收入等	371200		572711
12	31	银付	7	发放本月工资	应付职工薪酬		60000	512711
12	31	银付	8	支付本季度利息	应付利息		6000	506711
12	31			本期发生额及余额		456296	199585	506711

第十章 会计账务处理程序

表 10-46

原材料明细账

材料名称：颗粒硫黄　　　　　　　　　　　　　　　　　　　计量单位：千克　金额单位：元

2019年		凭证		摘要	收入			发出			结存		
月	日	字	号		数量	单价	金额	数量	单价	金额	数量	单价	结存
12	1			期初余额							10400	7	72800
12	3	转	2	购入	10000	7	70000				20400	7	142800
12	8	转	4	领用材料				7000	7	49000	13400	7	93800
12	31			本期发生额及余额	10000	7	70000	7000	7	49000	13400	7	93800

表 10-47

原材料明细账

材料名称：植物油　　　　　　　　　　　　　　　　　　　　计量单位：千克　金额单位：元

2019年		凭证		摘要	收入			发出			结存		
月	日	字	号		数量	单价	金额	数量	单价	金额	数量	单价	结存
12	1			期初余额							8000	11.8	94400
12	3	转	2	购入	2500	11.8	29500				10500	11.8	123900
12	8	转	4	领用材料				7100	11.8	83780	3400	11.8	40120
12	31			本期发生额及余额	2500	11.8	29500	7100	11.8	83780	3400	11.8	40120

表 10-48

库存商品明细账

产品名称：石墨铅笔 HB-101　　　　　　　　　　　　　　　计量单位：盒　金额单位：元

2019年		凭证		摘要	收入			发出			结存		
月	日	字	号		数量	单价	金额	数量	单价	金额	数量	单价	结存
12	1			期初余额							500	1	500
12	30	转	9	完工验收入库	109047	1	109047				109547	1	109547
12	31	转	13	结转销售成本				80150	1	80150	29397	1	29397
12	31			本期发生额及余额	109047	1	109047	80150	1	80150	29397	1	29397

表 10-49

库存商品明细账

产品名称：橡皮擦 4B-301　　　　　　　　　　　　　　　　计量单位：盒　金额单位：元

2019年		凭证		摘要	收入			发出			结存		
月	日	字	号		数量	单价	金额	数量	单价	金额	数量	单价	结存
12	1			期初余额							800	5	4000
12	30	转	9	完工验收入库	13485	5	67423				14285	5	71423
12	31			结转销售成本				750	5	3720	13535	5	67703
12	31			本期发生额及余额	13485	5	67423	750	5	3720	13535	5	67703

根据各种记账凭证逐笔登记总账,如"库存现金""应收账款""其他应收款"总账,如表10-50至表10-52所示(其他总分类账从略)。

表10-50

总　账

科目:库存现金　　　　　　　　　　　　　　　　　　　　　　　　　　　　　　　　　元

2019年		凭证		摘要	借方	贷方	借或贷	余额
月	日	字	号					
12	1			期初余额			借	5000
12	1	现付	1	购买办公用品		700	借	4300
12	3	现收	1	出售废旧报纸	800		借	5100
12	8	现付	2	职工李云兵预借差旅费		2000	借	3100
12	18	现收	2	李云兵报销差旅费退回余款	300		借	3400
12	24	现付	4	捐赠		2000	借	1400
12	28	现付	5	支付困难补助		425	借	975
12	31			本期发生额及余额	141100	145125	借	975

表10-51

总　账

科目:应收账款　　　　　　　　　　　　　　　　　　　　　　　　　　　　　　　　　元

2019年		凭证		摘要	借方	贷方	借或贷	余额
月	日	字	号					
12	1			期初余额			借	8900
12	4	转	3	销售产品,款未收	10440		借	19340
12	11	银收	5	收回前欠货款		3900	借	15440
12	31			本期发生额及余额	10440	3900	借	15440

表10-52

总　账

科目:其他应收款　　　　　　　　　　　　　　　　　　　　　　　　　　　　　　　　元

2019年		凭证		摘要	借方	贷方	借或贷	余额
月	日	字	号					
12	8	现付	2	职工李云兵预借差旅费	2000		借	2000
12	18	现收	2	李云兵报销差旅费退回余款		300	借	1700
12	18	转	8	李云兵报销差旅费		1700	平	0
12	31			本期发生额及余额	2000	2000	平	0

月末,将现金日记账、银行存款日记账余额及各种明细账的余额合计数,分别与相应的总账余额相核对,并编制总账发生额及余额试算平衡表。

月终根据审核无误的总账和明细账的记录编制有关财务会计报表,如资产负债表、利润表等。

第三节　汇总记账凭证账务处理程序

一、汇总记账凭证账务处理程序的特点和核算要求

（一）汇总记账凭证账务处理程序的特点

汇总记账凭证账务处理程序的特点是根据记账凭证定期编制汇总记账凭证，再根据汇总记账凭证登记总账。

汇总记账凭证是在记账凭证账务处理程序的基础上发展而来的，根据每月的记账凭证（或收款凭证、付款凭证和转账凭证）定期汇总编制。它按类别可分为汇总收款凭证、汇总付款凭证和汇总转账凭证。

（二）汇总记账凭证账务处理程序的核算要求

采用这种账务处理程序除了应设置收款凭证、付款凭证和转账凭证，还需要设置汇总收款凭证、汇总付款凭证和汇总转账凭证。账簿的设置与记账凭证账务处理程序基本相同，主要有现金日记账、银行存款日记账、总账和明细账。现金日记账和银行存款日记账一般采用三栏式账页格式；总账一般采用三栏式账页格式；明细账按其所属总账账户设置，可采用三栏式、数量金额式、多栏式 3 种账页格式。

汇总记账凭证要定期根据记账凭证（或收款凭证、付款凭证和转账凭证）填制；间隔天数根据本单位会计业务量多少而定，一般为 5 天或 10 天；每月汇总编制一张汇总记账凭证，月终结出合计数，据以登记总账。

二、汇总记账凭证账务处理程序的核算步骤和适用范围

（一）汇总记账凭证账务处理程序的核算步骤

汇总记账凭证账务处理程序是根据原始凭证或汇总原始凭证编制记账凭证，定期根据记账凭证分类编制汇总收款凭证、汇总付款凭证和汇总转账凭证，再根据汇总记账凭证登记总账的一种账务处理程序。汇总记账凭证账务处理程序如图 10-2 所示。其一般程序如下。

步骤 1　根据原始凭证或原始凭证汇总表填制记账凭证。
步骤 2　根据收款凭证和付款凭证逐笔登记现金日记账及银行存款日记账。
步骤 3　根据原始凭证、原始凭证汇总表或记账凭证登记各种明细账。
步骤 4　根据记账凭证定期编制各种汇总记账凭证。
步骤 5　月末，根据编制的汇总记账凭证登记总账。
步骤 6　月末，将现金日记账、银行存款日记账的余额，以及各种明细账的余额合计数分别与总账中相关账户的余额核对相符。
步骤 7　月末，根据核对无误的总账和明细账的相关资料编制财务报表。

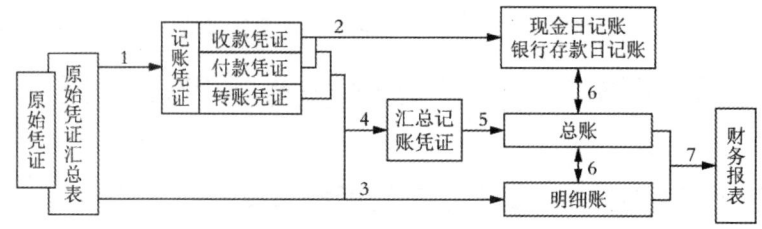

图 10-2 汇总记账凭证账务处理程序

（二）汇总记账凭证账务处理程序的适用范围

采用汇总记账凭证账务处理程序，由于总账是根据汇总记账凭证登记的，因此简化了登记总账的工作量，便于了解账户之间的对应关系。同时，收款凭证以借方科目为主，按照对应的贷方科目进行汇总；付款凭证和转账凭证以贷方科目为主，按照对应的借方科目进行汇总，使凭证的整理归类工作比较简便，并能保证数字正确无误。因此，这种账务处理程序一般适用于规模较大、业务较多的企业。这种账务处理程序的缺点是总账的记录比较简略，难以具体反映企业的经济活动。而且，由于汇总转账凭证是根据每一账户的贷方而不是按经济业务类型归类汇总的，所以不利于会计分工。

第四节　科目汇总表账务处理程序

微课：科目汇总表账务处理程序

一、科目汇总表账务处理程序的特点和核算要求

（一）科目汇总表账务处理程序的特点

科目汇总表账务处理程序的特点是定期编制科目汇总表，然后根据科目汇总表登记总分类账。

科目汇总表是根据一定时期内全部记账凭证（或收款凭证、付款凭证和转账凭证），按总账科目归类，汇总计算每一总账科目的本期借方发生额和贷方发生额，编制在一张表格内，用以作为登记总账依据的一种凭证。

（二）科目汇总表账务处理程序的核算要求

科目汇总表账务处理程序应设置收款凭证、付款凭证和转账凭证，根据记账凭证编制科目汇总表。账簿的设置与记账凭证账务处理程序基本相同，主要有现金日记账、银行存款日记账、总账和明细账。

科目汇总表汇总的时间不宜过长，一般间隔为 10 天。业务量多的单位可以每天汇总一次，以便对发生额进行试算平衡，及时了解资金运动状况。

二、科目汇总表账务处理程序的核算步骤和适用范围

（一）科目汇总表账务处理程序的核算步骤

科目汇总表账务处理程序又称记账凭证汇总表账务处理程序，如图 10-3 所示。它是根据记账凭证定期编制科目汇总表，再根据科目汇总表登记总账的一种账务处理程序。其一般程序如下。

步骤1　根据原始凭证或原始凭证汇总表，按不同的经济业务类型分别填制收款凭证、付款凭证和转账凭证。

步骤2　根据现金收、付款凭证逐笔序时登记现金日记账；根据银行存款收、付款凭证及其所附的银行结算凭证逐笔序时登记银行存款日记账。

步骤3　根据记账凭证及所附的原始凭证（或原始凭证汇总表）逐笔登记各有关明细账。

步骤4　根据各种记账凭证编制科目汇总表。

步骤5　根据科目汇总表中各科目的汇总发生额登记相应的总账。

步骤6　根据对账的具体要求，将现金日记账、银行存款日记账和各种明细账定期与总账相互核对。

步骤7　期末，根据总账和明细账的有关资料编制财务报表。

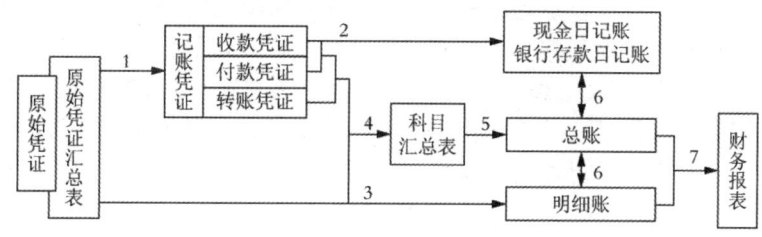

图 10-3　科目汇总表账务处理程序

（二）科目汇总表账务处理程序的适用范围

使用科目汇总表账务处理程序减轻了登记总账的工作量，并可做到试算平衡，简明易懂，方便易学。其缺点是：科目汇总表不能反映账户的对应关系，不便于查对账目。它适用于经济业务较多的单位。

此外，编制科目汇总表本身也需要一定的工作和资源投入。因此，应尽可能合理地组织好科目汇总表的编制工作。为了便于编制科目汇总表，应该注意以下几点。

① 每一张收款凭证尽可能只填列一个贷方科目，每一张付款凭证尽可能只填列一个借方科目；转账凭证也应尽可能填列一个借方科目和一个贷方科目，一式两联，一联作为借方科目的汇总，一联作为贷方科目的汇总。

② 为了便于登记总账，科目汇总表上的科目排列应按总账上科目排列的顺序来定。

③ 科目汇总表汇总的时间不宜过长，业务量多的单位可若干天汇总一次，一般间隔期为 5 至 10 天，以便对科目的发生额进行试算平衡，及时了解资金运动情况，并提高科目汇总表的使用效率。

第五节 多栏式日记账账务处理程序

一、多栏式日记账账务处理程序的特点和核算要求

（一）多栏式日记账账务处理程序的特点

多栏式日记账账务处理程序的特点是设置多栏式现金和银行存款日记账，并根据多栏式现金日记账、多栏式银行存款日记账和转账凭证科目汇总表登记总分类账。

在使用多栏式日记账账务处理程序时，现金日记账和银行存款日记账都采用多栏式，并均按其对应账户设置专栏。

（二）多栏式日记账账务处理程序的核算要求

多栏式日记账账务处理程序也是在记账账务处理程序基础上发展而来的。在多栏式日记账账务处理程序下，在凭证上设置了收款凭证、付款凭证和转账凭证；在账簿上应将现金日记账和银行存款日记账的收入栏按对应关系分别设置若干栏目，由原来的三栏式改为多栏式现金日记账和多栏式银行存款日记账，将全部现金、银行存款的收付业务记入多栏式日记账后月末汇总，并据以登记总账。明细账按其所属总账账户设置，可采用三栏式、数量金额式、多栏式 3 种账页格式；总账一般采用三栏式账页格式。另外，如果有必要，应增加转账凭证科目汇总表，按月汇总编制一次过入总账，以减少登记总账的工作量。

多栏式日记账具有科目汇总表的作用，月终可根据这些日记账的本月收、付发生额和各对应科目的发生额直接登记总账。运用这种程序时应注意以下两点。

① 现金和银行存款之间的相互划转数额已经包含在有关日记账的收、付合计数里，因此要避免重复计算。

② 业务不多的单位不必使用转账凭证科目汇总表，仍可保留转账凭证过账的方法。

二、多栏式日记账账务处理程序的核算步骤和适用范围

（一）多栏式日记账账务处理程序的核算步骤

多栏式日记账账务处理程序如图 10-4 所示。

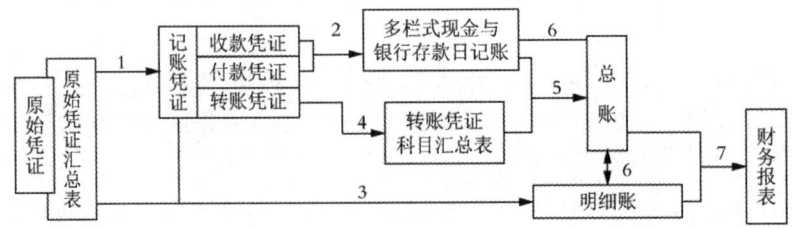

图 10-4 多栏式日记账账务处理程序

第十章　会计账务处理程序

多栏式日记账账务处理程序基本如下。
步骤1　根据原始凭证或原始凭证汇总表填制记账凭证。
步骤2　根据收款凭证和付款凭证逐笔登记多栏式现金与银行存款日记账。
步骤3　根据原始凭证、原始凭证汇总表或记账凭证登记各种明细账。
步骤4　根据转账凭证填制转账凭证科目汇总表（转账业务不多的单位可不必编制科目汇总表）。
步骤5　月末，根据多栏式现金日记账、多栏式银行存款日记账及转账凭证科目汇总表（或转账凭证）登记总账。
步骤6　月末，将各种明细账的余额合计数分别与总账中相关账户的余额相核对。
步骤7　月末，根据核对无误的总账和明细账的相关资料编制财务报表。

（二）多栏式日记账账务处理程序的适用范围

多栏式日记账账务处理程序的主要优点是可以简化总账的登记工作，同时多栏式现金与银行存款日记账能较好地反映账户的对应关系。但多栏式日记账中会计科目的数量受到一定的限制，不可太多，因此其主要适用于涉及会计科目不多的企业。

职业判断与业务操作

使用不同的账务处理程序，会产生不同的登记总账的方法，企业可根据自身特点和信息要求选择和设置账务处理程序。在理解了账务处理程序意义的基础上，掌握各种账务处理程序的特点、基本内容和适用范围等。

本章小结

账务处理程序是从经济业务发生、取得或填制凭证开始到根据有关账簿记录编制财务会计报告为止的一个会计循环过程中，会计凭证、会计账簿、财务报表相互结合的方式。在熟练掌握记账凭证账务处理程序后对比学习其他的账务处理程序，掌握各种账务处理程序的基本步骤、优缺点、适用范围等。

**课后练习**

试题自测

一、单项选择题

1. 下列各项中，属于最基本的会计核算程序的是（　　）。
　　A．记账凭证核算程序　　　　B．汇总记账凭证核算程序
　　C．科目汇总表核算程序　　　D．多栏式日记账核算程序
2. 记账凭证核算程序的主要特点是根据各种（　　）。
　　A．记账凭证编制汇总记账凭证　　B．记账凭证逐笔登记总账

C．记账凭证编制科目汇总表　　D．汇总记账凭证登记总账
3．记账凭证核算程序的适用范围是（　　）。
   A．规模较大、经济业务量较多的单位
   B．采用单式记账的单位
   C．规模较小、经济业务量较少的单位
   D．会计基础工作薄弱的单位
4．各种会计核算程序的主要区别是（　　）不同。
   A．登记明细账的依据和方法　　B．登记总账的依据和方法
   C．会计凭证的种类　　　　　　D．编制财务报表的依据
5．直接根据记账凭证逐笔登记总账，这种核算程序是（　　）。
   A．记账凭证核算程序　　　　　B．科目汇总表核算程序
   C．汇总记账凭证核算程序　　　D．多栏式日记账核算程序
6．科目汇总表账务处理程序适用于（　　）。
   A．规模较小、业务量较少的单位　B．规模较小、业务量较多的单位
   C．规模较大、业务量较少的单位　D．规模较大、业务量较多的单位
7．科目汇总表账务处理程序的主要缺点是（　　）。
   A．不能反映经济业务的全貌　　B．不能反映会计账户的对应关系
   C．不利于会计分工　　　　　　D．不能简化总账的登记工作
8．下列账务处理程序中，适用于规模较小、业务量较少的单位的是（　　）。
   A．记账凭证账务处理程序　　　B．汇总记账凭证账务处理程序
   C．科目汇总表账务处理程序　　D．计算机账务处理程序
9．各种账务处理程序的共同之处是（　　）。
   A．适用范围相同　　　　　　　B．登记总账的依据相同
   C．会计凭证的组织相同　　　　D．会计账簿的组织相同
10．在汇总记账凭证账务处理程序下，汇总转账凭证应当按科目进行设置，设置方向为（　　）。
   A．借方　　　B．贷方　　　C．增加　　　D．减少

二、多项选择题
1．下列关于汇总记账凭证账务处理程序的说法中，正确的有（　　）。
   A．汇总记账凭证分为汇总收款凭证、汇总付款凭证和汇总转账凭证
   B．汇总记账凭证是按每个科目设置，并按设置科目一方的对应科目进行汇总
   C．汇总记账凭证账务处理程序是根据汇总记账凭证登记总账
   D．汇总记账凭证账务处理程序适用于规模较大、经济业务较多的单位
2．以记账凭证为依据，根据有关科目的贷方设置，按借方科目归类汇总的有（　　）。
   A．汇总收款凭证　　　　　　　B．汇总转账凭证
   C．汇总付款凭证　　　　　　　D．科目汇总表
3．汇总记账凭证一般分为（　　）。
   A．汇总收款凭证　　　　　　　B．汇总付款凭证
   C．原始凭证汇总表　　　　　　D．汇总转账凭证
4．下列各项中，不属于汇总记账凭证账务处理程序缺点的有（　　）。
   A．总账无法清晰地反映科目之间的对应关系

第十章　会计账务处理程序

  B．登记总账的工作量较大
  C．编制汇总记账凭证的程序比较烦琐
  D．当转账凭证较多时，编制汇总转账凭证的工作量较大
 5．对于汇总记账凭证账务处理程序，下列说法错误的有（　　　）。
  A．登记总账的工作量较大
  B．不能体现科目之间的对应关系
  C．明细账与总账无法核对
  D．当转账凭证较多时，编制汇总记账凭证的工作量较大
 6．下列项目中，属于科学、合理地选择适用于本单位的账务处理程序的意义的是（　　　）。
  A．有利于会计工作程序的规范化　　B．有利于增强会计信息可靠性
  C．有利于提高会计信息的质量　　　D．有利于保证会计信息的及时性
 7．在我国，常用的账务处理程序主要有（　　　）。
  A．记账凭证账务处理程序　　　　　B．汇总记账凭证账务处理程序
  C．多栏式日记账账务处理程序　　　D．科目汇总表账务处理程序
 8．在常见的账务处理程序中，共同的账务处理工作有（　　　）。
  A．均应填制和取得原始凭证　　　　B．均应编制记账凭证
  C．均应填制汇总记账凭证　　　　　D．均应设置和登记总账
 9．下列不属于科目汇总表账务处理程序优点的有（　　　）。
  A．便于反映各账户间的对应关系　　B．便于进行试算平衡
  C．便于检查核对账目　　　　　　　D．简化登记总账的工作量
 10．对于汇总记账凭证账务处理程序，下列说法错误的有（　　　）。
  A．登记总账的工作量大　　　　　　B．不能体现账户之间的对应关系
  C．明细账与总账无法核对　　　　　D．汇总转账凭证的编制工作量较大

三、判断题

 1．无论采用何种账务处理程序，明细账既可以根据记账凭证登记，也可以根据原始凭证汇总表登记。（　　）
 2．同一单位可以同时采用几种不同的账务处理程序。（　　）
 3．记账凭证账务处理程序最主要的缺点是不便于查对账目。（　　）
 4．设计会计核算组织程序，有利于建立会计工作岗位责任制。（　　）
 5．账务处理程序是指记账程序与会计凭证有机结合的方法和步骤。（　　）
 6．记账凭证账务处理程序、汇总记账凭证账务处理程序和科目汇总表账务处理程序不存在任何相同之处。（　　）
 7．会计循环是指依次完成填制会计凭证、登记会计账簿、编制财务报表的过程。（　　）
 8．账务处理程序的基本流程可以概括为：原始凭证—记账凭证—会计账簿—财务报表。（　　）
 9．科目汇总表财务处理程序的优点之一是编制汇总记账凭证的程序比较简单。（　　）
 10．汇总记账凭证账务处理程序是直接根据记账凭证逐步登记总账的一种账务处理程序。（　　）

四、业务题

资料：广州云海公司在2019年12月发生如下经济业务。

（1）12月1日，接受某投资者以专利权投资，作价20 000元。

（2）12月2日，从银行借入半年期借款，金额150 000元。

（3）12月3日，用银行存款归还到期的短期借款80 000元。

（4）12月4日，从某公司购入甲材料10吨，每吨2 000元，增值税进项税额2 600元。材料已运达，货款及税金尚未支付。

（5）12月5日，以银行存款支付上月在开元公司购买材料应付货款23 400元。

（6）12月6日，用现金支付购买甲材料的运费600元。

（7）12月7日，甲材料验收入库，结转甲材料采购成本20 600元。

（8）12月8日，领用甲材料16 800元。其中，用于A产品生产16 080元，车间一般消耗720元。

（9）12月8日，计提车间固定资产折旧费6 480元。

（10）12月9日，职工张小明出差借款800元。用现金支付。

（11）12月11日，职工张小明出差归来报销差旅费460元，并退回未用完的340元现金。

（12）12月22日，分配结转本月制造费用30 000元；本月生产A产品工时为2 000小时，生产B产品工时为1 000小时。按生产工时分配制造费用。

（13）12月23日，结转本月完工A产品的成本150 000元。

（14）12月24日，销售B产品5 000件，单价200元，增值税税率为13%。所有款项已通过银行收取入账。

（15）12月26日，结转销售B产品的成本60 000元。

（16）12月28日，用银行存款缴纳本月增值税。

（17）12月28日，用银行存款支付本月的广告费10 000元。

（18）12月28日，支付企业在银行贷款的利息1 200元。

（19）12月28日，预提应由本月负担的另一笔贷款的利息1 500元。

（20）12月28日，结算车间本月应付职工工资76 000元。其中，生产工人工资50 000元，车间管理人员工资20 000元，企业管理人员工资6 000元。

（21）12月28日，按工资的8%计提社会保险费。

（22）12月31日，用银行存款发放本月职工工资76 000元。

（23）12月31日，把本月产品销售收入结转到本年利润。

（24）12月31日，把本月发生的销售产品成本、财务费用、营业费用和管理费用结转到本年利润。

（25）12月31日，计算出企业本月应交所得税（税率为25%），暂时未支付。

（26）12月31日，把所得税结转到本年利润。

（27）12月31日，把本年利润余额结转到利润分配账户。

（28）12月31日，按本年净利润10%的比例提取盈余公积。

（29）12月31日，决定向投资者分配利润10 000元。

第十章 会计账务处理程序

要求：根据资料用科目汇总表账务处理程序进行处理，科目汇总表格式如下（其他表格格式从略）。

J2 式 类 别 编 号	会计科目	科目汇总表 年 月 日至 日	凭证 号至 号共 张 凭证 号至 号共 张 凭证 号至 号共 张		
		本期发生额			
		借方金额	√	贷方金额	√
		亿千百十万千百十元角分		亿千百十万千百十元角分	
	合 计				

会计主管　　　　　记账　　　　　审核　　　　　制表

第十一章 会计工作交接与会计档案

职业能力目标

1. 按照正确的程序进行会计工作交接。
2. 明确会计工作交接的责任。
3. 按规定进行会计档案的查阅、复制、移交和销毁。

情景导入　　大海公司的会计主管周杰要到外地工作了，还有几天就要离开公司。周杰平时关心同事，业务水平高，大家都很喜欢他。周杰对大家说，以后有什么不明白的地方可以与他联系，他一定尽力给予帮助。这天，他与新进的会计主管李梅进行工作交接。会计人员离职后，在工作交接方面有什么要求呢？周杰离职了，可以将负责的会计账簿等自行处理吗？

第一节　会计工作交接

会计工作交接是指会计人员工作调动或因故离职时，与接替人员办理交接手续的一种工作程序。

一、工作交接范围

① 临时离职或因病不能工作、需要接替或代理的，会计机构负责人（会计主管人员）或单位负责人必须指定专人接替或代理，并办理会计工作交接手续。

② 临时离职或因病不能工作的会计人员恢复工作时，应当与接替或代理人员办理交接手续。

③ 移交人员因病或其他特殊原因不能亲自办理移交手续的，经单位负责人批准，可由移交人委托他人代办交接，但委托人应当对所移交的会计凭证、会计账簿、财务报告和其他有关资料的真实性、完整性承担法律责任。

二、工作交接程序

（一）交接前的准备工作

① 已经受理的经济业务尚未填制会计凭证的应当填制完毕。
② 尚未登记的账目应当登记完毕，结出余额，并在最后一笔余额后加盖经办人印章。
③ 整理好应该移交的各项资料，对未了事项和遗留问题要写出书面说明材料。
④ 编制移交清册，列明应该移交的会计凭证、会计账簿、财务会计报告、公章、现金、有价证券、支票簿、发票、文件、其他会计资料和物品等内容；实行会计电算化的单位，从事该项工作的移交人员应在移交清册上列明会计软件及密码、数据盘、磁带等内容。
⑤ 会计机构负责人（会计主管人员）在移交时，应将财务会计工作、重大财务收支问题和会计人员情况等向接替人员介绍清楚。

（二）按照移交清册逐项移交

接替人员应认真按照移交清册逐项点收。其具体要求如下。
① 现金要根据会计账簿记录余额进行当面点交，不得短缺。接替人员发现不一致或"白条抵库"现象时，移交人员应在规定期限内负责查清处理。
② 有价证券的数量要与会计账簿记录一致，有价证券面额与发行价不一致时，按照会计账簿余额交接。
③ 所有会计资料必须完整无缺。如果有短缺，必须查明原因，并在移交清册中加以说明，由移交人员负责。
④ 银行存款账户余额要与银行对账单核对相符，如果有未达账项，应编制银行存款余额调节表调节相符；各种财产物资和债权债务的明细账户余额，要与总账有关账户的余额核对相符；对重要实物要实地盘点；对余额较大的往来账户要与往来单位、个人核对。
⑤ 公章、收据、空白支票、发票、科目印章及其他物品等必须交接清楚。
⑥ 实行会计电算化的单位，交接双方应在电子计算机上对有关数据进行实际操作，确认有关数字正确无误后，方可交接。

（三）专人负责监交

对监交的具体要求如下。
① 一般会计人员办理交接手续，由会计机构负责人（会计主管人员）监交。
② 会计机构负责人（会计主管人员）办理交接手续，由单位负责人监交，必要时主管单位可以派人会同监交。

主管部门派人会同监交的几种可能的情况如下。
① 所属单位负责人不能监交。例如，因单位撤并而办理交接手续等。
② 所属单位负责人不能尽快监交。例如，主管单位责成所属单位撤换不合格的会计机构负责人（会计主管人员），所属单位负责人却以种种借口拖延不办理交接手续时，主管单位就应派人督促会同监交。
③ 不宜由所属单位负责人单独监交，而需要主管单位会同监交。例如，所属单位负责人与办理交接手续的会计机构负责人（会计主管人员）有矛盾，则交接时需要主管单位派

人会同监交,以防可能发生单位负责人借机刁难等。

④ 主管单位认为交接中存在某种问题需要派人监交时,也可派人会同监交。

(四)交接后的有关事项

① 会计工作交接完毕后,交接双方和监交人在移交清册上签名或盖章,并应在移交清册上注明:单位名称,交接日期,交接双方和监交人的职务、姓名,移交清册页数及需要说明的问题和意见等。

② 接管人员应继续使用移交前的账簿,不得擅自另立账簿,以保证会计记录前后衔接,内容完整。

③ 移交清册一般应填制一式三份,交接双方各执一份,存档一份。

三、工作交接责任

① 出纳接替会计核算和会计档案保管工作不正确。根据规定,出纳人员不得兼任稽核、会计档案保管和收入、费用、债权债务账目的登记工作。

② 出纳与会计自行办理会计交接手续不正确。根据规定,一般会计人员办理交接手续时,由会计机构负责人(会计主管人员)监交。

③ 根据《会计法》的规定,交接工作完成后,移交人员所移交的会计凭证、会计账簿、财务会计报告和其他会计资料是在其经办会计工作期间内发生的,应当对这些会计资料的真实性、完整性负责,原移交人员不应以会计资料已移交而推脱责任。即便接替人员在交接时因疏忽没有发现所接会计资料在真实性、完整性方面的问题,如果在事后发现,仍应由原移交人员负责,原移交人员不应以会计资料已移交而推脱责任。

第二节 会计档案

微课:会计档案

会计档案是记录和反映经济业务事项的重要历史资料及证据,包括会计凭证、各种账簿和各种财务会计报告,以及其他有关财务会计工作应当集中保管的文件,如重要的经济合同等。会计档案对于总结经济工作、指导生产经营管理和事业管理、查验经济财务问题、防止贪污受贿等具有重要的作用。会计档案每年终结时应整理归档,装订成册,科学管理,妥善保管,存放有序,以使查找方便。实行会计电算化的单位应当保存打印出的纸质会计档案。

一、会计档案的归档

各企业单位每年形成的会计档案应由财会部门按照归档的要求,负责整理立卷或装订成册。当年的会计档案,可由财会部门临时保管1年,最长不超过3年,期满之后编造清册移交档案部门保管。会计档案原则上不得向外单位出借,如果有特殊需要,须经上级主管单位批准,并应限期归还。

第十一章 会计工作交接与会计档案

二、会计档案的保管期限

会计档案的保管从保管期限上可分为永久、定期两类，其中会计档案保管清册和销毁清册为永久档案。各种会计档案的保管期限均从会计年度终了后的第 1 天算起。企业和其他组织会计档案保管期限如表 11-1 所示。

表 11-1　企业和其他组织会计档案保管期限

序号	档案名称	保管期限	备注	序号	档案名称	保管期限	备注
一	会计凭证类			8	月度、季度、半年度	10 年	
1	原始凭证	30 年		9	年度财务会计报告	永久	
2	记账凭证	30 年		四	其他会计资料		
二	会计账簿			10	银行存款余额调节表	10 年	
3	总账	30 年		11	银行对账单	10 年	
4	明细账	30 年		12	纳税申报表	10 年	
5	日记账	30 年		13	会计档案安全移交清册	30 年	
6	固定资产卡片	30 年		14	会计档案保管清册	永久	
7	其他辅助性账簿	30 年		15	会计档案销毁清册	永久	
三	财务会计报告			16	会计档案鉴定意见书	永久	

三、会计档案的查阅和复制

① 单位应当严格按照相关制度利用会计档案，在进行会计档案查阅、复制、借出时履行登记手续，严禁篡改和损坏。

② 单位保存的会计档案一般不得对外借出。确因工作需要且根据国家有关规定必须借出的，应当严格按照规定办理相关手续。

③ 会计档案借用单位应当妥善保管和利用借入的会计档案，确保借入会计档案的安全完整，并在规定时间内归还。

四、会计档案的移交和销毁

撤销、合并单位与建设单位完工后的会计档案应随同单位的全部档案一并移交给指定的单位，并按规定办理交接手续。

销毁会计档案时，应由档案部门和财会部门共同派员监销；各级主管部门销毁会计档案时应由同级财政部门、审计部门派员参加监销；销毁后监销人员在销毁清册上签名盖章，并将情况报本单位领导；销毁清册应永久保存。

 特别提示

保存期满但未结清的债权债务会计凭证及其他未了事项的会计凭证不得销毁，纸质会计档案应当单独抽出立卷，电子会计档案单独转存，保质到未了事项完结时止。

职业判断与业务操作

会计档案是国家档案的重要组成部分,也是各单位的重要档案之一。会计档案是会计业务的历史资料,是总结历史经验,进行经济预测和经营决策必不可少的资料。同时,也是财务会计检查、审计检查、税收检查的重要资料。因此,各单位都应在各级财政机关和各级档案业务管理机关的指导下做好会计档案的管理工作。

本章小结

会计人员因故不在原来的工作岗位,要及时进行工作交接。工作交接时,要做好交接前的准备工作,按照移交清册逐项移交;交接完毕后,交接双方和监交人在移交清册上签名或盖章,并应在移交清册上注明,明确责任。

会计档案如须复制、查阅,需要办理有关的手续。不同的会计档案有不同的保管期限,须严格按照期限保管好,经批准审批后才可以进行销毁。

课后练习

试题自测

一、单项选择题

1. 各单位每年形成的会计档案,都应由本单位( )负责整理立卷,装订成册,编制会计档案保管清册。
   A. 财务部门　　B. 档案部门　　C. 人事部门　　D. 指定专人

2. 下列会计档案中,保管期限为永久的是( )。
   A. 银行存款总账　　　　　　B. 银行存款日记账
   C. 固定资产卡片　　　　　　D. 年度财务会计报告

3. 企业编制的银行存款余额调节表的保管期限为( )。
   A. 3年　　B. 5年　　C. 10年　　D. 15年

4. 记账凭证的保管期限为( )。
   A. 30年　　B. 25年　　C. 10年　　D. 5年

5. 下列会计档案中,需要永久保管的是( )。
   A. 会计档案销毁清册　　　　B. 辅助账簿
   C. 银行对账单　　　　　　　D. 会计移交清册

6. 国家机关销毁会计档案时,应由( )派员参加监销。
   A. 同级财政部门　　　　　　B. 同级财政部门和审计部门
   C. 同级审计部门　　　　　　D. 上级财政部门和审计部门

二、多项选择题

1. 会计档案包括( )等会计核算专业资料。
   A. 原始凭证　　　　　　　　B. 会计账簿
   C. 财务报表　　　　　　　　D. 记账凭证

第十一章 会计工作交接与会计档案

2. 下列资料中，属于会计账簿类会计档案的有（　　）。
   A．日记账　　B．明细账　　C．银行对账单　　D．固定资产卡片
3. 除当年形成的会计档案外，其他会计档案应由（　　）保管。
   A．档案局
   B．本单位财务部门内部指定专人
   C．本单位的档案部门
   D．其他单位的档案部门
4. 会计档案定期保管的期限有（　　）。
   A．30 年　　B．5 年　　C．8 年　　D．10 年
5. 会计档案保管期限为 30 年的有（　　）。
   A．库存现金日记账　　　　B．会计移交清册
   C．原始凭证　　　　　　　D．记账凭证
6. 保管期限为 10 年的会计档案有（　　）。
   A．银行对账单　B．季度财务报告　C．纳税申报表　D．会计档案保管清册
7. 会计档案销毁清册中应包括所销毁会计档案的（　　）等内容。
   A．起止年度和档案编号　　B．已保管期限
   C．销毁时间　　　　　　　D．应保管期限

三、判断题

1. 不设置会计机构的企业，应设置会计人员并指定会计主管人员。（　）
2. 所有的企业都应当设置会计主管和总会计师职位。（　）
3. 会计工作岗位可以一人一岗，也可以一人多岗或一岗多人。（　）
4. 会计凭证不得外借，其他单位如因特殊原因需要使用会计凭证时，经有关人员批准可以复制并登记。（　）
5. 本单位档案机构为方便保管会计档案，可以根据需要对其自行拆封重新整理。（　）
6. 企业的月、季度财务报告应永久保存。（　）
7. 根据《会计档案保管办法》，会计账簿类会计档案的保管期限均为 30 年。（　）
8. 会计档案保管期满，档案保管人员即可自行将其销毁。（　）
9. 对于保管期满但未结清的债权债务原始凭证及涉及其他未了事项的原始凭证，应单独抽出另行立卷，由档案部门保管到未了事项完结时为止。（　）
10. 财政部门销毁会计档案时，应当由同级财政部门派员参加监销。（　）
11. 会计工作交接时，移交清册一般应填制一式三份，交接双方各执一份，存档一份。（　）
12. 会计工作移交必须要有专人负责监交。（　）
13. 会计工作移交后，接替的会计人员可自行另立新账，不再使用原账簿。（　）

四、业务题

目的：练习会计档案的整理与会计凭证的装订。

要求：整理第六章大海公司的业务形成会计档案，并装订大海公司 2019 年 12 月的会计凭证。

实训用品：会计凭证封面一张；会计凭证装订机；装订线。

资料卡

微课：会计手工实训前的准备工作

微课：会计实际工作流程——期初建账

微课：会计实际工作流程——原始凭证的审核与粘贴

微课：会计实际工作流程——记账凭证的编制与日记账、明细账的登记

微课：会计实际工作流程——科目汇总表的编制

微课：会计实际工作流程——总账登记

微课：会计实际工作流程——资产负债表的编制

微课：会计实际工作流程——利润表的编制

参 考 文 献

[1] 王爱国. 基础会计[M]. 北京：经济科学出版社，2017.
[2] 董成. 会计学[M]. 北京：经济科学出版社，2017.
[3] 栾甫贵. 基础会计[M]. 北京：机械工业出版社，2015.
[4] 唐国平. 会计学原理[M]. 北京：中国财政经济出版社，2016.
[5] 张德红. 会计学[M]. 北京：经济科学出版社，2017.
[6] 刘维. 会计基础实务与案例[M]. 北京：经济科学出版社，2016.
[7] 刘峰. 会计学基础[M]. 北京：高等教育出版社，2009.
[8] 陈强. 会计基础习题与全真实训[M]. 北京：高等教育出版社，2017.
[9] 贺胜军. 新编基础会计[M]. 北京：清华大学出版社，北京交通大学出版社，2015.
[10] 陈强. 会计基础[M]. 北京：高等教育出版社，2017.
[11] 丁增稳，张春想. 基础会计习题与实训[M]. 大连：东北财经大学出版社，2017.
[12] 石本仁，谭小平. 会计学原理[M]. 2版. 北京：中国人民大学出版社，2010.
[13] 胡玉明. 会计学（非专业用）[M]. 2版. 北京：中国人民大学出版社，2016.
[14] 刘英明，陈艳利. 物流企业会计[M]. 2版. 大连：东北财经大学出版社，2013.
[15] 中国法制出版社. 中华人民共和国会计法[M]. 北京：中国法制出版社，2017.
[16] 中华人民共和国财政部. 企业会计准则（合订本）[M]. 北京：经济科学出版社，2019.
[17] http://kjs.mof.gov.cn/zhengwuxinxi/kuaijifagui/201104/t20110410_534303.html#.

尊敬的老师：

您好。

请您认真、完整地填写以下表格的内容(务必填写每一项)，索取相关图书的教学资源。

教学资源索取表

书　名				作者名	
姓　名		所在学校			
职　称		职　务		职　称	
联系方式	电话		E-mail		
	QQ号		微信号		
地址（含邮编）					
贵校已购本教材的数量(本)					
所需教学资源					
系/院主任姓名					

系／院主任：_____（签字）

（系／院办公室公章）

20____年____月____日

注意：

① 本配套教学资源仅向购买了相关教材的学校老师免费提供。

② 请任课老师认真填写以上信息，并请系／院加盖公章，然后传真到 (010) 80115555 转 718438 索取配套教学资源。也可将加盖公章的文件扫描后，发送到 fservice@126.com 索取教学资源。欢迎各位老师扫码关注我们的微信号和公众号，随时与我们进行沟通和互动。

③ 个人购买的读者，请提供含有书名的购书凭证，如发票、网络交易信息，以及购书地点和本人工作单位来索取。

微信号　　　　　　　　　　　　　公众号